성화의 신비

일러두기

● 이 책은 《성화의 신비》(2006)의 개정판입니다.
● 이 책에서는 개역개정판 성경을 인용하였습니다.
● 성경을 인용할 때, 절의 전체를 인용한 경우에는 큰따옴표(" ")로,
  절의 일부를 인용한 경우에는 작은따옴표(' ')로 표기하였습니다.
● 본문에 《 》로 표기된 것은 도서를, 〈 〉로 표기된 것은 도서 외 작품을 가리킵니다.

성화의 신비

2019년 8월 16일 초판 1쇄 발행
2024년 7월 15일 초판 3쇄 발행

지은이 박영선
펴낸이 최태준
펴낸곳 무근검
주소 서울특별시 송파구 올림픽로 4길 17 A동 301호
홈페이지 lampbooks.com **전화** 02-420-3155 **팩스** 02-419-8997
등록 2014. 2. 21. 제2014-000020호
ISBN 979-11-87506-32-4 (03230)

이 도서의 국립중앙도서관 출판시도서목록(CIP)은
서지정보유통지원시스템 홈페이지(http://seoji.nl.go.kr)와
국가자료공동목록시스템(http://www.nl.fo.kr/kolisnet)에서 이용하실 수 있습니다.
(CIP제어번호 : CIP2019029828)

무근검은 '하나님의 영광은 무겁고 오래된 칼과 같다'라는 뜻입니다.

성화의 신비

박영선 지음

무근검

II. 성화를 어떻게 이룰 것인가 _____

예수를 믿어 천국 소망을 갖게 된 모든 성도의 공통된 소원은 죄를 이기는 거룩한 생활과 주님의 나라를 위해 헌신하는 성령 충만한 인생일 것입니다.

그러나 현실적으로 이러한 소원과 기도를 응답받는 사람은 의외로 적습니다. 성도들은 대부분 신자가 된 이후에도 승리보다는 실패를 더 많이 경험하며 하나님의 일꾼으로서의 삶과는 너무나 동떨어진 현실의 여러 올무에 묶여 허우적거리게 됩니다.

왜 하나님은 우리의 구원에 더 큰 승리와 자랑을 주지 않으시는가? 왜 하나님은 우리의 헌신과 기도에 응답하지 않으시는가? 우리의 기대와 너무나 다른 신자의 현실 문제들은 신자 자신의 신앙 문제이기보다 하나님이 당신의 자녀들을 완성으로 인도하고 다루시는 방법과 내용에 대해 무지하기 때문에 겪는 것임을 알게 되었습니다.

하나님은 십자가를 세워 구원한 당신의 백성들의 영광된 완성을 어떻게, 무엇으로 이루어 나가시는지를 성경적 이해로 살펴보려고 이 책을 펴냅니다.

진심과 소원이 있으나 응답받지 못한다고 생각하는 성도들, 또 나는 너무나 부족해서 하나님이 관심조차 갖지 않는다고 체념하는 사람들에게 하나님의 변함없는 사랑과 넘치는 응답의 비밀을 밝히는 데 이 책이 도움이 되었으면 합니다.

박영선

I

성화란
———
무엇인가

1

이루어 가야 할 구원

그런즉 우리가 무슨 말을 하리요 은혜를 더하게 하려고 죄에 거하겠느냐 그럴 수 없느니라 죄에 대하여 죽은 우리가 어찌 그 가운데 더 살리요 무릇 그리스도 예수와 합하여 세례를 받은 우리는 그의 죽으심과 합하여 세례를 받은 줄을 알지 못하느냐 그러므로 우리가 그의 죽으심과 합하여 세례를 받음으로 그와 함께 장사되었나니 이는 아버지의 영광으로 말미암아 그리스도를 죽은 자 가운데서 살리심과 같이 우리로 또한 새 생명 가운데서 행하게 하려 함이라 (롬 6:1-4)

로마서 6장 1절과 2절은 굉장히 중요합니다. 왜 그렇습니까? 기독교가 말하는 구원과 은혜를 제대로 설명했다면 다음과 같은 반응이 나와야 하기 때문입니다. '공짜로 구원을 주고 죄 사함을 준다면 무엇 때문에 열심히 사는가. 엉터리로 살아도 구원을 공짜로 주실 텐데.' 그러나 그런 반응이 나오지 않았다면 기독교가 말하는 구원을 잘못 전한 것이라고 말할 수 있습니다.

기독교가 말하는 구원의 내용은 이렇습니다. 하나님이 먼저 오셔서 그분의 능력과 은혜와 사랑으로 우리가 죄인이며 구원의 필요성을 알지도 못하고 요청하지도 않았을 때 구원하셨다는 것입니다. 그러니 아무것도 한 것 없이 받은 것입니다.

그렇다면 이제 내 자신을 위하여 할 일이 무엇인지를 생각하는 사람도 있을 수 있고, 좀 낫게 생각하는 이들은 이제 나를 위해서 살지 말고 기독교의 복음과 나를 구원하신 예수 그리스도의 은혜를 전하는 하나님의 일꾼으로 살자고 반응할 수도 있습니다. 그러나 이런 질문과 대답에 들어 있는 한층 중요한 문제는 구원에 관한 성경의 설명을 바로 이해하지 못했다는 데 있습니다.

구원이라는 단어에는 많은 내용이 포함되어 있습니다. 구원의 내용에는 중생, 칭의, 성화, 영화가 있습니다. 하나님의 자녀라는 바뀔 수 없는 신분으로서의 구원은 단번에 영원히 일어납니다. 그러나 신분의 구원은 즉각적으로 다른 수준을 요구합니다. 성화라고 말하는 하나님의 자녀다운 구원이 이루어져야 할 뿐 아니라 하늘나라에 올라가 하나님이 덧입혀 주시는 부활의 몸도 받아야 하기 때문입니다. 부활의 몸을 가지고 천국에서 살 때에라야 영화롭게 된 구원의 완성 즉 영광의 완성을 체험하고 누릴 것입니다.

로마서 6장에서 말씀하는, 은혜로 구원 얻었다는 것을 값없이 얻은 구원이니 내가 할 것이라곤 아무것도 없다는 식으로 이해해서는 안 됩니다. 그런데 이 부분에 대한 설명이 아직 넉넉하지 않은 탓에 이미 받은 구원으로 충분하다고 여겨, 무슨 할 일이 더 남아 있겠느냐는 식의 반응이 일어나곤 합니다.

그런즉 우리가 무슨 말 하리요 은혜를 더하게 하려고 죄에 거하겠느냐 (롬 6:1)

이 구절은 무엇에 관한 표현입니까? 서두에 말한 것과 같이 공짜로 얻은 구원인데 나에게 할 일이 더 있겠는가 하는 표현입니다. 죄를 지으면 또 용서해 준다고 생각합니다. 그러나 본문은 왜 네가 죄 가운데 있겠느냐, 이것은 시작일 뿐이다, 라고 하면서 다음과 같이 제시합니다.

그럴 수 없느니라 죄에 대하여 죽은 우리가 어찌 그 가운데 더 살리요 무릇 그리스도 예수와 합하여 세례를 받은 우리는 그의 죽으심과 합하여 세례를 받은 줄을 알지 못하느냐 그러므로 우리가 그의 죽으심과 합하여 세례를 받음으로 그와 함께 장사되었나니 이는 아버지의 영광으로 말미암아 그리스도를 죽은 자 가운데서 살리심과 같이 우리로 또한 새 생명 가운데서 행하게 하려 함이라 (롬 6:2-4)

우리는 새 생명 가운데서 살아야 합니다. 새 삶을 살아야 한다고 제시하고 있습니다. 새 삶이 무엇인가 하는 문제를 이제 계속 살펴볼 것입니다. 이것을 우리는 일반적으로 주님을 위한 헌신과 봉사로 이해하고 있지만 그것은 일부에 해당할 뿐입니다. 그것보다 더 넓고, 더 신비롭습니다.

문제는 일차적으로 구원에 관한 우리의 이해에 결핍이 있다는 것입니다. 은혜로 말미암아 받은 구원에 대하여 생각할 때 단번에 완성해서 다 받은 것으로 생각해 왔습니다. 예를 들면 사도행전 16장 31절에서 말하는 바와 같이 '주 예수를 믿으라 그리하면 너와 네 집이 구원을 받으리라'고 한 요청과 약속이 무엇을 말하고 있는지 잘 몰랐다는 것입니다. 가장 큰 오해는 예수를 믿으면 구원을 다 얻은 것같이 생각한 것입니다.

이루어 가야 할 구원

구원에 대해 빌립보서 2장에서는 이렇게 말합니다.

그러므로 나의 사랑하는 자들아 너희가 나 있을 때뿐 아니라 더욱 지금 나 없을 때에도 항상 복종하여 두렵고 떨림으로 너희 구원을 이루라 (빌 2:12)

이것은 빌립보 교인들에게 쓴 편지의 일부입니다. 그들은 이미 구원을 얻은 자들입니다. 그런데 예수를 믿고 하나님의 자녀가 된 자들에게 구원을 이루라, 그것도 두렵고 떨림으로 너희 구원을 이루라고 말하고 있습니다.

구원이 취소된다는 차원에서 '두렵고 떨림'을 말하는 것이 아니라, 우리에게 시작되고 허락된 구원이 얼마나 굉장한 것인가를 놓치지 말라는 것입니다. 하나님의 아들 예수 그리스도께서 우리를 대신하여 죽으심으로 허락하신 은혜이고 사랑으로 주신 복이기에 가볍게 생각하지도 말고, 쉽게 생각하지도 말라는 의미에서 '두렵고 떨림으로 너희 구원을 이루라'라고 한 것입니다. '구원을 이루라'라는 표현은 예수 믿고 하나님의 자녀가 되라는 내용이 아니라, 하나님의 자녀라는 신분으로서의 구원을 얻은 자들이 그 신분에 걸맞은 수준이 되라는 말입니다.

너희 안에서 행하시는 이는 하나님이시니 자기의 기쁘신 뜻을 위하여 너희에게 소원을 두고 행하게 하시나니 모든 일을 원망과 시비가 없이 하라 이는 너희가 흠이 없고 순전하여 어그러지고 거스르는 세대 가운데서 하나님의 흠 없는 자녀로 세상에서 그들 가운데

14

빛들로 나타내며 생명의 말씀을 밝혀 나의 달음질이 헛되지 아니하고 수고도 헛되지 아니함으로 그리스도의 날에 내가 자랑할 것이 있게 하려 함이라 (빌 2:13-16)

흠 없는 하나님의 자녀로서 빛들로 나타나는 영광스러운 완성을 내용과 목적으로 하여 너희 구원을 이루라고 말하고 있습니다. 즉 하나님의 자녀로서의 출생을 말하는 것이 아니라 하나님의 자녀로 출생한 자의 영광된 완성을 말하고 있습니다. 사실 성경 어느 곳에서나 구원을 논할 때마다 거론되는, 하나님의 자녀로서의 출생과 하나님의 자녀가 되었기 때문에 이르러야 할 구원의 영광된 완성입니다.

그러면 이제 우리가 그의 피로 말미암아 의롭다 하심을 받았으니 더욱 그로 말미암아 진노하심에서 구원을 받을 것이니 곧 우리가 원수 되었을 때에 그의 아들의 죽으심으로 말미암아 하나님과 화목하게 되었은즉 화목하게 된 자로서는 더욱 그의 살아나심으로 말미암아 구원을 받을 것이니라 그뿐 아니라 이제 우리로 화목하게 하신 우리 주 예수 그리스도로 말미암아 하나님 안에서 또한 즐거워하느니라 (롬 5:9-11)

예수 그리스도의 십자가를 말할 때 우리를 구원하시기 위하여 예수님이 십자가를 지셨다고 성경이 가르치고 있으며 우리는 그렇게 믿고 있습니다. 예수님의 메시아 사역을 말할 때마다 예수님이 우리 죄를 속하시려고 우리를 대신하여 십자가를 지셨다고 말하고 있습니다. 그러나 성경은 예수님이 우리를 위하여 죽으신 것만 말하지 않고 부활하신 것도 우리를 위한 것이라고 이야기합니다.

곧 우리가 원수 되었을 때에 그의 아들의 죽으심으로 말미암아 하나님과 화목하게 되었은즉 화목하게 된 자로서는 더욱 그의 살아나심으로 말미암아 구원을 받을 것이니라 (롬 5:10)

그분의 죽으심으로 우리를 죄와 사망에서 꺼내 하나님의 자녀로 삼으셨고 우리는 하나님과 화목하게 되었습니다. 이제 부활하신 예수님은 일이 다 끝난 것이 아니라 우리를 살리시고 하나님과 화목하게 된 우리를 영광의 자리에 이르게 하시려고, 하늘 보좌 우편에서 우리를 위하여 기도하시는 제사장 사역을 계속하십니다. 이렇게 우리의 구원을 이루어 나가신다고 가르치고 있습니다.

이제 차차 진행하면서 구체적으로 자세히 설명하겠지만 모든 성도는 예수님의 죽으심으로 구원을 얻었고 예수님의 살아나심으로 구원을 완성해 가고 있습니다. 신분과 운명에 관해서는 예수 그리스도의 십자가로 이미 완성되었습니다. 일단 우리가 하나님의 자녀가 되면 영원토록 하나님의 자녀입니다. 왜냐하면 하나님이 이 일에서 실패하거나 변개하지 않으시기 때문입니다.

그렇더라도 하나님의 자녀로 부름을 받은 우리는 그것으로 끝나는 것이 아닙니다. 그분의 자녀로서 거룩함의 완성을 요구받습니다. 그것을 위하여 주께서는 아직도 우리를 위하여 일하고 계십니다. 여기서 우리는 교회를 생각해 볼 수 있습니다. 교회에 관한 문제는 훨씬 더 자세히 설명해야 하므로 성경에서 가장 중요한 증거를 하나만 확인해 보겠습니다.

우리가 다 하나님의 아들을 믿는 것과 아는 일에 하나가 되어 온전한 사람을 이루어 그리스도의 장성한 분량이 충만한 데까지 이르리니 (엡 4:13)

그리스도의 장성한 분량이 충만한 데까지 이르러야 합니다. 예수 그리스도의 충만과 신적 충만에까지 이르러야 합니다. 이것이 구원의 목적이요 완성입니다. 그러니까 중생은 이 일을 위한 시작입니다.

이는 우리가 이제부터 어린 아이가 되지 아니하여 사람의 속임수와 간사한 유혹에 빠져 온갖 교훈의 풍조에 밀려 요동하지 않게 하려 함이라 오직 사랑 안에서 참된 것을 하여 범사에 그에게까지 자랄지라 그는 머리니 곧 그리스도라 그에게서 온 몸이 각 마디를 통하여 도움을 받음으로 연결되고 결합되어 각 지체의 분량대로 역사하여 그 몸을 자라게 하며 사랑 안에서 스스로 세우느니라 (엡 4:14-16)

그리스도께서 우리를 위하여 십자가를 지신 것처럼 그분의 자녀들을 위하여 우리와 당신을 묶으사 머리가 되시고 우리와 하나가 되셨습니다. 그분의 충만한 데까지 우리는 자라야 하고 그 충만한 자리까지 가야만 합니다. 이것이 우리에게 남아 있는, 이루어 가야 할 구원입니다.

그러나 이 자라나는 것을 가지고 등급을 정하지는 않습니다. 하나님의 자녀로 거듭났는데 초등학교 수준에 그치면 원숭이이고, 중학교 과정까지 가면 유인원이고, 고등학교까지 가면 반인반수이고, 대학 나오면 사람이 되는 이런 식으로 종자의 등급을 정하지 않습니다. 하나님의 자녀로서 출생한 모든 사람은 하나님을 아버지라 부르고, 하나님은 우리에게 당신의 자녀로 부르신 이 부름에 걸맞게 살아야 한다고 하십니다. 이 완성을 위하여 구원 얻은 이후의 여생이 성도들에게 주어집니다.

그 여생은 주님을 위하여 헌신하고 봉사하는 일로만 메워지지 않습니다. 그 여생은 하나님이 그리스도와 우리를 묶어 허락하신 완성을 향해 우리를 나아가게 하는 과정입니다. 로마서 5장은 그것을 이렇게 설명합니다.

그러므로 우리가 믿음으로 의롭다 하심을 받았으니 우리 주 예수 그리스도로 말미암아 하나님과 화평을 누리자 또한 그로 말미암아 우리가 믿음으로 서 있는 이 은혜에 들어감을 얻었으며 하나님의 영광을 바라고 즐거워하느니라 (롬 5:1-2)

'우리가 믿음으로 의롭다 하심을 받았으니'라는 표현은 예수 그리스도의 십자가 사건을 말하고, 예수 그리스도의 십자가로 말미암아 우리에게 허락된 구원을 말합니다. 이것을 세분화하면 중생과 칭의 혹은 신분의 구원이라고 합니다. 하나님과 화목하게 된 자 즉 하나님과 분리되어 있다가 하나님의 자녀가 된 신분의 구원을 얻습니다. 그는 하나님으로 더불어 화평을 누립니다. 그분으로 말미암아 우리가 믿음으로 서 있는 은혜를 얻었습니다. 예수 그리스도로 말미암아 하나님의 자녀가 되고 하나님과 화평한 은혜에 들어간 것입니다.

그러나 이 은혜는 하나님과의 화목만이 아니라 하나님의 영광이 우리에게서 완성될 은혜입니다. 하나님의 영광으로 우리에게 채워져 충만의 자리까지 가는 그런 구원입니다. 그래서 '하나님의 영광을 바라고 즐거워한다'는 사실이 남아 있습니다. 영광된 목적지가 있고 우리의 구원이 그 영광된 완성에까지 이를 것이므로 지금 우리는 기뻐하고 즐거워한다는 말입니다.

실패할 수 없는 구원

그렇더라도 현실적으로 우리가 경험하는 일들은 기쁨보다는 고통이 더 많습니다. 그러나 그 모든 것이 참으로 큰 복이라는 것을 아는 기쁨이 이제 찾아오게 됩니다.

다만 이뿐 아니라 우리가 환난 중에도 즐거워하나니 이는 환난은 인내를, 인내는 연단을, 연단은 소망을 이루는 줄 앎이로다 소망이 우리를 부끄럽게 하지 아니함은 우리에게 주신 성령으로 말미암아 하나님의 사랑이 우리 마음에 부은 바 됨이니 (롬 5:3-5)

소망이 우리를 부끄럽게 하지 않습니다. 여기서 말하는 소망은 하나님 영광의 목적지까지 가는 것입니다. 그런 과정에서 우리의 현실 속에 환난이 닥쳐온다고 이야기합니다. 그 환난이 우리에게 인내를, 그것이 연단을 그리고 소망을 이룹니다. 어떤 소망입니까? 하나님이 목적하시고 계획하시고 시작하신 구원의 영광된 목표입니다. 그 영광된 완성이 우리에게 이루지는 것입니다. 신앙의 완성을 위해 왜 환난이 필요한지는 나중에 설명하기로 하고, 환난을 당할 때 하나님이 우리에게 어떤 사랑으로 이 목표를 정하고 그 걸음을 시작하셨는가를 봅시다.

우리가 아직 연약할 때에 기약대로 그리스도께서 경건하지 않은 자를 위하여 죽으셨도다 의인을 위하여 죽는 자가 쉽지 않고 선인을 위하여 용감히 죽는 자가 혹 있거니와 우리가 아직 죄인 되었을 때에 그리스도께서 우리를 위하여 죽으심으로 하나님께서 우리에 대한 자기의 사랑을 확증하셨느니라 (롬 5:6-8)

하나님이 자기 아들을 보내셔서 시작하셨는데 중단할 일이 무엇이 있겠는가, 무엇이 하나님의 이 열심과 사랑과 뜻을 꺾을 수 있단 말인가, 이렇게 나오는 것입니다. 그래서 우리가 잘 아는 대로 로마서 8장에 보면 구원에 관한 설명이 이렇게 나옵니다.

하나님이 미리 아신 자들을 또한 그 아들의 형상을 본받게 하기 위하여 미리 정하셨으니 이는 그로 많은 형제 중에서 맏아들이 되게 하려 하심이니라 또 미리 정하신 그들을 또한 부르시고 부르신 그들을 또한 의롭다 하시고 의롭다 하신 그들을 또한 영화롭게 하셨느니라 (롬 8:29-30)

무슨 말씀입니까? 하나님이 그분의 자녀들을 부르실 때에 계획하셨고 작정하셔서 하나님이 시작하신 것이므로 이루어질 수밖에 없는 것이 구원이라고 설명합니다. 미리 아시고, 미리 정하시고, 부르시고, 의롭다고 하셨고, 영화롭게 하실 것입니다. 우리가 경험하는 것은 지금 의롭게 된 자리까지입니다. 영화롭게 되는 것은 미래의 일임에도 불구하고 예언적 완료형입니다. 하나님의 작정이므로 이루어질 수밖에 없는 사실인 까닭에 이미 이루어진 것처럼 표현합니다. 이어서 이런 일이 어떻게 가능한가 하는 문제에 대한 답이 주어집니다.

그런즉 이 일에 대하여 우리가 무슨 말 하리요 만일 하나님이 우리를 위하시면 누가 우리를 대적하리요 자기 아들을 아끼지 아니하시고 우리 모든 사람을 위하여 내주신 이가 어찌 그 아들과 함께 모든 것을 우리에게 주시지 아니하겠느냐 (롬 8:31-32)

언제나 근거는 무엇입니까? 우리에게 허락된 구원이 실패할 수 없고, 하나님의 손길이 영광의 완성을 이루어 낼 것이고, 그런 결과에 이를 수밖에 없음을 그 아들을 주심으로 믿으라는 것입니다. 그 아들을 어떻게 주셨습니까? 십자가에 못 박아 우리를 죄와 사망에서 꺼내셨고, 지금 그리스도와 우리를 묶어 하나 되게 하셨습니다. 내가 실패하면 마치 예수님이 실패하는 것처럼 되어 있습니다. 그것이 에베소서 1장에서 교회와 관련하여 말하는 그리스도의 계속되는 메시아의 사역이요, 구원 얻은 모든 성도에게 허락된 구원의 운명과 목표와 완성을 확신하게 만드는 근거 구절들입니다.

또 만물을 그의 발 아래에 복종하게 하시고 그를 만물 위에 교회의 머리로 삼으셨느니라 교회는 그의 몸이니 만물 안에서 만물을 충만하게 하시는 이의 충만함이니라 (엡 1:22-23)

만물을 충만하게 하시는 자의 충만이란 무엇입니까? 모든 성도에게 이루어질 구원의 영광이 완성되는 것입니다. 여기서 말하는 교회는 하나님의 자녀들을 총칭합니다. 구원받은 하나님의 백성들이 예수 그리스도의 충만입니다. 예수 그리스도께서 우리 없이는 혼자서 충만하지 않으시겠다는 것입니다. 우리와 운명을 같이 하기로 하셨습니다. 이것이 우리에게 허락된 구원입니다. 우리 신분의 구원과 수준의 구원입니다. 중생으로 시작된 구원의 복이요 영광된 완성을 믿는 근거입니다.

우리 모두는 하나님과 더불어 화평한 자가 되었고, 하나님의 자녀로 거듭나서 하나님의 백성 된 확신을 갖고 삽니다. 그러나 현실 속에서는 여러 환난과 시험을 만납니다. 밖으로부터 오는 환난과 시험뿐 아니라 우리 스스로 갖고 있는 죄성으로 인한 시험과 유혹과 실패와 갈등과 고통을 겪습니다.

그러나 우리의 연약함과 우리를 싸고 대적하는 세상의 모든 막강한 권세에도 불구하고 하나님이 우리에게 하신 약속과 우리의 구원이 완성되고 실패되지 않을 것을 믿는 이유는 하나님이 당신이 가지신 모든 능력과 열심을 동원하여 우리를 구원하셨다는 사실 때문입니다. 그것을 무엇으로 확인할 수 있습니까? 그분의 아들을 보내셔서 십자가에 못 박으시고 그를 우리의 머리로, 우리를 그의 몸으로 묶으신 사실 때문입니다. 다시 말해, 우리의 구원에 대하여 중생과 시작뿐 아니라 그 내용의 충만함과 완성과 승리를 우리로 믿을 수 있게 하셨습니다.

요점과 확인

1 우리는 구원을 받으면 그것을 전부로 좁게 이해해 왔다. 그래서 구원받은 이후의 삶은 예수님을 위해 헌신과 봉사로 사는 삶이라고 생각했다.

2 성경은 우리에게 구원을 이루라고 말한다. 하나님의 자녀로서 출생한 자에게는 이제 이루어 가야 할 구원이 놓여 있다. 하나님은 이 완성될 구원을 우리에게 이루어 주실 것이다.

3 우리의 구원은 실패할 수 없다. 우리가 연약하고 대적자의 힘은 막강할지라도 우리의 구원이 실패하지 않을 것은 하나님이 당신의 능력과 열심을 동원하여 우리를 구원하셨기 때문이다.

4 구원을 받은 이후 자신이 행하는 봉사나 헌신을 무엇이라고 생각했는가?

2

성
화
는

신
비
다

그러므로 우리가 믿음으로 의롭다 하심을 받았으니 우리 주 예수
그리스도로 말미암아 하나님과 화평을 누리자 또한 그로 말미암
아 우리가 믿음으로 서 있는 이 은혜에 들어감을 얻었으며 하나님
의 영광을 바라고 즐거워하느니라 다만 이뿐 아니라 우리가 환난
중에도 즐거워하나니 이는 환난은 인내를, 인내는 연단을, 연단은
소망을 이루는 줄 앎이로다 (롬 5:1-4)

구원에 관한 성경의 설명들을 자세히 보면, 예수 그리스도로 말미암아 하나님으로 더불어 화평을 누리는 것은 이미 이루어진 일이고, 하나님의 영광을 바라고 즐거워하는 것은 미래의 목표를 기대하고 믿으므로 즐거워한다는 것이었습니다.

앞 장에서 우리는 로마서 6장의 질문을 통해 이 문제에 대하여 생각해 봤습니다. 우리가 은혜로 구원을 얻었다면 할 일이 남아 있는가 하는 질문이 의당 나옵니다. 그런 질문이 나오는 큰 이유는 무엇입니까? 구원을 얻었다는 말씀을 생각할 때 이제 우리 자신에 관한 일은 다 끝났다는 식의 생각이 먼저 들기 때문입니다. 그다음으로는 내가 할 일이 남아 있는가 하는 의아심이 생깁니다.

우리는 신분의 구원인 즉각적인 구원과, 수준의 구원인 점진적인 구원 곧 성화라고 일컫는 구원의 완성이 있음을 확인했습니다. 이제 우리가 확인하려는 것은 수준의 구원 곧 성화의 구원이요 점진적인 구원이요 약속 가운데서 기다려야 하는 구원에 관한 것입니다. 이 구원은 본문에 있는 바와 같이 '하나님의 영광을 바라고 즐거워하느니라'라는 약속에 관한 것입니다.

그런데 그것은 기다려야 할 미래의 완성에 속한 것이지만 그 기쁨과 즐거움은 현재의 것이라고 가르칩니다. 즉 신자의 현실은 기쁘거나 만족스럽지 않은데 성경은 그것이 기쁘고 만족스러운 것이라고 가르칩니다. 이렇듯 무슨 이유로 우리의 현실이 성경의 가르침과 다른지를 확인하려고 합니다.

우리가 구원을 받기 이전에 하나님과 멀리 떨어져 있거나 혹은 윤리적으로 도덕적으로 용서받지 못할 죄의 상태에 있었을지라도 십자가로 인한 구원에 대해서는 모두가 한결같이 감사와 만족과 기쁨을 분명하게 고백합니다. 그런데 그 이후의 약속된 점진적인 구원의 완성, 다시 말해 성화의 완성에 대해서는 그런 기쁨이 없는 것이 문제입니다. 성경의 약속과는 달리 '나는 기쁘다! 기쁨으로 신앙생활을 한다'라고 하는 사람들은 찾아보기 어렵고 성경의 약속과는 다르게 괴로워하는 사람이 더 많습니다.

그래서 기쁨이 없는 문제로 말미암아 구원에 대한 이해가 나뉩니다. 즉각적인 구원이자 영원한 구원을 성화까지 연결된 것으로 여기고 계속 기뻐하는 이들이 있습니다. 어찌 된 셈인지 즉각적인 구원의 기쁨이 굉장히 오래가는 이들이 있습니다. 본인의 체험에서도 오래 갈뿐더러 다른 사람에게 복음을 전하여 그가 예수 믿어 구원 얻은 기쁨을 보며 그 기쁨을 연장해 가는 사람도 있습니다.

그러나 대부분의 사람들에게는 구원의 기쁨이 확실하고 누릴 체험이 있을지라도, 그다음은 굉장히 혼란스럽습니다. 그 기쁨이 오래가지 않고 구원을 얻은 자의 변화도 현실적으로 그렇게 뚜렷하지 않습니다. 제가 보기에는 오히려 갈등과 괴로움으로 가슴앓이를 더 많이 하는 것이 보편적이고 정상으로 보입니다. 그럴 때 잘못 생각하면 '내가 구원을 받은 것이 맞나'라는 생각이 들기도 하고 '다른 사람들이 받은 구원과 내 구원이 뭔가 다른 것이 아닌가'라는 생각이 들기도 합니다.

이런 생각이 드는 것은 성경이 설명하는 구원에서 성화에 대한 설명을 놓치기 때문입니다.

우리 주 예수 그리스도의 하나님, 영광의 아버지께서 지혜와 계시의 영을 너희에게 주사 하나님을 알게 하시고 너희 마음의 눈을 밝히사 그의 부르심의 소망이 무엇이며 성도 안에서 그 기업의 영광의 풍성함이 무엇이며 그의 힘의 위력으로 역사하심을 따라 믿는 우리에게 베푸신 능력의 지극히 크심이 어떠한 것을 너희로 알게 하시기를 구하노라 그의 능력이 그리스도 안에서 역사하사 죽은 자들 가운데서 다시 살리시고 하늘에서 자기의 오른편에 앉히사 모든 통치와 권세와 능력과 주권과 이 세상뿐 아니라 오는 세상에 일컫는 모든 이름 위에 뛰어나게 하시고 또 만물을 그의 발 아래에 복종하게 하시고 그를 만물 위에 교회의 머리로 삼으셨느니라 교회는 그의 몸이니 만물 안에서 만물을 충만하게 하시는 이의 충만함이니라 (엡 1:17-23)

사도 바울이 에베소 교회의 교인들을 위해 한 기도인데 그 앞에는

28

이런 이야기가 먼저 나옵니다. '너희가 예수 그리스도를 믿고 복음에 참여하여 구원을 얻어 한 성도가 되고 한 믿음을 갖게 되어서 기쁘다. 그래서 내가 너희를 위하여 이 기도를 한다.' 이 기도는 믿지 않는 자로 구원을 받게 하려고 한 기도가 아니라 구원을 얻은 성도들을 위하여 드린 기도입니다. 이 기도에 들어 있는 중요한 간구는 하나님을 알라는 것입니다.

우리 주 예수 그리스도의 하나님, 영광의 아버지께서 지혜와 계시의 영을 너희에게 주사 하나님을 알게 하시고 (엡 1:17)

이것이 기도의 첫 번째 간구입니다. 두 번째는 다음과 같습니다.

너희 마음의 눈을 밝히사 그의 부르심의 소망이 무엇이며 성도 안에서 그 기업의 영광의 풍성함이 무엇이며 (엡 1:18)

두 번째 간구는 부르심의 소망에 관한 것입니다. 부르심은 지금 에베소 교인들이 이미 얻었습니다. 구원을 얻어 하나님의 백성으로 부름을 받았는데 그 부름의 끝 곧 그 부름의 결국에 대하여 알기를 원한다고 합니다. 그들에게 시작하고 주신 구원의 궁극적 목표와 내용과 완성이 어떤 것인지를 알기 원한다는 것입니다.

　우리는 하나님을 모르고 죄 가운데 있다가 예수 그리스도를 믿고 구원을 얻어 하나님의 백성이 되면 끝나는 것으로 속단합니다.

물론 신분과 운명에서는 그렇게 됩니다. 그러나 여기서 말하는 것은 그런 신분에 관한 것이 아니라 너희가 얻은 신분과 너희가 얻은 구원이 어디를 향해 가려고 시작된 것인지, 그 부름의 끝이 무엇인지를 알기 원한다는 것입니다. 세 번째는 무엇입니까?

그의 힘의 위력으로 역사하심을 따라 믿는 우리에게 베푸신 능력의 지극히 크심이 어떠한 것을 너희로 알게 하시기를 구하노라 (엡 1:19)

세 번째 간구는 하나님의 능력을 알기 원하는 것인데 그것은 믿는 우리에게 베푸신 능력입니다. 구원 얻은 우리에게 베푸신 능력입니다. 하나님이 당신의 백성으로 부르신 자들의 궁극적인 완성을 위하여 어떤 능력을 베풀고 계시는지를 알기 원합니다. 신분의 구원에 관한 것만이 아니라 수준의 구원에 관한 것 곧 성화의 완성을 기도합니다. 17절에서는 하나님을 알기를 원하고, 18절에서는 우리를 부르시고 우리에게 시작하신 구원의 끝과 결과와 영광된 목표를 알기를 원하고, 19절에서는 완성과 목표를 위하여 하나님이 어떤 능력을 베풀고 계시는지 알기를 원한다는 것입니다. 그 능력은 어떤 것입니까?

그의 능력이 그리스도 안에서 역사하사 죽은 자들 가운데서 다시 살리시고 하늘에서 자기의 오른편에 앉히사 모든 통치와 권세와 능력과 주권과 이 세상뿐 아니라 오는 세상에 일컫는 모든 이름 위에

뛰어나게 하시고 (엡 1:20-21)

모든 능력과 권세를 주셔서 만물을 그 발아래 복종하게 하시고 그
분을 만물 위에 교회의 머리로 주셨다는 것입니다. 교회의 머리로
주신 예수님! 이것이 바로 하나님이 당신의 백성들의 완성과 구원
의 완성을 위하여 지금 믿는 자들에게 베푸시는 능력입니다. 그러
면 교회는 무엇입니까?

교회는 그의 몸이니 만물 안에서 만물을 충만하게 하시는 이의 충
만함이니라 (엡 1:23)

하나님이 예수 그리스도를 우리와 묶어 우리의 충만이 예수 그리
스도의 충만이 되도록 하셨습니다. 우리는 예수 그리스도의 죽으
심과 부활을 구원과만 관련하며 이해하고 있지, 교회로까지 확대
하여 이해하지 못합니다. 우리는 모두 예수 그리스도의 구주되심
을 논하며 그분이 지신 십자가만 말하고 있습니다. 그분은 십자가
를 지셨을 뿐만 아니라 우리와 당신을 묶어 십자가로 구원을 시작
하시고 십자가로 그분의 백성들을 완성하셨습니다. 우리는 하나
님이 능력으로 우리와 당신을 묶으셨다는 사실을 대부분 놓치고
있습니다.

31

이런 내용은 에베소서에만 있는 것이 아니라 로마서에도 나옵니다.

무릇 그리스도 예수와 합하여 세례를 받은 우리는 그의 죽으심과
합하여 세례를 받은 줄을 알지 못하느냐 그러므로 우리가 그의 죽
으심과 합하여 세례를 받음으로 그와 함께 장사되었나니 이는 아버
지의 영광으로 말미암아 그리스도를 죽은 자 가운데서 살리심과 같
이 우리로 또한 새 생명 가운데서 행하게 하려 함이라 (롬 6:3-4)

이 말씀은 연합을 이야기합니다. 어떤 연합입니까? 예수께서 우리
를 위하여 죽으시는 일인데 나와 당신을 묶어서 그분의 죽으심 속
에 나를 죽이셨다는 것입니다. 우리는 죄에 대하여 그리스도 안에
서 죽었습니다. 예수 그리스도께서 십자가에 죽으신 것은 우리 모
두를 위한 일이며 우리 모두를 당신과 함께 묶어, 죽으신 것입니
다. 단지 죽음으로만 끝나지 않았기 때문에 구원이 성립됩니다. 그
런데 그의 죽으심에서만 우리가 연합된 것이 아닙니다.

만일 우리가 그의 죽으심과 같은 모양으로 연합한 자가 되었으면
또한 그의 부활과 같은 모양으로 연합한 자도 되리라 (롬 6:5)

예수님이 죽으실 때, 우리를 자신과 함께 묶어 죽이셨다면 마찬가

지로 예수님의 살아나심도 혼자 살아나심이 아니라 우리와 함께 살아났다는 것입니다. 왜 그렇습니까? 죽을 때 예수 그리스도와 연합하여 죽은 자이기 때문에 그분께서 죽으신 것이 내가 죽은 것이요, 그분께서 살아나신 것이 내가 살아난 것이 됩니다. 이 연합의 문제를 꼭 기억해야 합니다. 이것이 로마서 6장에서 가장 중요한 내용입니다. 예수님이 죽으신 것은 그 안에서 내가 죽은 것이요, 그분이 살아나신 것은 그 안에서 내가 살아난 것이기 때문에 예수님의 죽으심과 살아나심은 신자에게 매우 중요합니다.

우리가 알거니와 우리의 옛 사람이 예수와 함께 십자가에 못 박힌 것은 죄의 몸이 죽어 다시는 우리가 죄에게 종 노릇 하지 아니하려 함이니 이는 죽은 자가 죄에서 벗어나 의롭다 하심을 얻었음이라 (롬 6:6-7)

죄에 대하여 죽었다는 것은 죽은 자는 죄와 아무 상관이 없다는 말입니다. 내 존재가 없어지기에 죄로부터 벗어납니다.

만일 우리가 그리스도와 함께 죽었으면 또한 그와 함께 살 줄을 믿노니 (롬 6:8)

이것은 예수 그리스도의 대속 사역이 갖는 하나님의 방법이요 하나님이 베푸신 은혜의 수단입니다. 신비로운 수단입니다. 그분의 죽으심과 연합되어 우리도 함께 죽었고 그분의 살아나심과 연합되어 우리도 그리스도와 함께 부활한 것입니다. 이때 우리는 새로운 사람으로 부활합니다. 그래서 '만일 우리가 그리스도와 함께 죽었으면'이라는 말씀은 내가 죽은 것이 아니라 그리스도께서 나를 그분 안에 묶고 연합하여 죽은 것을 뜻합니다. 이와 같이 그리스도와 내가 죽음에서 함께 묶여 있었다면 그와 함께 묶여 부활한다는 것입니다.

만일 우리가 그리스도와 함께 죽었으면 또한 그와 함께 살 줄을 믿노니 이는 그리스도께서 죽은 자 가운데서 살아나셨으매 다시 죽지 아니하시고 사망이 다시 그를 주장하지 못할 줄을 앎이로라 그가 죽으심은 죄에 대하여 단번에 죽으심이요 그가 살아 계심은 하나님께 대하여 살아 계심이니 이와 같이 너희도 너희 자신을 죄에 대하여는 죽은 자요 그리스도 예수 안에서 하나님께 대하여는 살아 있는 자로 여길지어다 (롬 6:8-11)

여기서 '살아 있는 자로 여길지어다'라고 한 말씀은 이미 일어난 사실을 우리에게 가르치는 것입니다. 따라서 가장 중요한 것은 그리스도와의 연합입니다. 그리스도의 죽으심이 나의 죽음이요, 그리스도의 부활이 나의 부활입니다.

예수 그리스도가 우리를 당신과 묶어 십자가에서 죽으심으로 죄인으로 태어난 나의 존재를 없애 버리는 것입니다. 그리고 예수 그리스도가 부활하심으로 이제 우리는 그리스도 안에서 그리스도의 사람으로, 새로운 존재로 태어나는 것입니다. 이렇게 새로 태어나는 것이 끝이 아니라 태어난 우리를 그리스도 안에서 완성시키기 위하여 교회와 묶어 놓았습니다. 그리스도를 머리로 하고 우리를 그분의 몸으로 묶어 놓았다고 가르칩니다. 그래서 이후에 어떤 일이 생기느냐에 대해 에베소서 2장에 나옵니다.

너희는 사도들과 선지자들의 터 위에 세우심을 입은 자라 그리스도 예수께서 친히 모퉁잇돌이 되셨느니라 그의 안에서 건물마다 서로 연결하여 주 안에서 성전이 되어 가고 너희도 성령 안에서 하나님이 거하실 처소가 되기 위하여 그리스도 예수 안에서 함께 지어져 가느니라 (엡 2:20-22)

하나님이 거하실 처소가 되기 위하여 예수 그리스도 안에서 함께 지어져 갑니다. 예수께서 친히 모퉁잇돌이 되셨다고 설명합니다. 모퉁잇돌이라는 것은 우리나라 식으로 말하면 주춧돌이 되었다는 뜻입니다. 우리는 주춧돌을 놓고 기둥을 세워 집을 짓습니다. 이스라엘 사람들은 집을 지을 때 큰 돌을 놓고 거기서부터 벽을 이어 갑니다. 이것은 예수 그리스도께서 근거가 되시며, 기초가 되시며, 본질이 되심을 뜻합니다. 에베소서 4장에 가면 다른 식의 설명이 등장합니다.

우리가 다 하나님의 아들을 믿는 것과 아는 일에 하나가 되어 온전한 사람을 이루어 그리스도의 장성한 분량이 충만한 데까지 이르리니 이는 우리가 이제부터 어린 아이가 되지 아니하여 사람의 속임수와 간사한 유혹에 빠져 온갖 교훈의 풍조에 밀려 요동하지 않게 하려 함이라 오직 사랑 안에서 참된 것을 하여 범사에 그에게까지 자랄지라 그는 머리니 곧 그리스도라 그에게서 온 몸이 각 마디를 통하여 도움을 받음으로 연결되고 결합되어 각 지체의 분량대로 역사하여 그 몸을 자라게 하며 사랑 안에서 스스로 세우느니라 (엡 4:13-16)

그리스도의 장성한 분량이 충만한 데까지 이르게 하리라는 것이 하나님이 우리에게 베푸실 지극히 큰 능력입니다. 구원 얻은 자들에게 베푸신 그 능력으로 예수 그리스도와 우리를 묶고 그리스도의 장성한 분량이 충만한 데까지 우리를 이르게 하실 것입니다. 교회는 그의 몸이니 만물 안에서 만물을 충만하게 하시는 자의 충만함입니다. 그 충만함이 어떻게 실현되는지 여기에 나옵니다.

오직 사랑 안에서 참된 것을 하여 범사에 그에게까지 자랄지라 그는 머리니 곧 그리스도라 (엡 4:15)

그리스도의 장성한 분량이 충만한 데까지 이를 수 있는 이유는 그분이 머리이시기 때문입니다. 머리로부터 온몸이 명령을 받으며 필요와 내용과 수준과 목표를 요구받고 머리가 요구하는 데까지 갑니다. 이것이 성경이 가르치는 구원을 얻은 모든 백성에게 하나님이 베푸신 능력이요, 예수 그리스도의 구속 사역으로 아직도 모든 성도에게 베풀어지는 은혜와 간섭과 보호입니다.

만족스럽지 못한 믿음의 현실

그러나 문제는 여기에 있습니다. 그리스도와 연합하여 장성한 분량이 충만한 데까지 가도록 요구받고 인도함을 받는 우리의 믿음의 현실은 기쁘거나 만족스럽지 않습니다. 왜 그렇습니까? 히브리서 12장에서 그 이유를 알 수 있습니다.

너희가 죄와 싸우되 아직 피흘리기까지는 대항하지 아니하고 또 아들들에게 권하는 것 같이 너희에게 권면하신 말씀도 잊었도다 일렀으되 내 아들아 주의 징계하심을 경히 여기지 말며 그에게 꾸지람을 받을 때에 낙심하지 말라 주께서 그 사랑하시는 자를 징계하시고 그가 받아들이시는 아들마다 채찍질하심이라 하였으니 너희가 참음은 징계를 받기 위함이라 하나님이 아들과 같이 너희를 대우하시나니 어찌 아버지가 징계하지 않는 아들이 있으리요 징계는 다 받는 것이거늘 너희에게 없으면 사생자요 친아들이 아니니라 또 우리 육신의 아버지가 우리를 징계하여도 공경하였거든 하물며 모든 영의 아버지께 더욱 복종하며 살려 하지 않겠느냐 그들은 잠시 자기의 뜻대로 우리를 징계하였거니와 오직 하나님은 우리의 유익을 위하여 그의 거룩하심에 참여하게 하시느니라 무릇 징계가 당시에는 즐거워 보이지 않고 슬퍼 보이나 후에 그로 말미암아 연단 받은 자들은 의와 평강의 열매를 맺느니라 그러므로 피곤한 손과 연약한 무릎을 일으켜 세우고 너희 발을 위하여 곧은 길을 만들어 저는 다리로 하여금 어그러지지 않고 고침을 받게 하라 (히 12:4-13)

히브리서의 수신자들은 초대교회 성도들 중에서 가장 어려웠던 성도들입니다. 왜냐하면 그들은 당시 로마제국의 속국 아래 있었기 때문입니다. 그런데다 우상을 믿는 나라에서 예수를 믿음으로써 국가의 우상들을 거절해야 했고 또 동족들에게 많은 핍박을 받아야 했습니다. 이렇게 로마에 의해서 정치적인 핍박을 받았을 뿐 아니라 동족들에게도 핍박을 받았습니다.

이스라엘 대다수 백성들은 예수님을 메시아로 인정하지 않았을 뿐 아니라 선지자로도 인정하지 않았으므로 대다수가 그를 참람죄로 고소해서 죽였습니다. 예수님을 믿는 자들 보고 참 신앙을 떠난 자들이라 하며 배신자로 취급했습니다. 히브리서 수신자들은 정당한 신앙을 가지고 참 진리를 소유하고 하나님의 은혜와 구원 가운데 살고 있는데 그들의 현실은 아주 고달픈 삶이었습니다. 왜 이렇게 사는 것이 고달픈지의 문제에 대한 위로와 답으로서 히브리서가 기록된 것입니다. 이렇게 하나님은 자식을 훌륭하게 기르기 위해 그들을 힘들게 훈련하고 있다고 응답하십니다.

주께서 그 사랑하시는 자를 징계하시고 그가 받아들이시는 아들마다 채찍질하심이라 하였으니 (히 12:6)

여기서 징계한다는 말은 원어를 직역하면 '자식 만들기'라는 뜻입니다.

너희가 참음은 징계를 받기 위함이라 하나님이 아들과 같이 너희를 대우하시나니 어찌 아버지가 징계하지 않는 아들이 있으리요 (히 12:7)

'자식 만들기'는 신자라면 누구에게나 다 주어지는 것입니다. '너희에게 이 훈련이 없다면 사생자이지 참 아들이겠느냐.' 무슨 말씀인지 아시겠습니까. 하나님이 그분의 자녀들을 낳으실 뿐 아니라 기르신다고 말씀하십니다. 기른다는 것이 무엇입니까? 성숙하게 하고 완성한다는 말씀입니다.

출생은 순간적입니다. 존재가 없다가 존재가 있게 된 것 사이에는 분명한 차이가 있습니다. 그렇지만 이 존재가 훌륭해진다는 것은, 없던 존재가 생겨나는 출생과 비교할 때에는 확연한 차이가 나는 것이 아닙니다. 이 자라남은 그날이 그날 같습니다. 늙는 것만 표가 나지 진전이 있어 보이지도 않고 훌륭해지는 것 같지도 않습니다. 늘 그날이 그날 같습니다.

그러나 우리가 만족할 만한 경지에 가지 못하는 것에 대하여 이 말씀 속에서 위로를 받을 수 있습니다. 우리가 신앙이 좋으면

39

환경이 우리를 도와 보상해 줍니까? 그렇지 않습니다. 성경은 끝까지 성도들에게 순교를 요구합니다. 목숨을 버리라는 충성을 요구합니다.

우리가 하나님 앞에 아무리 아름답게 신앙을 고백할지라도 하나님은 우리의 환경과 조건을 개선해 주시지 않습니다. 하루아침에 우리의 진심과 소원이 우리 안에서 확 바뀌어도 보상은 일어나지 않습니다. 왜 그렇습니까? 내가 자라야 하기 때문입니다. 정답을 알아야 되는 것이 아니라 정답을 풀 실력이 생겨야 합니다. 신앙이 자라서 내 것이 되어야 하지, 정답을 손에만 쥐고 있도록 그냥 놔두시지 않습니다. 우리에게는 이 부분이 어렵습니다.

바로 이 지점에서 우리는 성도들이 갖는 신앙의 외적 어려움과 내적 어려움을 배우게 됩니다. 내적 어려움이 무엇입니까? 우리가 하나님의 은혜와 믿음 안에서 갖는 주님을 향한 거룩함과 경건의 소원과 열심에 대하여 만족할 만한 답을 얻지 못함에 대한 안타까움입니다. 이것이 내적 어려움입니다. 이런 것들이 우리를 키웁니다. 우리로 하여금 쉬지 못하게 합니다. 경건의 연습을 외면하지 못하게 합니다. 거룩한 소원의 목적지까지 가는 것을 외면하거나 이 숙제거리를 잊거나 핑계 대지 못하게 합니다. 마치 외적 조건이 신앙의 헌신과 노력들을 방해하여 넘어뜨리는 것이 아니라 그것을 극복하는 더 깊고 더 두터운 신앙을 갖게 하듯이 말입니다.

이때 우리는 무엇을 확인해야 합니까? 우리가 품은 소원과 비교할 때 외적으로나 내적으로 우리의 신앙이 기대에 못 미쳐 보이지만 사실은 그런 외적 어려움이나 내적 갈등과 절망에도 불구하고 어느 성도든지 예외 없이 그리스도와 묶여 하나님의 특별하고 강력한 역사로 인도함을 받고, 훈련을 받고, 보호를 받고 있어서 기어코 승리와 완성의 자리로 가게 되어 있음을 확인하라고 합니다.

환난이 주는 중요한 교훈

우리는 그것을 어떻게 확인합니까? 히브리서 12장이 말하듯이 너희가 아들이 아니면 고난도 없다고 하는 것으로 확인시켜 주십니다. 우리의 마음에 있는 소원과 비교해서 너무나 발전이 없는 신앙 현실과 신앙 실력들의 안타까움과 슬픔, 이런 것들이야말로 하나님이 우리를 놓고 있지 않으신다는 증거입니다. 실패하셨습니까? 실패가 꼭 실패는 아닙니다.

우리는 성공을 신앙적인 한 사건의 승리와 목표로 삼기 때문에 늘 실패하는 것처럼 보이지만 하나님이 우리를 다스리고 인도하시는 가운데 주시는 승리로 인하여 우리는 겸손하게 되고 은혜를 구하게 되며 믿음 안에서 더 많이 행하게 됩니다. 우리가 겪는 그 많은 실패는 실패로 끝나는 것이 아니라 그 실패로 인하여 예수 그리스도가 우리에게 더 많이 필요하다는 사실을 확보하게 하십니다. 그것이 이 장의 본문입니다.

다만 이뿐 아니라 우리가 환난 중에도 즐거워하나니 이는 환난은 인내를, 인내는 연단을, 연단은 소망을 이루는 줄 앎이로다 (롬 5:3-4)

왜 하나님의 영광을 바라고 즐거워해야 할 현실에 환난이 있습니까? 하나님의 영광을 바라는 하나님의 백성으로 부름받은 성도들의 현실에 왜 환난이 도입됩니까? 그것이 어떻게 하나님의 영광을 바라는 기쁨의 현실 과정이 될 수 있습니까? 성경은 이렇게 이야기합니다. 환난이 인내를, 인내가 연단을, 연단이 소망을 이룬다고 합니다. 소망은 하나님이 우리에게 주신 구원의 궁극적인 완성의 자리입니다. 부르심의 소망, 그 기업의 영광의 풍성입니다. 그것을 무엇으로 이루어 나가게 합니까? 환난으로 합니다.

환난을 당할 때 배우는 가장 중요한 교훈은, 우리 자신이 누구인지를 보게 되는 것입니다. 세상 사람들은 더 악해지고 더 교활해지는 것을 배우지만 성도들은 환난 속에서 그리스도가 필요하다는 것을 배우게 됩니다. 환난 속에서 자신이 얼마나 무력하고 내가 얼마나 죄인인가를 확인하여 그리스도의 거룩하신 인도하심을 더욱 구하게 되고 세상이 우리의 본향이 아니라 하늘나라가 우리의 본향임을 마음속에 더 넓히고 깊게 새기게 됩니다. 신기하게도 그렇게 됩니다. 환난이 없으면 다 잊고 삽니다. 그리스도의 필요성과 그리스도를 요청하는 일들이 적어집니다.

환난이 하는 일이 무엇입니까? 우리에게 그리스도의 필요성을 인식시킵니다. 세상과 자신의 계속되는 문제 속에서 그리스도의 필요성을 인식시킵니다. 세상에 대한 실망이나 자신에 대한 절망과 슬픔들, 신앙생활을 제대로 하는 모든 성도가 '내가 왜 이럴까, 왜 이 모양일까' 하고 느끼는 슬픔들, 이 모든 것에 대하여 주님에게 더 은혜를 구하게 합니다. 내 구원에 대하여, 그분의 은혜와 능력으로만 승리가 가능하지 내 힘으로는 가능하지 않다는 것을 배워 나갑니다. 그래서 인내를 경험이라고도 이해하게 됩니다. 그것이 우리에게 믿음의 힘이 됩니다. 그리하여 우리는 소망의 자리, 완성의 자리로 갈 것입니다.

히브리서 12장에서 본 바와 같은 징계로 이해되는 외적 어려움이 있습니다. '왜 이렇게 환난이 많고 어려움이 많은가'라는 어려움입니다. 그뿐 아니라 내적으로 연약함과 어리석음과 무지함에 대한 안타까움, 실망, 절망, 체념과 같은 것들이 있습니다. 하나님은 이 모든 것을 통해 우리 안에 가장 중요한 것을 만들어 채우시고, 키우시고, 충만하게 하십니다. 이것이 그분의 능력의 개입임을 확인하고 즐거워하는 것입니다. 이 즐거움은 어렵습니다. 그래서 제가 그것을 '성화의 신비'라고 이름 붙였습니다. 정말 신비롭습니다. 결국 믿음이란 우리 자신 안에 있는 근거는 다 뽑아내고 우리의 모든 힘의 근거를 주님 안에서만 갖는 것입니다.

그런데 자신 안에 근거가 없고, 자랑할 것이 없음이 우리를 곤혹스럽게 하고 당황스럽게 합니다. 우리는 믿음이라는 이름으로, 헌신이라는 이름으로, 열정이라는 이름으로 어떻게든지 우리 안에 근거를 만들어 갖고 싶어 합니다. 이 부분이 어렵습니다. 이것이 제가 '성화의 신비'에서 제일 중요시하는 것입니다.

우리는 예수 그리스도를 믿음으로써 얻는 승리와 기쁨을 알기 때문에 승리하는 힘과 승리의 현실이 내 안에 있기를 바랍니다. 내 안에 기쁨이 넘쳐 원수를 사랑하리라 기도하고 나와서 원수를 보는데 정말 못 참겠지만, '주님이 나를 위하여 죽으셨는데 내가 이러면 안 되지'라는 생각을 승리라고 여기지 못합니다. 그래서 우리는 늘 실패했다고 이야기합니다. 이제 기대를 갖고서 성화가 무엇인지 배우기 바랍니다.

요점과 확인

1 구원받은 자에게 처음에는 기쁨이 있으나 그다음에는 삶의 변화가 뚜렷하지 않아 갈등과 괴로움이 생긴다. 이는 성경이 말하는 성화 곧 수준의 구원이라는 것이 무엇인지 확실히 몰라서 생기는 현상이다.

2 우리의 구원은 그리스도의 죽으심과 부활하심에 묶여 있다. 그리스도의 죽으심이 나의 죽음이요 그리스도의 부활이 나의 부활이다. 이렇게 그리스도와 우리를 묶어 그리스도의 장성한 분량이 충만한 데까지 우리를 이르게 하실 것이다.

3 우리가 구원을 받았을지라도 신앙 현실은 기쁘거나 만족스럽지 않다. 진리를 소유하고 하나님의 은혜 가운데 살지만 삶은 고달프다. 이 같은 고달픈 현실이 신비롭게도 우리의 신앙을 장성시킨다.

4 왜 성화를 성화의 신비라고 지칭하는가?

3

자기를 근거로 삼지 말라

만일 우리가 그의 죽으심과 같은 모양으로 연합한 자가 되었으면 또한 그의 부활과 같은 모양으로 연합한 자도 되리라 우리가 알거니와 우리의 옛 사람이 예수와 함께 십자가에 못 박힌 것은 죄의 몸이 죽어 다시는 우리가 죄에게 종 노릇 하지 아니하려 함이니 이는 죽은 자가 죄에서 벗어나 의롭다 하심을 얻었음이라 만일 우리가 그리스도와 함께 죽었으면 또한 그와 함께 살 줄을 믿노니 이는 그리스도께서 죽은 자 가운데서 살아나셨으매 다시 죽지 아니하시고 사망이 다시 그를 주장하지 못할 줄을 앎이로라 그가 죽으심은 죄에 대하여 단번에 죽으심이요 그가 살아 계심은 하나님께 대하여 살아 계심이니 이와 같이 너희도 너희 자신을 죄에 대하여는 죽은 자요 그리스도 예수 안에서 하나님께 대하여는 살아 있는 자로 여길지어다 (롬 6:5-11)

로마서 6장은 그리스도의 사역이 우리의 구원과 어떻게 연결되어 있는가를 이야기합니다. 그리스도께서 우리를 죄 가운데서 구원하시기 위하여 우리와 연합한 것과 마찬가지로 성화를 이루어가기 위하여 우리와 연합함으로써 살아 역사하고 계시다고 증언합니다.

우리가 죄인이었을 때에 예수님이 나를 위하여 죽으셨고 우리는 그분의 죽으심을 인하여 전적인 은혜로 구원을 얻었습니다. 이렇게 한번 얻은 구원은 취소되지 않으며, 그 구원은 하나님의 작정과 일하심의 불변성을 믿는 믿음 위에 서 있는 까닭에 우리를 흔들지 못합니다.

예수 그리스도께서 죽으사 나를 죄에서 꺼내신 것처럼, 다시 살아 우리의 머리가 되시고 하늘 보좌 우편에서 우리를 위하여 간구하시며 성화를 이루어 가십니다. 그렇지만 우리의 성화가 영원불멸할 하나님의 약속 위에 서 있다는 확신이 우리에게는 너무 작습니다. 이유는 단 하나입니다. 우리의 신분의 구원은 단번에 끝나고 완성되는 데 비하여 수준의 구원인 성화는 점진적으로 이루어지기 때문입니다.

이 점진적이라는 말은 성화가 단번에 완성되지 않으며 또 믿음의 현실 속에서는 실패도 맛본다는 의미입니다. 이런 까닭에 우리는 성화에서 당황해하는 측면을 갖게 됩니다. 이것을 자라나고 있다는 사실로 생각해야 하는데 틀렸다고 생각합니다. 우리는 이 구원의 길을 걷는 자로서 이 체험을 놓치지 않아야 합니다.

우리는 예수 믿는 자와 믿지 않는 자를 다르게 생각합니다. 교회는 언제나 세상과 자신을 구별하기 위해 올바른 행위를 요구해 왔고 우리도 예수 그리스도를 믿었으니 믿지 않을 때와는 달라야 한다고 생각합니다. 물론 그렇습니다. 그러나 이것이 오해되어서는 안 됩니다. '내가 올바로 살아야 하나님과의 관계가 유지된다'라고 생각하는 것은 오해입니다. 더 쉽게 이야기해서, 신앙생활에 실패하면 구원이 취소된다고 생각하지 말라는 것입니다.

우리는 하나님과의 관계 즉 신분을 자꾸 수준으로 평가하려고 합니다. 수준의 실패를 신분의 실패로 우려하며, 신자다운 삶을 살지 못한 것으로 하나님과의 관계가 깨지거나 손상되었을 것이라고 생각합니다. 우리는 대부분 만족스러운 신앙생활을 하지 못하면 하나님의 환심을 사려고 노력하는데 그렇게 하는 것은 잘못입니다. 구원을 얻은 자가, 자녀라는 신분 자체가 요구하는 차원에서 자신의 미흡한 점을 부끄럽게 여기는 것은 당연합니다. 그러나 그것을 가지고 하나님의 자녀라는 신분에 대해 걱정하거나 하나님과의 관계가 멀어졌다고 생각하는 것은 금물입니다. 이것이 궁극적으로 모든 성도에게 신앙에서 가장 치명적인 피해를 입힙니다.

이 부끄러움이 우리를 분발로 끌어가지 않고, 하나님과의 관계가 소원해졌다고 생각해서 하나님으로부터 점점 멀리 떠나고, 숨고, 체념하는 식의 나쁜 후유증을 만들어 내게 해서는 안 됩니다.

꼭 명심해야 할 점입니다. 우리가 복종하고 쓸 만해서 하나님이 우리를 사랑하시는 것이 아닙니다. 우리가 죄인 되었을 때에 우리를 사랑하셔서 당신의 아들을 주신 것입니다. 우리는 그것을 로마서 5장에서 이렇게 확인합니다.

그러므로 우리가 믿음으로 의롭다 하심을 받았으니 우리 주 예수 그리스도로 말미암아 하나님과 화평을 누리자 또한 그로 말미암아 우리가 믿음으로 서 있는 이 은혜에 들어감을 얻었으며 하나님의 영광을 바라고 즐거워하느니라 다만 이뿐 아니라 우리가 환난 중에도 즐거워하나니 이는 환난은 인내를, 인내는 연단을, 연단은 소망을 이루는 줄 앎이로다 (롬 5:1-4)

이런 구원의 과정 속에 있는 우리에게 '소망이 우리를 부끄럽게 하지 아니함은'(롬 5:5)이라는 단서가 붙습니다. 이 표현은 이 소망이 실패로 끝날 수 없다는 뜻입니다. '우리에게 주신 성령으로 말미암아 하나님의 사랑이 우리 마음에 부은 바' 되었기 때문입니다. 여기서 다시 사랑이 등장합니다. 하나님이 우리를 사랑해서 시작하셨고, 그 과정이 있고, 이루실 목표가 있다는 것입니다.

우리가 이 과정에서 어떻게 반응하고 어떤 점수를 받느냐에 따라 그 보상으로 우리를 사랑하는 것이 아닙니다. 하나님이 우리를 사랑하셨기 때문에 이 길로 우리를 인도하십니다. 그래서 환난 중에 겪는 우리의 실패나 연약함으로 절망하고 후회하는 일이 있어

49

서는 안 된다고 가르칩니다. 왜냐하면 이것은 하나님이 우리를 사랑하셔서 시작하신 것이고, 사랑하심으로 이루실 일이기 때문입니다.

우리가 아직 연약할 때에 기약대로 그리스도께서 경건하지 않은 자를 위하여 죽으셨도다 의인을 위하여 죽는 자가 쉽지 않고 선인을 위하여 용감히 죽는 자가 혹 있거니와 우리가 아직 죄인 되었을 때에 그리스도께서 우리를 위하여 죽으심으로 하나님께서 우리에 대한 자기의 사랑을 확증하셨느니라 (롬 5:6-8)

예수님이 언제 죽으셨습니까? 우리가 죄인이었을 때, 그리스도의 필요성을 알지도 못할 때에 하나님이 우리를 사랑하사 그 아들을 주셨습니다. 이것은 이미 구원에서 배웠고 확인한 바 있습니다. 똑같습니다. 우리의 성화에서도 우리의 못난 것과 실패와 부끄러움과 절망이 하나님의 사랑을 막을 수 없다고 합니다. 우리가 죄인되었을 때에 찾아오셨고 일을 시작하신 분입니다. 우리가 신앙의 실천과 책임에 대하여 실패했다고 해서 하나님이 우리를 덜 사랑하시거나 우리와의 관계에 어떤 손상이 있으리라고 생각하지 마십시오. 그런 식의 생각은 끊임없는 자기 의와 자기 근거를 가지려는 발상에서 나온 것입니다. 성경이 말씀하는 복음과는 아무 관계가 없습니다.

하나님이 우리를 죄 가운데서 구원하신 것도 그분의 은혜이며,

능력이며, 사랑이며, 그분이 이루신 일입니다. 구원 얻은 모든 자녀를 성화의 완성으로 인도하셔서 궁극적인 영광에 이르도록 은혜를 베푸시고, 간섭하시고, 사랑하시고, 결국 능력으로 그 일을 이루실 분도 하나님이십니다. 이런 사실을 구원에서 확인했듯이 성화에도 적용하여 확신할 줄 알아야 합니다.

자기를 근거로 삼는 위험

이 부분에 대하여 오해를 많이 하는 까닭에 분명히 해 두어야 합니다. 이를 오해하면 우리는 이런 생각을 가질 위험이 있습니다. 로마서 6장 1절에서 구원을 논하면서 그 구원이 오직 은혜에 의한 것이니 우리는 할 것이 없지 않느냐라는 일종의 방임입니다.

그러나 그럴 수 없는 것은 죄에서 벗어나고 형벌을 받지 않는 것이 구원의 전부가 아니라, 거룩함의 완성과 영광의 승리로 나아가야 하는 일이 아직 남아 있기 때문입니다. 구원은 그 시작에 불과하다는 것을 알 때에 우리는 얻은 구원에 감사하고 앞으로 나아가게 됩니다. 앞으로 나가는 것도 물론 하나님이 준비하신 것입니다. 그분이 낳으시고, 그분이 기르시기 때문입니다. 우리는 히브리서 12장에서 중요한 말씀을 만납니다.

너희가 참음은 징계를 받기 위함이라 하나님이 아들과 같이 너희를

대우하시나니 어찌 아버지가 징계하지 않는 아들이 있으리요 징계
는 다 받는 것이거늘 너희에게 없으면 사생자요 친아들이 아니니라
(히 12:7-8)

하나님이 너희를 훈련하시는 이유는 아들이기 때문이며 낳기만
하고 방치하는 아버지가 어디 있겠느냐는 것입니다. 성경의 표현
으로 하면 "징계는 다 받는 것이거늘 너희에게 없으면 사생자요
친아들이 아니니라"는 것입니다. 징계라고 번역된 말의 원래 뜻은
'자식 만들기'라고 했습니다.

자식으로 만든다는 것은 공작을 꾸미듯 만드는 것이 아니라 낳
은 자식을 길러 내는 것을 말합니다. 그렇게 하지 않으면 사생자
입니다. 친부모가 낳은 자식을 기르지 않는 법은 없습니다. 여기서
기른다는 것은 밥 먹여서 키운다는 것만 말하지 않습니다. 속과 내
용을 키우는 것을 말합니다. 이것이 성경이 말씀하는 구원입니다.

우리가 하나님의 무한하신 은혜와 능력으로 죄와 형벌에서 벗
어나 하나님의 자녀로 태어났고 하나님의 자녀로서의 완성과 내
용이 채워지고 그 완성을 향해 그분의 인도함을 받고 있습니다.
하나님의 사랑과 은혜로 간섭을 받고 인도함을 받으며 그리스도
와 묶여 있다는 것을 에베소서 1장에서 확인했습니다. 하나님의
무한하신 능력과 개입 가운데 지금 우리는 성화의 완성을 향한,
구원의 완성을 향한 길을 가고 있습니다.

그래서 우리는 구원을 얻은 이후에는 하나님이 나에게 은혜를

베푸셨고 할 일을 다 하셨으니 이제 내가 주님을 위해 할 일만 남았다는 식의 율법주의로 갑니다. 여기서 말하는 율법주의는 내가 주님을 위하여 쓸모 있는 인간이 되고 주님을 기쁘시게 하자는 것입니다. 하나님이 구원을 주신 것으로 은혜는 다 끝났고 이제부터는 내가 주님을 위해서 일을 해야 한다는 식입니다. 이는 하나님의 은혜와 능력을 배제하는 식의 생각입니다. 이런 의미에서 율법주의라고 한 것입니다.

내가 주님을 위하여 무엇을 한다는 것은, 주님이 나에게 한 일을 갚는 개념도 아니며 주님이 이루신 구원에 대하여 내가 주님을 위한다는 개념도 전혀 아닙니다. 그 일은 하나님이 우리에게 허락하신 구원의 참다운 목표인 아버지를 닮고 그리스도를 닮아 그리스도의 장성한 분량이 충만한 자리까지 가는 신앙의 순종으로 하게 되는 것입니다.

모든 사람에게 구원을 주시는 하나님의 은혜가 나타나 우리를 양육하시되 경건하지 않은 것과 이 세상 정욕을 다 버리고 신중함과 의로움과 경건함으로 이 세상에 살고 복스러운 소망과 우리의 크신 하나님 구주 예수 그리스도의 영광이 나타나심을 기다리게 하셨으니 그가 우리를 대신하여 자신을 주심은 모든 불법에서 우리를 속량하시고 우리를 깨끗하게 하사 선한 일을 열심히 하는 자기 백성이 되게 하려 하심이라 (딛 2:11-14)

선한 일에 열심을 내는 것은 친백성의 본질입니다. 우리의 순종은 하나님이 우리 아버지이시기 때문에 그분을 닮고 그분이 주시고 자 하며 그분이 목표하시는 것을 따르려는 신앙의 발상입니다. 아버지께서 우리에게 베푸신 은혜에 대하여 빚을 갚는 개념과는 근본적으로 다름을 기억할 필요가 있습니다.

이것을 왜 강조하느냐 하면 우리가 신앙적인 실패를 해서 스스로 쓸모없다고 생각한 나머지 자신의 구원에 대하여 심각하게 걱정하고 자기 자신을 필요 이상으로 정죄하기 때문입니다. 모든 것은 하나님과의 관계 위에 서 있습니다. 그 관계는 하나님의 은혜와 사랑에 근거한 것이지 우리의 유용성이나 우리의 열심에 근거가 있지 않습니다.

다시 생각해 보아야

이 관계의 문제는 믿음의 문제가 됩니다. 이 믿음의 문제를 조금 더 확인해 보겠습니다.

예수께서 제자들에게 이르시되 실족하게 하는 것이 없을 수는 없으나 그렇게 하게 하는 자에게는 화로다 그가 이 작은 자 중의 하나를 실족하게 할진대 차라리 연자맷돌이 그 목에 매여 바다에 던져지는 것이 나으리라 너희는 스스로 조심하라 만일 네 형제가 죄를 범하

54

거든 경고하고 회개하거든 용서하라 만일 하루에 일곱 번이라도 네게 죄를 짓고 일곱 번 네게 돌아와 내가 회개하노라 하거든 너는 용서하라 하시더라 (눅 17:1-4)

이 구절에 따르면 예수님이 사도들에게 신앙에 있어 최소한의 기준들을 가르치고 있습니다. 구원을 얻은 하나님의 자녀들에게도 해당되는 기준들입니다. 남에게 시험거리가 되지 않아야 하고 남을 실족하게 하면 안 된다고 합니다. 실력에서만 아니라 행동이나 모든 문제에서 모범을 보여야 하고 덕스럽고 본받을 만해야지 시험거리가 되면 안 된다는 것입니다. 누가 잘못하면 무엇을 잘못했는지 가려내어 무엇이 옳은 것인지 가르칠 수 있어야 하고 또 사람을 용서하되 일흔 번씩 일곱 번이라도 수없이 용서할 마음을 가져야 합니다.

그런데 제자들은 이 말씀을 듣고 말이 안 된다고 생각합니다. 자기들 마음으로는 일곱 번이라고 생각한 것입니다. 그러자 예수님은 다음과 같이 대답하십니다.

사도들이 주께 여짜오되 우리에게 믿음을 더하소서 하니 주께서 이르시되 너희에게 겨자씨 한 알만한 믿음이 있었더라면 이 뽕나무더러 뿌리가 뽑혀 바다에 심기어라 하였을 것이요 그것이 너희에게 순종하였으리라 (눅 17:5-6)

믿음이란 무엇입니까? 우리의 신앙생활을 승리하게 하는 것입니다. 우리가 구원을 얻을 때 믿음을 어떻게 사용했습니까? 예수님이 나를 위하여 돌아가셨다는 것을 믿고, 그분의 은혜와 사랑이 나를 죄 가운데서 값없이 구원하셨다고 믿었습니다.

그런데 그다음에 구체적으로 살아야 하는 문제에서 우리는 믿음을 어떻게 사용합니까? 문제를 믿음으로 해결하지 않고 자기 자신을 근거로 해서 해결하려고 하지 않습니까? 누군가를 실족하지 않게 하고, 완전한 신앙을 지켜야 하고, 말이나 행동에서 모범이 되어야 하고, 옳은 것과 그른 것을 분별해야 하고, 옳은 것을 지켜야 하며, 질서와 기준을 잡아 주어야 하며, 한없이 용서해야 합니다. 이것은 행하기에는 도무지 불가능한 요구입니다. 그래서 제자들도 믿음을 더해 달라고 한 것이고 예수님은 겨자씨 한 알만 한 믿음이 있었다면 뽕나무가 여기서 뽑혀 저리로 간다고 하셨습니다.

도대체 우리는 어떤 믿음을 가져야 합니까? 예수님은 이 물음에 비유를 덧붙이십니다.

너희 중 누구에게 밭을 갈거나 양을 치거나 하는 종이 있어 밭에서 돌아오면 그더러 곧 와 앉아서 먹으라 말할 자가 있느냐 도리어 그더러 내 먹을 것을 준비하고 띠를 띠고 내가 먹고 마시는 동안에 수종들고 너는 그 후에 먹고 마시라 하지 않겠느냐 명한 대로 하였다고 종에게 감사하겠느냐 이와 같이 너희도 명령 받은 것을 다 행한

후에 이르기를 우리는 무익한 종이라 우리가 하여야 할 일을 한 것 뿐이라 할지니라 (눅 17:7-10)

이상한 비유입니다. 이 비유로 은혜를 받은 사람이 거의 없습니다. 여기에는 냉정 무상한 현실만 있습니다. 종이 수고하고 들어왔는데 주인이 집에서 이리 뒹굴 저리 뒹굴 하고 있다가 '야, 밥상 차려라!' 해 놓고 주인이 먼저 먹는 것입니다. 주인이 종한테 '수고했다. 너 먼저 먹어라!' 그럴 수 있겠느냐는 비유입니다.

왜 여기에 이 비유가 등장했다고 생각하십니까? 이 비유의 핵심은 이것입니다. 종이 유능하고 열심히 했다고 가족이 될 수 있겠느냐는 이야기입니다. 종이 유능하면 가족 이상으로 친해질 수는 있습니다. 그럴지라도 훨씬 냉정한 원칙의 문제는 남습니다. 가족과 종은 서로 다르다는 사실입니다.

지금 제자들에게 가르치시는 것은 너희는 종이 아니라는 것입니다. 그들이 유능해야 기도가 받아들여지고 그들이 쓸모 있어야 그 믿음이 효용이 있는 게 아니라, 하나님의 자녀이기 때문에 믿음을 가지라는 것입니다. 믿음이라는 것은 가족에게 준 것입니다.

실감이 나십니까? 자녀를 키웠던 때를 생각해 보십시오. 자녀들의 최고의 무기가 무엇입니까? 떼쓰다가 '나, 밥 안 먹어! 나, 집 나갈 거야!' 이게 제일 셉니다. 이 말은 무엇에 근거한 말입니까? 가족이며 부모 자식이라는 관계에 근거를 두고 하는 투정입니다. 열심히 노력해서 식구가 되는 경우는 없습니다.

우리 딸이 하는 반문이 하나 있습니다. '너, 이게 뭐야!' 하면 '아빠, 지금 나한테 신경질 부리는 거야?'라고 되받습니다. 그다음에는 할 말이 없습니다. 하나님과의 관계를 스스로 노력해서 확보하려고 하지 마십시오. 왜 하나님이 우리에게 믿음을 주셨습니까? 그것은 우리가 그 믿음을 써먹을 수 있는 가족이 되었고, 묶여 있는 관계이며, 사랑의 관계이기 때문에 허락된 것입니다.

마르틴 루터가 한 고백을 들어 봅시다. "내가 무엇인가를 하나님 앞에 공헌하여 보상을 기대하고, 나의 성결한 행위와 하나님의 은혜를 교환하려는 습관이 늘 나에게 최고의 유혹입니다." 이런 습성이 우리 모두에게도 있습니다. 우리는 하나님 앞에 무엇을 할 수 있다는 것과 남보다 열심히 살았다고 생각하는 면이 있습니다. 이것이 하나님과 나와의 어떤 중요한 관계요, 더 긴밀한 유익이 된다고 생각합니다. 그런데 이런 습관을 가지는 것은 문제가 됩니다. 그 반대가 될 경우에 우리는 그 관계조차 의심하기 때문입니다.

승리가 보장된 싸움

하나님은 우리의 잘잘못과 상관없이 영원히 그리고 무한히 우리를 사랑하십니다. 기뻐하시기도 하고, 안타까워하시기도 하지만 동일하게 사랑하십니다. 이 부분을 놓치지 말자는 것입니다. 이것을 이해하면 우리가 위로를 받게 됩니다. 우리 자신의 모습에 대해서 위로가 되기도 하고 또 자랑과 교만에서 벗어나게도 될 것입니다.

찬송가 494장의 가치를 한번 생각해 보시기 바랍니다. 얼마나 기가 막힌 가사인지 알 수 없습니다. 2절입니다.

내가 공을 세우나 은혜 갚지 못하네
쉼이 없이 힘쓰고 눈물 근심 많으나
구속 못할 죄인을 예수 홀로 속하네

우리가 노력하고 애써서 구원을 얻은 것이 아니라는 것입니다. 아주 기가 막힌 고백입니다. 3절은 더합니다.

빈손 들고 앞에 가 십자가를 붙드네
의가 없는 자라도 도와주심 바라고
생명 샘에 나가니 나를 씻어 주소서

우리의 믿음이라는 것이 무엇입니까? 하나님이 우리를 사랑하셔서 예수 그리스도 안에서 구원하시고 그 사랑으로 우리를 만족과 완성으로 인도하시고야 만다는 사실에 입각한 믿음이고, 확신이고, 감사인 것입니다. 이것이 우리를 움직여 우리의 신앙생활을 승리하게 하는 것이지 우리가 신앙생활을 잘해서 하나님과의 관계를 확인하려 드는, 이 전후가 도치된 발상을 가지면 신앙생활이 괴롭게 됩니다. 만일 하나님이 우리 손에 들린 것 때문에 우리를 사랑하신다면, 우리 손에 든 것이 없을 때는 하나님이 우리를 괄시하신다는 이야기가 됩니다. 로마서 5장에서 살펴본 것이 무엇입니까?

소망이 우리를 부끄럽게 하지 아니함은 우리에게 주신 성령으로 말미암아 하나님의 사랑이 우리 마음에 부은 바 됨이니 (롬 5:5)

이것은 사랑으로 시작된 이야기라는 것입니다. 우리에게 가치가 있어서가 아니라 하나님 쪽에 이유와 원인이 있어서 시작되었다는 것입니다. 이것은 구원에 대한 것뿐 아니라 성화에 대해서도 동일한 조건입니다.

우리가 하나님에게 복을 받았을 때는 잘해서 복을 받은 것이 아니라 그것이 하나님의 뜻과 목적에 부합해서 복을 받은 것입니다. 잘했다고 상 주시고 못했다고 벌주시는 일은 없습니다. 벌은 없습니다. 그러나 꾸중과 교정은 있습니다. 그대로 놔두면 안 되니까 꾸중과 교정을 하십니다. 교정은 잘못한 것만큼 혼을 내는 것이 아니라 그리로 가면 안 된다는 것을 가르치는 것입니다. 로마서 8장에 나온 대로 이야기하면 바로 이런 것입니다.

그러므로 이제 그리스도 예수 안에 있는 자에게는 결코 정죄함이 없나니 (롬 8:1)

이 선언은 더 이상 법으로 평가하지 말라는 이야기입니다. 더 이상 자기 자신을 세상적인 법으로 평가하지 마십시오. 우리는 하나님의 사랑 가운데 있습니다. 우리가 못났을 수도 있습니다. 그러나 버림을 받거나 소홀히 취급되거나 외면당하지 않습니다. 부모가 자녀를 키울 때 말 안 듣는 자식이나 못난 자식에게 더 많은 걱정과 더 많은 정성을 쏟듯이 하나님도 더 돌봐야 하는 자녀들에게는 손이 더 가고 무한하신 은혜와 사랑으로 함께하십니다. 몇 번 손보고 그만둔다거나 성질을 부리는 일은 결코 없으십니다. 그래서 로마서 5장에 나온 표현들의 가치를 이제 이해할 수 있습니다.

그러면 이제 우리가 그의 피로 말미암아 의롭다 하심을 받았으니 더욱 그로 말미암아 진노하심에서 구원을 받을 것이니 곧 우리가 원수 되었을 때에 그의 아들의 죽으심으로 말미암아 하나님과 화목하게 되었은즉 화목하게 된 자로서는 더욱 그의 살아나심으로 말미암아 구원을 받을 것이니라 그뿐 아니라 이제 우리로 화목하게 하신 우리 주 예수 그리스도로 말미암아 하나님 안에서 또한 즐거워하느니라 (롬 5:9-11)

구원을 기뻐하듯이, 구원을 얻은 자의 신앙 현실이 그리스도의 은혜 가운데 있고, 승리가 보장된 싸움이라는 확신으로 즐거워할 수 있겠습니까? 이것을 즐거워해야 합니다. 우리의 못난 것을 많이 보아야 하는 까닭에 괴롭고 부끄럽겠지만, 그러나 결국 하나님이 우리를 위하여, 구원에서 그랬듯이 성화에서도 그 구원의 완성을 향한 진행 과정에서 한 치의 실패 없이 우리를 인도하실 것입니다.

하나님의 무한한 사랑과 은혜가 우리를 구원의 승리와 영광의 자리에 이르게 하실 것을 믿음으로써, 우리의 실패와 못남을 확인하는 과정에도 불구하고 하나님의 사랑을 확인하고 그 인도하심이 성실하다는 것을 확인하는 기쁨이 있음을 깨닫기 바랍니다.

요점과 확인

1 우리는 수준의 실패를 오해하는 경향이 있다. 신자다운 삶을 살
  지 못하면 하나님과의 관계가 깨지거나 손상되었을 것이라고
  생각한다. 이것은 자신의 구원을 심각하게 걱정하고 자기 자신
  을 필요 이상으로 정죄하기 때문에 일어난다.

2 자기를 근거로 삼고자 하는 위험은 성화에서도 늘 도사리는 문
  제다. 그것은 자신의 유용성이나 열정에 근거를 두고 있기 때문
  에 위험하다. 신앙의 순종은 구원의 참다운 목표를 채워 나가는
  신앙의 발상이다.

3 성화에서 믿음의 문제를 다시 생각해 보아야 한다. 하나님은
  우리에게 왜 믿음을 주신 것인가? 그 믿음을 써먹을 수 있도록
  우리를 가족으로 묶인 관계, 즉 사랑의 관계로 허락하셨기 때
  문이다.

4 우리는 승리가 보장된 싸움을 하고 있다. 어떤 근거로 그렇다고
  할 수 있는가?

63

은혜 아래 있다

내가 율법으로 말미암아 율법에 대하여 죽었나니 이는 하나님에 대하여 살려 함이라 내가 그리스도와 함께 십자가에 못 박혔나니 그런즉 이제는 내가 사는 것이 아니요 오직 내 안에 그리스도께서 사시는 것이라 이제 내가 육체 가운데 사는 것은 나를 사랑하사 나를 위하여 자기 자신을 버리신 하나님의 아들을 믿는 믿음 안에서 사는 것이라 (갈 2:19-20)

우리는 구원 문제에 있어서 죄와 사망으로부터 구원을 받습니다. 이처럼 하나님의 자녀가 되는 칭의에 있어서 예수 그리스도의 십자가의 효능이 미치게 됩니다. 그리고 우리는 부활하신 예수 그리스도와 연합한 자로서 구원을 얻은 이후에 성화를 이루어가게 됩니다. 우리는 이처럼 성경을 통하여 그리스도와 연합한 우리의 구원을 지금 거듭 확인해 가고 있습니다.

이 사실은 구원이 은혜였듯이 그 이후에 이루어지는 신자의 성화의 완성도 은혜로 말미암는다는 것을 확인하게 해 줍니다. 성화가 은혜로 말미암는다는 것은 우리가 실패한다고 해서 성화가 일어나지 않고 실패로 끝난다는 말이 아닙니다.

우리는 예수님이 우리를 죄와 사망에서 꺼내신 것으로 그분이 하실 일은 다 끝났다고 오해하곤 합니다. 그렇게 생각하는 나머지 구원을 얻은 다음에는 자기 홀로 신자로서의 생활을 책임져야 하는 것처럼 느끼는데 성경은 이런 문제에 대해서 우리를 교정해 줍니다. 갈라디아서 2장 20절이 그 사실의 중요함을 이렇게 말씀합니다. '내가 사는 것이 아니고 그리스도께서 사는 것'이라고 말입니다. 십자가에서 예수님이 죽으실 때 내가 그리스도와 함께 죄에 대하여 죽고, 그리스도께서 부활하실 때에 내가 그리스도와 함께 부활하여 이제 영원한 나라에 갈 때까지 그리스도와 연합되어 있다고 합니다.

그런 차원에서 이제 나는 혼자인 내가 아니라 그리스도와 함께 하는 나입니다. 내가 나한테 절망한다고 해서 또는 내가 실패한다고 해도 그것으로 내 운명이 결정되지 않습니다. 우리는 그리스도와 연합되어 있기 때문에 우리의 구원이 실패하려면 그리스도께서 우리를 포기하시고 내가 그리스도와 분리되어야 합니다. 그러나 하나님의 약속과 은혜와 신실하심으로 그리스도와 연합을 이룬 이상 내 구원이 취소되거나 낭패를 보는 일은 없습니다.

이것을 갈라디아서 2장 20절에서 확인할 수 있습니다. 그것은 우리말 성경으로는 명확히 드러나지 않는 시제와 관련이 있습니다. '이제는 내가 사는 것이 아니요 오직 내 안에 그리스도께서 사시는 것이라'는 표현에서 '그리스도께서 사시는 것'이라는 말이 미완료형 시제라는 것입니다. 이 말은 그리스도께서 계속 사신다는 뜻입니다. 한 번 그렇게 살았다는 것이 아니라 그리스도께서 나와 함께 지금 살고 계시다는 뜻입니다.

우리가 구원 문제에서 자꾸 놓치는 것이 있습니다. 그것은 그리스도와의 연합이 가지는 구원의 전체적 비밀에 관한 것입니다. 그러니까 죄와 사망에서 구원함을 얻을 때 우리는 그리스도와 함께 죽었고, 하나님의 자녀로 새 생명을 얻음으로 영광된 운명을 바라보고 완성되는 그날 곧 하나님의 은총이 승리로 결말이 나는 날까지 하나님이 우리를 떠나지 않는다는 사실입니다. 우리가 이 점을 자꾸 놓칩니다.

이 사실이 이렇게 중요한데도 우리는 자꾸 어디에서 놓칩니까? 율법적 습성 때문에 놓칩니다. 즉 원인과 결과의 법칙이라는 행위적 본성 때문에 하나님의 은총을 놓치게 됩니다. 사도 바울은 이 문제를 로마서 7장에서 이렇게 다룹니다.

내가 행하는 것을 내가 알지 못하노니 곧 내가 원하는 것은 행하지 아니하고 도리어 미워하는 것을 행함이라 만일 내가 원하지 아니하는 그것을 행하면 내가 이로써 율법이 선한 것을 시인하노니 이제는 그것을 행하는 자가 내가 아니요 내 속에 거하는 죄니라 내 속 곧 내 육신에 선한 것이 거하지 아니하는 줄을 아노니 원함은 내게 있으나 선을 행하는 것은 없노라 내가 원하는 바 선은 행하지 아니하고 도리어 원하지 아니하는 바 악을 행하는도다 만일 내가 원하지 아니하는 그것을 하면 이를 행하는 자는 내가 아니요 내 속에 거하는 죄니라 그러므로 내가 한 법을 깨달았노니 곧 선을 행하기 원하는 나에게 악이 함께 있는 것이로다 내 속사람으로는 하나님의 법을 즐거워하되 내 지체 속에서 한 다른 법이 내 마음의 법과 싸워 내 지체 속에 있는 죄의 법으로 나를 사로잡는 것을 보는도다 오호라 나는 곤고한 사람이로다 이 사망의 몸에서 누가 나를 건져내랴 우리 주 예수 그리스도로 말미암아 하나님께 감사하리로다 그런즉 내 자신이 마음으로는 하나님의 법을 육신으로는 죄의 법을 섬기노라 (롬 7:15-25)

67

이 본문은 '곤고한 사람'에 관한 것입니다. 이 곤고한 사람이 왜 그렇게 비명을 지릅니까? 그는 선을 행하기 원하는데 늘 악에게 진다는 사실 때문이었습니다. 그러나 그가 이어서 바로 '우리 주 예수 그리스도로 말미암아 하나님께 감사하리로다'라고 선언합니다. 이 선언은 그 곤고한 사람이 스스로 해결하지 못했던 것을 누군가 해결해 주었기 때문에 갑자기 드러내 보인 말입니다. 그 곤고한 사람의 고민은 무엇이었습니까? 바로 이 문제입니다. "내 속사람으로는 하나님의 법을 즐거워하되 내 지체 속에서 한 다른 법이 내 마음의 법과 싸워 내 지체 속에 있는 죄의 법으로 나를 사로잡는 것을 보는도다"(롬 7:22-23).

이해하기 쉽게 말하자면 속사람은 하나님의 법을 즐거워하지만 겉 사람은 죄의 법을 따르고 있다는 이야기입니다. 지금 이 곤고한 사람이 싸우고 있는 문제는 다름 아니라 속사람은 하나님의 법을 즐거워하나 겉 사람은 죄의 법 아래에서 진다는 것입니다. 이런 문제에 대한 해답이 바로 '우리 주 예수 그리스도'라고 말합니다. 하나님이 예수 그리스도로 말미암아 이 곤고한 사람들, 즉 죄에게 지는 사람들에게 승리를 주셨다는 것 아닙니까. 그런데 '감사하리로다' 하고서 다시 뭐라고 반복합니까? 육신으로는 죄의 법을 섬긴다고 말합니다. 그러니 다시 앞으로 돌아간 셈입니다.

다시 앞으로 돌아갔다는 말이 무엇입니까? 속사람은 하나님의 법을, 겉 사람은 죄의 법을 섬긴다는 자신의 갈등 속에서 비명을 질렀는데 하나님이 예수 그리스도를 보내시어 이 비명과 절망에서 그를 구원하셨다고 말합니다. 그렇게 구원받은 다음에 다시 뭐라고 언급합니까? 그는 자신으로 말미암아 승리했다고 말하지 않고 예수 그리스도로 말미암아 승리하게 되었다고 합니다. 그리고 다시 덧붙이기를 그리스도가 그에게 해답은 되었으나, 여전히 그 곤고한 사람이 비명을 지르던 형편은 바뀌지 않은 채 마음으로는 하나님의 법을, 육신으로는 죄의 법을 섬기고 있다고 말합니다. 이것은 이상하지 않습니까.

우리는 지금 표현상의 위험만 아니라 근본적인 위험을 가지고 있습니다. 그것은 속사람과 겉 사람의 싸움이 신앙 싸움이라고 알고 있고, 영에 속한 사람과 육에 속한 사람이 우리의 마음속에서 갈등하고 있다고 생각하는 문제입니다. 그래서 예수 그리스도가 오셔서 속사람에게 힘을 주시고, 영에 속한 사람에게 힘을 주셔서 이기게 한다고 잘못 생각합니다. 로마서 7장이 설명하려는 것은 그 싸움은 단지 내가 벌이는 싸움이라고 합니다.

인류의 선조가 선악과를 따먹고 무엇이 선인지를 알았습니다. 그런데 선을 행할 능력은 없었습니다. 왜 그렇습니까? 우리가 죄인이 되었기 때문입니다. 우리는 선을 행할 능력도 없을 뿐 아니라 죄의 노예가 되었기 때문입니다. 우리는 자신이 가지는 선에 대한 소망이나 선에 대한 의지나 양심으로 죄를 이기지 못합니다. 이 비명을 지른 사람의 고민은 자신의 힘으로는 죄를 이길 수 없다는 현실에 대한 절망입니다.

69

그래서 성경이 증거하는 가장 중요한 답은 우리 안에 있지 않고 우리 밖에 있다고 말합니다. 예수 그리스도에게 답이 있다는 것입니다. 그리스도께서 오셔서 우리의 속사람을 강하게 하시고 영에 속한 사람에게 힘을 주셔서 이기는 것이 아니라, 그리스도만이 죄를 이기며 우리는 그리스도 안에 들어가 있어야 죄를 이길 수 있다는 말입니다.

예를 들면 이런 것입니다. 노아 시대에 홍수가 나서 물이 찹니다. 사람들이 다 빠져 죽습니다. 그때 하나님이 속사람을 강건하게 하여 자꾸 키를 키워 주심으로써 200미터가 넘어 홍수에서 큰 키로 살아남은 것이 아닙니다. 방주에 들어가야만 살아남듯이 예수 그리스도의 승리 안에 들어가 있어야 이길 수 있습니다.

우리는 끊임없이 신앙의 승리란 하나님이 우리 안에 새로운 힘 즉 영적 힘인 성령 충만을 주셔서 나로 하여금 내 안의 죄를 몰아내게 하는 싸움으로 가능하다고 생각합니다. 그러나 성경은 그렇게 이야기하지 않습니다. 그리스도만이 이길 수 있고 그리스도 안에 들어간 자만이 승리를 자기 것으로 가질 수 있다고 말씀합니다.

내 속사람으로는 하나님의 법을 즐거워하되 내 지체 속에서 한 다른 법이 내 마음의 법과 싸워 내 지체 속에 있는 죄의 법으로 나를 사로잡는 것을 보는도다 (롬 7:22-23)

이 둘이 싸워 봤자 결국은 늘 지는 싸움입니다. 죄의 법으로 잡혀 옵니다. 죄인인 탓입니다. 곤고한 사람입니다. 소원이 있고 무엇이 옳은지 알지만 행할 수가 없습니다. 율법이 우리에게 가르치는 것이 바로 그것입니다. 율법은 우리로 하여금 죄를 알게는 하지만 죄를 거부하게 하지는 못합니다. 그래서 우리는 자꾸 이길 힘을 달라고 합니다. 더 많이 기도하고 더 많이 열심을 내어 이길 수 있는 신앙의 힘을 갖는 것이 좋은 신앙이며 승리하는 것이라고 생각합니다. 그러나 그렇지 않습니다.

우리 주 예수 그리스도로 말미암아 하나님께 감사하리로다 그런즉 내 자신이 마음으로는 하나님의 법을 육신으로는 죄의 법을 섬기노라 (롬 7:25)

예수 그리스도가 답인데 다시 무엇이 반복되어 나옵니까? '그런즉'이라는 표현을 등장시킵니다. 여기서 이 말은 감사 후에 나오는 표현입니다. '그런즉 내 자신이 마음으로는 하나님의 법을 육신으로는 죄의 법을 섬긴다'고 했으니 아직 그가 변한 것이 아니라는 뜻입니다. 다시 말해 하나님이 힘을 주셔서 마음으로 하나님의 법을 섬기는 쪽에 있게 되었다는 것이 아닙니다. 그런 게 아니라 나는 아직도 그 모양 그 꼴로, 늘 지던 그 모양 그대로 있는데 그리스도께서 승리를 가져오셨다고 합니다. 그래서 8장에 이렇게 이어집니다.

그러므로 이제 그리스도 예수 안에 있는 자에게는 결코 정죄함이 없나니 이는 그리스도 예수 안에 있는 생명의 성령의 법이 죄와 사망의 법에서 너를 해방하였음이라 (롬 8:1-2)

결코 정죄함이 없다는 것은 우리가 율법적 기준에 의해 심판을 받지 않는다는 것입니다. 율법적 기준이란 잘하면 상 받고 못하면 벌 받는다는 행위가 법의 기준이 된다는 말입니다. 그러나 우리는 무엇으로 평가를 받습니까? 하나님의 자녀라는 신분으로 평가를 받습니다. 예수 그리스도 안에 있는 자에게는 결코 정죄함이 없다는 것이 바로 그런 의미입니다. 우리에게 허락된 구원과 우리에게 주신 신앙의 승리는 행위의 법칙에 근거한 것이 아닙니다. 행위의 법칙으로 우리의 승리를 쟁취하려고 하면 얻을 수 없습니다.

우리에게 주신 신앙의 승리란 우리에게 힘을 주고 원인을 주고 조건을 주어서 이기게 하는 구원의 방법이 아닌 하나님이 예수 그리스도 안에 허락하신 구원입니다. 우리는 그 안에 들어갈 구원과 은혜를 입은 자로서 그리스도의 승리가 내 것이 되는 방식으로 승리를 얻었지, 내가 무엇을 해서, 열심을 내어서, 훈련하고 배워서 얻은 구원이 아닙니다. 그런 신앙의 승리는 없습니다.

이는 그리스도 예수 안에 있는 생명의 성령의 법이 죄와 사망의 법에서 너를 해방하였음이라 율법이 육신으로 말미암아 연약하여 할 수 없는 그것을 하나님은 하시나니 곧 죄로 말미암아 자기 아들을

죄 있는 육신의 모양으로 보내어 육신에 죄를 정하사 (롬 8:2-3)

여기서 '율법이 육신으로 말미암아 할 수 없는 그것'은 무엇입니까? 곤고한 사람입니다. 마음의 법으로는, 속사람으로는 하나님의 법을 섬기며 따르고 승리하고 싶으나 늘 졌습니다. 율법이 가르친 것, 하나님이 이렇게 하라고 하신 것을 할 수 없었습니다.

율법이 육신으로 말미암아 연약하여 할 수 없는 그것을 하나님은 하시나니 곧 죄로 말미암아 자기 아들을 죄 있는 육신의 모양으로 보내어 육신에 죄를 정하사 육신을 따르지 않고 그 영을 따라 행하는 우리에게 율법의 요구가 이루어지게 하려 하심이니라 (롬 8:3-4)

사도 바울은 여기서 우리를 어떤 존재로 표현합니까? '육신을 따르지 않고 그 영을 따라 행하는 우리'라고 말합니다. 여기서 그 영을 따라 행한다는 것은 우리 안에 있는 것을 말하지 않습니다. 이 영은 앞에 있는 '생명의 성령'을 말합니다. '그러므로 이제 그리스도 예수 안에 있는 자에게는 결코 정죄함이 없'습니다(롬 8:1).

'그리스도 예수 안에 있는 생명의 성령의 법이 죄와 사망의 법에서 너를 해방하였'다고 말합니다. 이것은 우리가 행위의 법칙이나 인과율(因果律) 속에 있지 않다는 뜻입니다. 구원을 얻은 모든 성도는 하나님의 은혜 아래 있습니다. 성령의 법을 따른다, 영을 따른다는 것은 하나님이 우리 안에 힘을 주시고 능력을 주셔서 그렇게 되었다는 말이 아닙니다. 우리를 자녀로 불러 예수 그리스도 안에 있는 것이 우리의 것이 되게 하는, 그리스도께서 승리하신 것이 나의 승리가 되게 하는 은혜와 믿음 안에 있게 하셨다는 뜻입니다. 행위의 법칙이 아니라 은혜의 법칙으로, 내가 조건과 원인을 제공하여 얻는 승리의 결과가 아니라 예수 그리스도 안에 하나님이 허락하신 은혜로 승리를 얻는 구원을 말하고 있습니다. 우리에게는 이것이 익숙하지 않습니다.

뚜렷하게 확인되지 않는 성화

우리가 처음 구원을 얻을 때에도 예수를 믿으면 구원을 얻는다는 말을 이해하지 못합니다. 우리는 구원에 대해 어느 날 문득 우리 영혼이 살아난 것으로 이해합니다. 우리 영혼이 살아났다는 것을 어떻게 압니까? 하나님과 예수 그리스도에 대하여 알고 있다는 사실로 압니다. 그러나 어떻게 알게 되었는지는 모릅니다. 하나님이 우리의 영혼을 깨어나게 하셔서 알게 된 것입니다. 하나님이 누구신지, 예수님이 왜 십자가를 지셨는지, 내가 누구인지가 보입니다. 그래서 우리는 회개를 합니다. 예수를 믿기로 결단합니다. 이런 것들이 구원의 원인은 아닙니다. 조건도 아닙니다. 이런 것들은 결과입니다. 구원을 얻은 증상들입니다.

그러나 우리는 자꾸 그것이 원인이라고 생각합니다. 왜 그렇습니까? 우리의 사고방식은 내가 갖는 결과를, 원인으로 확인하는 방법밖에 모르기 때문입니다. 이것이 인간이 가지는 사고방식입니다. 원인과 결과의 법칙입니다. 그래서 이미 결과이고 증상인 것들로 원인을 삼아 자신을 확인하곤 합니다. 이것은 이미 확보되었고 더 이상 변개할 수 없는 구원입니다. 우리가 칭의에 있어서는 출생과 사망의 차이가 있으니 그것은 분명해서 늘 확인이 됩니다.

그런데 성화라는 것은 점진적이고 많은 시행착오 속에 이루어집니다. 이 부분에 대해서 우리는 은혜를 입고 있지만, 하나님이 우리를 인도하고 계시다는 사실에 대한 확인이 되지 않는다는 칭의와의 다른 특성이 있습니다. 그래서 우리는 의심하고 걱정하고 갈등합니다.

우리가 하나님의 자녀가 되었다는 것은 내가 노력하고 하나님 앞에 무엇을 바쳐 얻은 것이 아니듯이 하나님의 자녀로 양육을 받는 것도 하나님 앞에 내가 등록금을 내고 어떤 대가를 지불해서 얻어 내는 것이 아닙니다. 당신의 아들로 만드시고 길러 완성하시는 하나님의 구원은 처음부터 끝까지 오직 하나님만이 원인이고 이유인 은혜와 사랑에 의합니다.

로마서 7장과 8장은 서로 대조되는 내용으로 되어 있습니다. 7장은 사람이 의와 선과 승리를 이루고자 자기 안에 원인과 조건을 두고 싶어 한 싸움에서 실패한 자의 갈등이 무엇인지를 말하고 있습니다. 이에 반해 8장은 예수 그리스도 안에서 하나님의 은혜로 값없이 얻은 정체성이 무엇인지를 다루고 있습니다. 하나님과 우리의 관계를 다루며 우리에게 허락된 영원한 소망과 미래의 영광이 확보되어 있다는 것에 대하여 이야기합니다. 이렇게 우리는 하나님과 그리스도의 관계가 하나님과 나와의 관계가 되는 것을 확보합니다.

이런 관계는 십자가 전의 상태에서 십자가를 통과하여 죄와 사망에서 벗어나 벌을 면하는 정도로 끝나지 않습니다. 성부 하나님과 성자 하나님의 하나님 되심과 그 사랑의 연합의 자리로까지 나아갑니다. 이것이 예수 그리스도 안에서 십자가와 구원 속에 우리에게 허락된 하나님의 구원입니다.

이것을 다른 것으로 확인하려고 하지 마십시오. 물론 구원을 얻은 이후에도 신자의 삶은 완벽하지 않습니다. 우리는 계속 죄를 짓습니다. 성화는 점진적인 것이기 때문에 우리는 노력해야 합니다. 실패도 맛보고 절망도 하고 갈등도 하고 회의도 하고 좌절도 합니다. 그러나 하나님과 우리의 관계는 예수 그리스도 안에서 이미 완벽하게 확보되어 있어서 취소되거나 변개되지 않습니다.

우리가 의를 쫓고 신앙의 승리를 요구하는 것이 하나님과의 관계를 확보하려는 것이어서는 안 됩니다. 하나님의 자녀다운지를 묻는 것이라면 그것은 당연히 물어야 합니다. 그런데 우리는 이 문제에 대하여 혼동합니다.

그렇다고 책임을 외면하고 노력을 회피하는 방임주의자가 되자는 것이 아닙니다. 그런 말이 아니라 하나님이 우리를 얼마나 사랑하셨고, 처음부터 끝까지 우리의 승리와 영광을 위하여 개입하시고 그 약속을 끝까지 지키실 것인가를 아는 것이 기독교 신앙에서 가장 중요한 근거라는 것입니다. 이로 말미암아 우리는 하나님의 사람으로서 대면하는 갈등과 그런 과정을 인내하고 극복하고 승리하게 될 것입니다. 우리로 승리하게 하는 것은 무서운 형벌에 근거를 둔 것이 아닙니다. 이 무한한 하나님의 사랑에 근거하여 격려를 받고 힘을 얻으며 새 힘을 공급받음으로써 가능합니다.

연합에 의한 자신감

로마서 6장에 그리스도와의 연합에 대한 가르침이 나옵니다.

우리가 알거니와 우리의 옛 사람이 예수와 함께 십자가에 못 박힌 것은 죄의 몸이 죽어 다시는 우리가 죄에게 종 노릇 하지 아니하려 함이니 이는 죽은 자가 죄에서 벗어나 의롭다 하심을 얻었음이라 만일 우리가 그리스도와 함께 죽었으면 또한 그와 함께 살 줄을 믿노니 이는 그리스도께서 죽은 자 가운데서 살아나셨으매 다시 죽지 아니하시고 사망이 다시 그를 주장하지 못할 줄을 앎이로라 그가 죽으심은 죄에 대하여 단번에 죽으심이요 그가 살아 계심은 하나님께 대하여 살아 계심이니 이와 같이 너희도 너희 자신을 죄에 대하여는 죽은 자요 그리스도 예수 안에서 하나님께 대하여는 살아 있는 자로 여길지어다 그러므로 너희는 죄가 너희 죽을 몸을 지배하지 못하게 하여 몸의 사욕에 순종하지 말고 또한 너희 지체를 불의의 무기로 죄에게 내주지 말고 오직 너희 자신을 죽은 자 가운데서 다시 살아난 자 같이 하나님께 드리며 너희 지체를 의의 무기로 하나님께 드리라 죄가 너희를 주장하지 못하리니 이는 너희가 법 아래에 있지 아니하고 은혜 아래에 있음이라 (롬 6:6-14)

무슨 이야기를 자꾸 합니까? 우리는 법 아래 있지 않고 은혜 아래 있다고 합니다. 원인과 결과의 법칙 안에 있지 않습니다. 우리가 이겨야 승리가 오는 것이 아니라 우리는 승리할 신분을 갖고 있고 그런 운명을 지니고 있습니다. 그래서 승리자의 내용을 채워 나가야 합니다. 이렇게 승리할 운명에 놓여 있기 때문에 자신을 포기하거나 실패로 끝나도록 내버려 두어서도 안 되는 책임이 우리에게 생기는 것입니다. 내가 한 것만큼 승리나 영광이 주어진다는 보상의 개념을 신앙에다 갖다 붙이지 말자는 것입니다.

그리스도와의 연합에 따른 자신감이 우리 믿음의 근거이고, 신자로서 사는 모든 삶에 대한 배짱입니다. 실패하는 한이 있어도 그 실패마저도 결국은 나를 유익하게 하고 궁극적인 승리를 위한 한몫이 될 것이라고 감히 이야기할 수 있습니다. 우리가 자신의 선을 의지하거나 의지를 내세워 신앙생활을 하게 되면 결국 죄를 무시하거나 구원을 의심하는 양자 간 하나에 빠지고 말 것입니다. 현실적으로 죄를 이기는 것은 단번에 되지 않습니다. 그래서 많은 성도가 그런 현실을 체념하고 살지만 우리는 어디로 가야 하는지 또 무엇을 해야 하는지 알아야 합니다.

처음 예수 믿고 신앙의 감동이 있을 때에는 정답을 이야기하고, 명분을 이야기합니다. 그렇게 사는 것이 당연한데 왜 그렇게 살지 못하냐고 하다가, 한 삼십 년 흐르면 '누가 그렇게 살아!' 이렇게 나오게 됩니다. 이것은 과정을 모르는 처사입니다. 목표에는 과정이 있다는 사실을 모르는 것입니다. 정답이 틀렸다는 것도 아니고 그 감동이 가짜라는 것도 아닙니다. 어릴 때는 크면 대통령이 되고, 장관이 되고, 일류 과학자가 되는 그런 꿈을 가지고 큽니다. 꿈이 크면 그것을 이루는 과정도 힘든 법입니다.

우리는 행위에 의존해서 하나님의 사랑을 받고자 하거나 행위에 집착해서 자신의 의를 스스로 확인하고자 하면 할수록 절망에 빠질 것입니다. 그러나 이 절망의 문제가 신자에게는 굉장히 중요합니다. 절망을 어떻게 이해해야 하는지, 또 절망은 어디에서 오는지를 알아야 합니다. 그러니 절망은 결코 부정적인 것이 아닙니다. 절망을 모르고, 또 절망을 해결하지 않고서 자란 신앙은 자칫 잘못하면 신앙생활의 영역을 제한할 수 있습니다. 예를 들면 기도하고 봉사하는 식으로 그 영역을 제한합니다. 일주일에 전도 두 번하고 성경 열 번 읽고 하는 식으로 신앙생활을 다했다고 여깁니다. 이렇게 절망이 필요 없는 삶의 방식으로 자신만의 기준을 만들어 안심하려 듭니다.

그러나 성화라는 것은 그보다 훨씬 더 나아가 우리 본질의 깊은 데를 꿰뚫어 새롭게 하는 것입니다. 하나님을 외면하고 자기를

79

의지해 혼자 살려는 마음을 제거하는 싸움입니다.

로마서 7장에서 8장으로 넘어오는 부분에서 우리가 인과율과 행위를 근거로 하지 않는 은혜로 말미암는 승리, 즉 예수 그리스도 안에 허락된 승리를 확인했습니다. 그렇지만 인간에게는 자신이 유일한 기준으로 삼고 있는 것이 있습니다. 자신에게 원인이 있고 자격이 있다고 생각합니다. 이것을 빼고 은혜를 이야기하면 자신이 어디에 서 있는지 아래위를 구별하지 못하고 동서남북을 구별하지 못합니다. 인간의 본성은 이렇습니다.

우리는 여기서 빠져나와야 합니다. 예수 그리스도 안으로 들어와야 합니다. 우리는 예수 그리스도 안에 있습니다. 우리가 하는 모든 신앙의 실천이나 신앙상의 선하고 의로운 소원들은 다 예수 그리스도 안에 있기 때문에 생기는 소원들입니다. 우리가 그 소원을 성취하여 예수 그리스도 안으로 들어가는 것이 아닙니다. 예수 그리스도 안에 있기 때문에 생기는 소원이며 받는 도전입니다. 에베소서 4장은 이렇게 가르칩니다.

그러므로 내가 이것을 말하며 주 안에서 증언하노니 이제부터 너희는 이방인이 그 마음의 허망한 것으로 행함 같이 행하지 말라 그들의 총명이 어두워지고 그들 가운데 있는 무지함과 그들의 마음이 굳어짐으로 말미암아 하나님의 생명에서 떠나 있도다 그들이 감각 없는 자가 되어 자신을 방탕에 방임하여 모든 더러운 것을 욕심으로 행하되 오직 너희는 그리스도를 그같이 배우지 아니하였느

니라 (엡 4:17-20)

그리스도 안에 있는 사람들은 다른 도전을 받습니다. 신자들의 신자 된 증표나 증상은 죄짓는 것이 괴로운 것입니다. 끝없이 선함과 의로움에 대한 책임을 가지게 됩니다. 그런데 자기 안에 어떤 힘을 가짐으로써 그 책임이 해결될 수 있다고 생각하면 그것은 문제입니다. 따라서 우리는 우리가 은혜 아래 있게 된 사실과 예수 그리스도 안에서 이루어져 간다는 사실을 확고히 할 필요가 있습니다. 성경은 그것을 이렇게 가르칩니다.

내가 그리스도와 함께 십자가에 못 박혔나니 그런즉 이제는 내가 사는 것이 아니요 오직 내 안에 그리스도께서 사시는 것이라 이제 내가 육체 가운데 사는 것은 나를 사랑하사 나를 위하여 자기 자신을 버리신 하나님의 아들을 믿는 믿음 안에서 사는 것이라 (갈 2:20)

믿음으로 산다는 말씀이 갖는 비밀과 신비와 복된 것들을 확보하기 바랍니다. 우리는 예수 그리스도를 믿는 믿음 안에서 사는 것입니다.

81

요점과 확인

1 그리스도와의 연합은 우리의 구원이 전적으로 하나님의 은혜에
속한 것임을 말한다. 칭의와 성화가 다 하나님의 은혜에 속한다
는 것이다. 이를 알지 못하면 우리의 구원에 늘 스스로의 공로
를 끼워 넣을 수 있다.

2 하나님의 구원하심은 처음부터 끝까지 오직 하나님만이 원인이
고 이유인 은혜와 사랑에 의한 것이다. 우리가 하나님의 자녀가
되었다는 것은 내가 노력하고 하나님 앞에 무엇을 바쳐 얻은 것
이 아니듯이 하나님의 자녀로 양육을 받는 것도 하나님 앞에 내
가 등록금을 내고 어떤 대가를 지불해서 얻어 내는 것이 아닌 것
과 같다.

3 그리스도와의 연합에 의한 자신감이 우리의 믿음의 근거이고,
신자로서 사는 모든 삶의 현실에 대한 배짱이다. 실패하는 한이
있어도 그 실패마저도 결국은 나를 유익하게 하고 궁극적인 승
리를 위한 한몫이 될 것이기 때문이다.

4 절망을 모르고, 또 절망을 해결하지 않고서 자란 신앙은 자칫
잘못하면 신앙생활의 영역을 제한할 수 있다. 어떤 것들이 있겠
는가?

5

신
자
에
게

주
어
진

특
권

내가 그리스도와 함께 십자가에 못 박혔나니 그런즉 이제는 내가
사는 것이 아니요 오직 내 안에 그리스도께서 사시는 것이라 이제
내가 육체 가운데 사는 것은 나를 사랑하사 나를 위하여 자기 자신
을 버리신 하나님의 아들을 믿는 믿음 안에서 사는 것이라 (갈 2:20)

본문은, 우리가 이제는 혼자가 아니라는 것을 분명하게 가르쳐주고 있습니다. 앞 장의 결론에서 확인한 바와 같이 우리가 어떻게 그리스도와 함께 죽었고 어떻게 함께 살아났는가에 대하여 이야기했으며, 여기서는 살아났을 뿐 아니라 살고 있음을 강조합니다. 구원 얻은 하나님의 백성들은 지금 그리스도와 함께 살고 있습니다.

이 연합은 무엇 때문에 계속 강조합니까? '나는 내가 아니라 그리스도'라는 것입니다. 하나님이 나를 보실 때 나를 보시는 것이 아니라 그리스도를 보고 계십니다. 나를 내 가치나 내 조건으로서 대접하지 않으시고 성자 하나님과 성부 하나님의 관계로서 나를 취급하시기 때문에 그리스도께서 내 의가 되셨다고 말할 수 있습니다.

그러나 이제 우리가 한 걸음 더 나아가, 오늘을 사는 현실 속에서도 그리스도께서 나의 죄를 속하셨고 나를 구원하셨으며 그리스도와 내가 연합하였다는 사실이 계속 되고 있기 때문에 그리스도께서 우리의 신앙상의 능력이 된다는 점을 강조합니다.

그리스도와의 연합은 우리의 신실한 복종과 거룩한 삶을 통해서 주어지는 특권이 아닙니다. 우리의 신실함이나 거룩함에 대한 보상도 아닙니다. 선행에 대한 대가도 아닙니다. 그리스도와의 연합은 처음 거듭나서 거룩한 상태에 들어간 모든 신자에게 주어지는 특권입니다. 우리의 신앙적인 승리나 수준에 대한 보상이 아니라, 하나님이 우리를 구원하기로 작정하사 예수 그리스도와 우리를 묶었을 때 이미 허락된 것이요, 하나님의 작정이요, 약속이요, 하나님이 은혜와 긍휼을 베푸신 결과입니다. 그러나 그리스도와의 연합이라는 이 특권이 서두에 이야기한 것과 같이 우리가 우리 자신을 평가할 때에 나의 나 된 것으로 평가하지 말고 그리스도 안에 있는 나로서 자신을 평가해야 한다는 것입니다.

그리스도 안에 있다는 말은 '그리스도의 어떠하심이 내가 된다'라는 의미에서 나는 더 이상 내가 아니고 그리스도라고 표현한 것입니다. 그리스도와 나와의 연합이 구원이요, 의일 뿐 아니라 여기로부터 모든 신앙의 승리와 거룩한 믿음 생활을 할 능력이 나옵니다. 내가 그리스도 안에 있기 때문에 그리스도의 거룩하심과 의로우심, 그리고 죄에 대해 패배할 수 없는 그분의 승리가 우리 것이 됩니다. 여기에 '성화의 신비'가 있습니다.

율법에 대한 신실한 복종은 그리스도와의 연합으로 말미암은 결과이며 그리스도와의 연합에 의한 열매입니다. 이 부분을 몇 번이나 반복해서 확인하는 중입니다. 로마서 7장과 8장에서 또 다시 살펴봅시다.

율법이 육신으로 말미암아 연약하여 할 수 없는 그것을 하나님은 하시나니 곧 죄로 말미암아 자기 아들을 죄 있는 육신의 모양으로 보내어 육신에 죄를 정하사 육신을 따르지 않고 그 영을 따라 행하는 우리에게 율법의 요구가 이루어지게 하려 하심이니라 (롬 8:3-4)

율법을 지킬 수 없는 이유는 육신 때문입니다. 여기서 말하는 육신이란 물리적인 몸을 가리키는 것이 아니라 하나님 없는 존재로서 자기만을 근거로 삼고 자기만을 전부로 하는 자를 말합니다. 인간은 홀로 율법을 지킬 수 없습니다. 그래서 하나님이 어떻게 율법을 지킬 수 있게 하십니까? 그의 아들을 보내어 육신에 죄를 정하사 육신을 따르지 않고 그 영을 따라 행하게 한다는 것입니다. 여기서 영이라는 말은 앞에 있는 육신과 대조됩니다. 육신을 하나님 없는 자 곧 자기를 자기 혼자 책임지는 자라고 한다면 영을 따르는 자란 그리스도와 연합하여 그리스도의 인도함을 받는 자라고 말할 수 있습니다. 이에 대하여 로마서 7장에서 설명합니다.

내 속사람으로는 하나님의 법을 즐거워하되 내 지체 속에서 한 다른 법이 내 마음의 법과 싸워 내 지체 속에 있는 죄의 법으로 나를 사로잡는 것을 보는도다 오호라 나는 곤고한 사람이로다 이 사망의 몸에서 누가 나를 건져내랴 (롬 7:22-24)

이 곤고한 사람은 육신에 속한 사람을 말합니다. 육신에 속한 사람이란 자기 자신을 혼자 책임질 수밖에 없는 사람, 즉 율법을 자기 힘으로 지켜야 되는 사람입니다. 그러나 이 사람이 율법을 지킬 수 없는 것은 육신에 속한 자로서 죄의 노예로 있기 때문입니다. 자기가 원하는 것을 선택할 권리나 힘이 없고, 죄가 그를 주장하기 때문에 늘 죄의 법 아래에 사로잡혀 올 수밖에 없습니다.

그러므로 죄인이었을 때, 인간은 율법을 지킬 마음을 가진다 할지라도 자기 자신에게는 그 선택권이 없습니다. 언제나 자신이 죄의 법 아래에 사로잡혀 오는 것을 보게 됩니다. 언제나 원하지 않은 죄를 짓습니다. 원해서도 죄를 짓고, 원하지 않아도 죄를 짓는다는 것을 우리도 압니다. 그래서 8장은 이렇게 시작합니다.

그러므로 이제 그리스도 예수 안에 있는 자에게는 결코 정죄함이 없나니 이는 그리스도 예수 안에 있는 생명의 성령의 법이 죄와 사망의 법에서 너를 해방하였음이라 (롬 8:1-2)

죄와 사망의 법이 무엇이었습니까? 죄가 우리 위에서 왕 노릇 했었습니다. 죄가 우리를 죄 아래로 사로잡아 왔습니다. 구원이란 은혜 아래 있고 그리스도 아래 있는 것을 말합니다. 내가 죄를 소원해도 이제는 그리스도의 은혜와 능력 아래 있게 되었다는 것입니다.

구원이란 무엇입니까? 구원받기 전에 죄가 왕 노릇 했듯이 구원받은 이후에는 그리스도께서 왕 노릇 하신다는 것입니다. 그것이 우리에게 복음이고 은혜고 구원이라는 것입니다. 우리가 죄의 법 아래로 사로잡혀 왔었다면 이제는 은혜와 거룩함 아래로 사로잡혀 옵니다.

우리가 아주 크게 오해하고 있어서 강조하고 또 강조해도 부족할 것이 없는 문제는, 믿음에 대해 내 안에서 겉 사람과 속사람이 싸우는 것이라고 생각하는 점입니다. 믿음은 내 안의 속사람이 이기는 것이라고 생각합니다. 물론 이 표현이 절대적으로 틀린 것은 아닙니다. 이 표현은 어떤 의미에서 내게로 책임이 돌아온다는 의미를 갖고 있습니다. 그러나 그런 개념이 아닙니다. 우리의 실패는 그리스도가 없을 때 모든 인간이 죄의 노예일 수밖에 없다는 데 있습니다. 죄의 종이기 때문에 결정권을 행사할 수 없습니다. 죄가 늘 우리를 사로잡아 오는 까닭에 우리는 실패합니다.

능력이 아닌 은혜가 필요함

구원을 얻었다는 것은 그리스도 안에서 하나님의 은혜 아래 있다는 말입니다. 여기서 은혜라는 것은 신비하다는 표현이 아니라 우리로부터 출발하지 않고 하나님으로부터 출발한 이유와 의지가 우리를 붙잡고 승리로 이끌어 간다는 말입니다. 이것이 로마서 7장과 8장의 대조입니다. 우리는 어디에 속해 있습니까? 당연히 8장에 속한 사람이요, 하나님의 은혜와 구원 안에 들어와 있는 자들입니다. 마가복음 10장은 지금 우리가 다루는 이 문제를 잘 이해할 수 있는 대표적인 사건을 보여 줍니다.

예수께서 길에 나가실새 한 사람이 달려와서 꿇어 앉아 묻자오되 선한 선생님이여 내가 무엇을 하여야 영생을 얻으리이까 예수께서 이르시되 네가 어찌하여 나를 선하다 일컫느냐 하나님 한 분 외에는 선한 이가 없느니라 네가 계명을 아나니 살인하지 말라, 간음하지 말라, 도둑질하지 말라, 거짓 증언 하지 말라, 속여 빼앗지 말라, 네 부모를 공경하라 하였느니라 그가 여짜오되 선생님이여 이것은 내가 어려서부터 다 지켰나이다 예수께서 그를 보시고 사랑하사 이르시되 네게 아직도 한 가지 부족한 것이 있으니 가서 네게 있는 것을 다 팔아 가난한 자들에게 주라 그리하면 하늘에서 보화가 네게 있으리라 그리고 와서 나를 따르라 하시니 그 사람은 재물이 많은 고로 이 말씀으로 인하여 슬픈 기색을 띠고 근심하며 가니라 예수께서 둘러 보시고 제자들에게 이르시되 재물이 있는 자는 하나님의 나라에 들어가기가 심히 어렵도다 하시니 제자들이 그 말씀에 놀라는지라 예수께서 다시 대답하여 이르시되 얘들아 하나님의 나라에 들어가기가 얼마나 어려운지 낙타가 바늘귀로 나가는 것이 부자가 하나님의 나라에 들어가는 것보다 쉬우니라 하시니 제자들이 매우 놀라 서로 말하되 그런즉 누가 구원을 얻을 수 있는가 하니 예수께서 그들을 보시며 이르시되 사람으로는 할 수 없으되 하나님으로는 그렇지 아니하니 하나님으로서는 다 하실 수 있느니라 (막 10:17-27)

어떤 청년이 와서 예수님에게 '어떻게 해야 구원을 얻을 수 있습니까?'라고 묻습니다. 예수님이 계명을 지키라고 하시니 다 지켰다고 합니다. 그러면 네 재산을 팔아 가난한 자에게 주고 나를 따르라고 하시니 그것은 못했습니다.

이 본문에 나오는 사건은 오해의 소지가 많습니다. 부자는 천국에 못 가고, 이웃을 돕는 것이 최선의 계명이라는 식으로까지 오해되고 있습니다. 그러나 이 말씀에는 아주 중요한 의도가 들어 있습니다. 예수님의 의도를 놓치면 이 말씀은 정말 엉터리없는 방향으로 나갈 수가 있습니다.

예수님은 천국 가는 방법, 구원을 얻는 조건을 제시하시려고 이 대답을 하신 것이 아닙니다. 청년이 한 질문은 '내가 무엇을 하여야 영생을 얻으리이까'입니다. 구원을 얻는 일에 조건과 자격을 제시할 수 있다고 믿었기 때문에 나온 질문입니다. 예수님이 청년에게 계명을 다 지키라고 하셨을 때 그는 다 지켰다고 대답했습니다. 그러나 예수님이 네 재산을 팔아 가난한 이웃에게 주라고 하셨을 때 청년은 그러지 못했습니다. 재물이 아까워서 재물만은 포기하지 못했다는 이야기가 아닙니다. 계명의 핵심이 무엇입니까? '하나님을 사랑하고 이웃을 사랑하라'입니다. 즉 '네 이웃을 네 몸과 같이 사랑하라'는 것입니다.

지금 이 청년의 문제는, 자기가 율법을 지킬 수 있다고 믿는 데 있었습니다. 구원도 자기가 노력하고 조건을 만족시켜서 얻을 수 있다고 생각했습니다. 그때 예수님이 그러면 한번 해 보라고 하신 것입니다. 이 말은 인간이 계명을 지킬 수 없음을 가르쳐 주는 것이었습니다. 예수 그리스도 없이는, 죄인 된 모든 자는 죄의 종이기 때문에 거룩한 하나님의 요구를 따라갈 수도 없고 혹 소원한다 할지라도 이룰 수 없다는 것입니다. 우리에게는 그것을 선택할 힘이나 권리가 없기 때문입니다. 죄가 우리의 주인으로서 우리에게

명하고 우리를 낚아채 가는 탓입니다.

청년은 예수께서 계명을 지키라고 했더니 다 지켰다고 했습니다. 그러나 '네 재물을 다 팔아서 가난한 자에게 주라'고 하셨는데 그것은 못 지켰습니다. 이것이 말씀하는 바는 무엇입니까? '네 이웃을 네 몸과 같이 사랑하라'는 뜻입니다. 그러나 그는 그러지 못했습니다. 왜 못했습니까? 이 청년은 인간이 무엇을 할 수 있다고 믿었고 그 실력과 힘은 부자이기 때문에 얻은 것이라고 생각했습니다.

청년이 부자인 것은 지금 이 사건에서 아주 중요합니다. 청년은 열심히 살아서 부를 쟁취했으며, 그것이 그에게 자신감이 되었습니다. 그래서 예수님은 이 청년의 질문인 '무엇을 하여야 영생을 얻으리이까'에 대하여 대답하십니다. '네가 세운 조건으로는 절대 못 간다. 낙타가 바늘귀로 들어가는 것이 더 쉽다'라고 말씀하십니다.

우리가 가장 오해하는 것이 무엇입니까? 인간이 무엇이든지 할 수 있다는 것입니다. 이것은 죄인 된 인간의 본성에 있는 죄성 중 가장 중요한 내용입니다. 신앙을 가져도 은혜와 믿음으로 가지 않고 치성을 바쳐 신을 감동시키는 일반 종교로 버무려지기가 일쑤입니다. 사실은 기독교 신앙의 가장 중요한 내용은 은혜인데 그것을 놓치고 정성을 쏟아야 한다고 오해합니다. 그래서 기독교 신앙이 모든 성도에게 어려운 이유 중 하나는 은혜를 구하는 것마저도 정성으로 구해서 얻는다고 생각하는 것입니다. 은혜를 정성으로 얻는다고 생각하면 은혜는 은혜가 아니고 훈장이 됩니다. 간단한 듯 싶은 이 원리가 우리에게는 그렇게도 어렵습니다.

우리는 문제를 해결할 능력이 없습니다. 이것을 꼭 기억해야 합니다. 그래서 우리에게 필요한 것은 능력이 아니고 은혜입니다. 죄를 이기는 데에 능력이 필요한 것이 아니라 은혜가 필요합니다. 이 대목이 바로 성화에 있어서 기독교 신앙을 이해하는 중요한 분기점입니다. 죄를 이길 신앙의 승리를 쟁취할 능력을 달라고 하지 말고, 은혜를 달라고 하십시오. 그러면 하나님이 이미 주셨다고 하실 것입니다. 이미 예수님을 믿은 것입니다. 예수님 안에 있음으로써 예수님은 우리에게 구원이고, 승리고, 지혜고, 모든 것입니다. 고린도전서 1장을 봅시다.

너희는 하나님으로부터 나서 그리스도 예수 안에 있고 예수는 하나님으로부터 나와서 우리에게 지혜와 의로움과 거룩함과 구원함이 되셨으니 기록된 바 자랑하는 자는 주 안에서 자랑하라 함과 같게 하려 함이라 (고전 1:30-31)

기도 많이 해서 무엇이 되었고, 은혜를 구한 것까지도 자기 자랑이 된다면 아직도 은혜를 모르는 것입니다. 예수 그리스도가 우리의 필요와 구함의 대답입니다. 모든 성도는 예수님 안에서 예수님과 연합되어 자신의 소원을 뛰어넘는 하나님의 뜻과 계획과 사랑과 긍휼과 자비와 복 주심 안에 모든 복을 이미 갖고 있는 셈입니다. 이해하기 쉽게 회개와 연결하여 생각해 봅시다.

회개는 일이 아닙니다. 회개란 하나님을 다시 신뢰하는 것입니다. 회개라는 것은 용서를 구하는 노력을 해야 되는 것이 아니라 겸손한 자세로 돌아오는 것입니다. 회개란 내가 내 맘대로 살고 하나님 앞에 순종하지 않던 자리에서 하나님에게 모든 것을 구하고 하나님에게 주도권을 맡기고 복종하겠다는 마음으로 돌아오는 것입니다.

우리는 회개를 어떻게 합니까? 자신의 부족한 바를 만회하려고 합니다. 마음에 죄책감이 생기고 켕기면 갑자기 감사헌금을 합니다. 그것이 심리적인 효과를 줄 수도 있겠지만, 이는 하나님과 우리 사이를 오해하고 있다는 확실한 증거입니다. 거룩하고 진실한 행위로 만회하려는 것은 행위에서 행위로의 전환에 지나지 않습니다. 거기에는 바뀐 것이 없습니다. 회개란 인간의 행위를 포기하고 하나님의 은혜를 의지하는 것입니다.

이것이 우리에게 위로가 됩니다. '내 죄를 무엇으로 씻을 수 있으리오. 내 못난 것과 내 죄는 너무 커서 방법이 없다'라는 생각이 든다면 이것이 답이 될 것입니다. '내가 저지른 죄를 만회할 만한 거룩한 행위란 없다. 죄가 너무 크다. 나는 이 죄를 갚을 방법이 없다'라고 생각해서 절망하고 있다면 이것은 아주 큰 위로가 될 것입니다.

자신이 지은 죄는 자신을 의지해서 지은 것입니다. 회개는 내가 스스로 주인이 되어 내 행위와 공로로 근거를 삼으려고 했던 자리로부터 전적으로 하나님만을 의존하는 자리로 바뀌는 것이기 때문에, 우리가 아무리 큰 죄를 지었고 방법이 없어 도무지 만회할

93

길이 없다고 스스로 생각할지라도 하나님의 은혜와 하나님의 용서와는 비교할 수 없다는 것입니다. 그것은 크기의 문제가 아니기 때문입니다.

가장 곤란한 사람이 어떤 사람인지 아십니까. 결정적인 죄를 짓지 않는 사람들이 가장 골치 아픕니다. 신앙인으로 큰 잘못이 없습니다. 성실히 살고 교회에서 하라는 것 다하고, 표정도 그날이 그날 같고 남에게 뭐라고 하지도 않고 그렇다고 뚜렷한 소견이 있지도 않은 사람입니다. 이런 사람들은 그들이 자신을 의지하는 죄성 속에 놓여 있다는 것을 이해하기가 무척 어렵습니다. 더 욕심을 낸 사람들이나 더 큰 소원을 가졌던 사람들이 죄의 무서움을 더 잘 확인하거나 또는 그 반대이기도 합니다. 큰 죄를 지었던 사람만이 기독교가 은혜의 종교라는 데에 대하여 답을 얻습니다. 그 외에는 다른 해결책이 없다는 것을 스스로 알기 때문입니다.

사랑의 관계

하나님이 예수 그리스도 안에서 우리를 당신과 화목하게 하셨고, 그것이 그분의 작정이시므로 하나님과의 관계라는 것은 그분이 베푸신 은혜의 결과입니다. 그런데 우리는 원인과 결과의 법칙으로 어떤 결과를 확인하는 족속입니다. 그것이 우리의 습관입니다. 하나님이 왜 날 사랑하시는가를 아무리 따져도 이유가 없을 때는 신앙고백을 하면서도 그럴 리가 없다는 의심을 합니다. 그것이 우리의 본성이기 때문입니다. 자신이 없습니다. 이 문제에 대하여 우리가 자신이 없는 이유는 은혜의 법칙이란 이해 가능한 법칙이 아니기 때문입니다. 이런 면에서 하나님에 대한 이해가 세상이 만든 일반 신들에 대한 이해와는 달라야 하는데 그것과 별 차이 없이 자꾸 혼합되고 맙니다. 로마서 8장에 보면, 우리가 예수 그리스도와 연합하여 하나님과 어떤 관계인가에 대해 이렇게 이야기합니다.

무릇 하나님의 영으로 인도함을 받는 사람은 곧 하나님의 아들이라 너희는 다시 무서워하는 종의 영을 받지 아니하고 양자의 영을 받았으므로 우리가 아빠 아버지라고 부르짖느니라 (롬 8:14-15)

우리가 하나님과 부자지간이라고 이야기합니다. 부모와 자식의 관계라고 합니다. 그러나 하나님이 우리를 사랑하셨고, 우리는 그분의 자녀라는 것이 실감이 잘 안 납니다. 왜냐하면 우리는 자격이 없고 하나님을 아버지라 부르는 것이 하나님에게 영광이 될 리도 없고 도리어 기독교에 손해가 되는 것 같아서 우물쭈물하게 됩니다. 요한일서 4장에 보면 이 문제에 대한 성경의 아주 중요한 가르침이 있습니다.

하나님이 우리를 사랑하시는 사랑을 우리가 알고 믿었노니 하나님은 사랑이시라 사랑 안에 거하는 자는 하나님 안에 거하고 하나님도 그의 안에 거하시느니라 이로써 사랑이 우리에게 온전히 이루어진 것은 우리로 심판 날에 담대함을 가지게 하려 함이니 주께서 그러하심과 같이 우리도 이 세상에서 그러하니라 사랑 안에 두려움이 없고 온전한 사랑이 두려움을 내쫓나니 두려움에는 형벌이 있음이라 두려워하는 자는 사랑 안에서 온전히 이루지 못하였느니라 (요일 4:16-18)

사랑 이야기를 하면서 두려움 이야기를 하는 것은 심판의 결과에 대한 원인을 자신에게 묻고, 찾기 때문입니다. 심판 날에 내가 행한 대로 심판을 받을 텐데 하는 원인과 결과의 법칙, 행위의 법칙을 적용하는 자는 두려울 수밖에 없습니다. 그러나 하나님 앞에서 사랑을 논하는 가장 큰 이유는, 우리는 그런 존재가 아니라는 것입니다. 한 것만큼 받는 존재가 아니며 행한 대로 심판 받는 존재가 아닙니다.

그러면 우리가 어떤 존재입니까? 하나님은 우리에게 아버지시고 우리는 그분의 자녀입니다. 사랑의 관계입니다. 사랑의 관계는 한 것만큼 받는 것이 아니라 관계로서 보상을 받는 것입니다. 그렇지 않습니까? 사랑 안에 두려움이 없다는 것, 즉 기독교 신앙의 안전함은 하나님과 우리의 관계가 잘잘못을 따지는 관계가 아님을 말하고 있습니다. 이런 이야기가 도움이 안 된다면 큰일입니다.

정당한 신앙생활을 하고 신앙 의식을 가지고 있으면, 하루에도 열두 번쯤 자살할 마음이 생깁니다. 내가 이것밖에 안 된단 말인가? 이렇게 살면서 무슨 신앙인이라고 말할 수 있단 말인가? 그런 생각이 드는 것이 사실은 신앙의식입니다. 거기에 대한 답입니다. 하나님과는 남남의 관계가 아니라, 무서운 심판자와 죄인의 관계가 아니라 아버지와 자녀의 관계라는 것입니다.

왜 사랑을 논합니까? 관계를 확인시키는 것입니다. 하나님과 우리의 관계가 무엇입니까? 사랑의 관계입니다. 왜 관계를 논합니까? 우리에게 그 관계의 본분을 요구하려고 논하는 것입니다. 그래서 성화란 관계의 성립을 요구하는 조건이 아닙니다. 성화는 관계의 본분을 요구하는 것입니다. 이해하시겠습니까? 에베소서 4장에 보면 믿지 않는 자들, 곧 구원 얻지 못한 자들의 죄인 된 상태에 대하여 말합니다.

그러므로 내가 이것을 말하며 주 안에서 증언하노니 이제부터 너희는 이방인이 그 마음의 허망한 것으로 행함 같이 행하지 말라 그들의 총명이 어두워지고 그들 가운데 있는 무지함과 그들의 마음이 굳어짐으로 말미암아 하나님의 생명에서 떠나 있도다 그들이 감각 없는 자가 되어 자신을 방탕에 방임하여 모든 더러운 것을 욕심으로 행하되 (엡 4:17-19)

이것은 다 죄인들이 행하는 것입니다.

오직 너희는 그리스도를 그같이 배우지 아니하였느니라 (엡 4:20)

선한 일을 해서 그리스도를 알게 된 것이 아니라 그리스도를 알게 되었고 그리스도와 연합한 덕분에 성화라는 것이 우리에게 요구되는 것이고 그 요구된다는 것은 조건을 만족하기 위함이 아니라 조건이 성립되었기 때문에 요구되는 것입니다. 이것에 실패한다고 해서 관계가 취소되는 것이 아닙니다. 이 요청은 관계가 성립이 됐기 때문에 따라오는 본분입니다. 우리가 본분을 못 지키는 것으로 관계까지 의심하지 말라는 것입니다.

우리의 죄책감이나 심지어 절망마저도 우리가 그리스도와 연합된 까닭에 갖는 감각입니다. 우리가 예수님을 모르고 기독교 신앙을 갖지 않았다면 죄를 지은들 겁날 것이 없고 부끄러울 것이 없지 않겠습니까. 그러나 우리는 그렇지 않습니다. 하나님을 아버지라 부르기가 부끄럽다고 해서 관계가 깨어지지는 않습니다.

그러므로 사랑을 받는 자녀 같이 너희는 하나님을 본받는 자가 되고 그리스도께서 너희를 사랑하신 것 같이 너희도 사랑 가운데서 행하라 그는 우리를 위하여 자신을 버리사 향기로운 제물과 희생제물로 하나님께 드리셨느니라 음행과 온갖 더러운 것과 탐욕은 너희 중에서 그 이름조차도 부르지 말라 이는 성도에게 마땅한 바니라 (엡 5:1-3)

이 요구는 성도가 되게 하는 조건이 아니라, 하나님의 자녀가 되게 하는 조건이 아니라 성도이기 때문에 요구되는 것입니다. 이미 구원을 얻었으나, 하나님의 백성으로 살아가는 신앙 현실에 있어 우리 자신을 평가할 수 있는 성경적 안목이 반드시 필요합니다. 여기서의 실패를 하나님과의 관계의 실패로 보기도 하고, 여기서의 성공으로 구원 자체가 한꺼번에 얻어진다고 오해하기도 합니다. 전자의 것이든 후자의 것이든 둘 다 구원에 관한 이해가 부족해서 생기는 문제입니다.

구원은 즉각적이고 완성적인 신분의 구원과 함께 시작하여, 점진적으로 이루어져야 할 수준의 구원 즉 성화라는 양 측면이 있습니다. 다시 말해서 그것은 어떻게 예수 그리스도 안에서 허락되어 이미 완성되었고, 완성을 향하여 가고 있는가 하는 것입니다. 이 두 측면에 대한 이해가 부족해서 혼돈과 오해가 있으며 심지어 구원과 자신의 신앙에 대한 회의로까지 갈 수 있는 까닭에 성경의 가르침을 충분히 이해해야 합니다.

우리가 겪는 안타까움이나 눈물이나 두려움이나 절망이나 낙심마저도 따지고 보면 은혜 아래 있기 때문에 가지는 가책이라는 것을 기억하십시오. 우리의 힘이 어디에서 나오는가를 생각하여서 이미 출발했고, 그리스도와의 연합 속에서 우리의 힘이 나오는 것을 기억하여 더 큰 믿음으로 극복하고, 인내하고, 하나님의 특별하신 은총 속에서 우리의 구원이 완성될 수밖에 없음을 확인하기를 바랍니다.

요점과 확인

1 그리스도와의 연합은 모든 신자에게 주어지는 특권이다. 그것은 우리의 신실함이나 거룩함이나 선행에 대한 보상이 아니기 때문이다.

2 은혜는 기독교 신앙을 기독교 신앙 되게 하는 가장 중요한 것이다. 왜냐하면 죄를 이기게 하는 것은 능력이 아닌 은혜이기 때문이다. 은혜는 성화에서 기독교 신앙인지 아닌지를 갈라놓는 주요한 분기점이다.

3 하나님과 신자의 관계는 아버지와 자녀의 관계다. 이런 사랑의 관계에 놓여 있기 때문에 신자는 한 것만큼 보상을 받는 것이 아니라 관계로서 보상을 받는다. 그것은 이 관계가 심판자와 죄인의 관계가 아니기 때문이다.

4 저자는 성화의 신비를 무엇이라고 말하는가?

6

믿음 안에서 산다 (1)

내가 그리스도와 함께 십자가에 못 박혔나니 그런즉 이제는 내가 사는 것이 아니요 오직 내 안에 그리스도께서 사시는 것이라 이제 내가 육체 가운데 사는 것은 나를 사랑하사 나를 위하여 자기 자신을 버리신 하나님의 아들을 믿는 믿음 안에서 사는 것이라 (갈 2:20)

우리는 구원에 관한 설명에서 칭의가 전적으로 은혜였듯이 성화도 전적으로 은혜라는 사실을 그리스도와의 연합이라는 성경의 설명을 근거로 해서 확인했습니다. 그것은 우리가 죄인 된 자리에서 하나님의 자녀가 되는 것이 하나님의 은혜이듯이 하나님의 백성으로서의 성화의 완성도 그리스도 안에서 그리스도와 연합하여 이루어질 수밖에 없다는 것을 확인했습니다. 그런데 우리가 믿음의 현실에서 경험하는 것은 늘 승리하는 것이 아니라는 사실입니다.

그래서 이제 내가 육체 가운데 사는 것은 나를 사랑하사 나를 위하여 자기 몸을 버리신 하나님의 아들을 믿는 믿음 안에서 사는 것이라고 하는 이 부분이 문제가 됩니다. 믿음 안에서 산다는 것이 무엇이며, 어떻게 하면 믿음 안에서 살게 되는가? 우선 믿음 안에서 산다는 것과 어떻게 하면 믿음 안에서 살 수 있는지를 나누어서 생각하겠습니다.

은혜라는 말의 다른 표현

이 장에서는 예수를 믿는다는 말이 성화의 차원에서 무슨 의미를 갖는지 확인해 보고자 합니다. 이렇게 나누어서 살피는 것은 그 믿음이 차이가 나거나 달라서가 아니라 좀 더 분명하게 하기 위해서입니다.

우리는 보통 믿음을 신뢰로 이해합니다. 신뢰한다는 것은 나의 신뢰, 즉 신뢰하는 내 마음가짐으로 이해하곤 합니다. 그러나 성경에서 믿음이라는 단어는 은혜라는 말의 다른 표현입니다. 은혜라고 할 때 우리는 그것이 우리에게 원인이 없다는 것으로 이해하면서도, 믿음이라고 하면 우리에게 원인이 있고 책임이 있다는 생각을 쉽게 떨쳐 버리지 못합니다. 그러나 믿음이라는 표현은 성경에서 행위의 법칙과 대조되는 은혜의 법칙을 표현하는 또 다른 단어임을 증명해 보이겠습니다.

아브라함이나 그 후손에게 세상의 상속자가 되리라고 하신 언약은 율법으로 말미암은 것이 아니요 오직 믿음의 의로 말미암은 것이니라 (롬 4:13)

여기서 믿음을 무엇과 대조하는지 보십시오. 율법과 믿음을 대조하는데 여기서 율법은 행위의 법칙입니다. 행위의 법칙은 여러 번 설명을 드렸듯이 인과율 즉 원인과 결과의 법칙을 말합니다. 이것과 반대되는 개념 즉 원인 없이 결과를 받는 법칙을 은혜의 다른 표현으로 '믿음의 의로 말미암은 것이라'고 설명하고 있음을 주의해서 보아야 합니다.

만일 율법에 속한 자들이 상속자이면 믿음은 헛것이 되고 약속은 파기되었느니라 율법은 진노를 이루게 하나니 율법이 없는 곳에는 범

103

법도 없느니라 그러므로 상속자가 되는 그것이 은혜에 속하기 위하여 믿음으로 되나니 이는 그 약속을 그 모든 후손에게 굳게 하려 하심이라 율법에 속한 자에게뿐만 아니라 아브라함의 믿음에 속한 자에게도 그러하니 아브라함은 우리 모든 사람의 조상이라 (롬 4:14-16)

이 은혜는 믿음과 함께 행위의 법칙이 아닌 하나님의 은혜의 법칙이라고 말하고, 이 법칙을 설명하기 위하여 아브라함을 예로 듭니다. 다시 말해 그가 율법의 법칙 곧 행위의 법칙이 아닌 은혜의 법칙으로, 믿음의 법칙으로 믿음의 조상이 되었음을 설명합니다.

기록된 바 내가 너를 많은 민족의 조상으로 세웠다 하심과 같으니 그가 믿은 바 하나님은 죽은 자를 살리시며 없는 것을 있는 것으로 부르시는 이시니라 (롬 4:17)

아브라함을 믿음의 조상으로 세웠다는 것은 아브라함에게서 믿음의 어떤 모델을 본 것을 말합니다. 이 말은 모범이 될 만한 어떤 근거를 아브라함에게서 봤다는 것이 아니라 믿음의 대표성을 가진 첫 번째 수혜자가 아브라함이라는 뜻입니다. 왜 그렇게 이야기합니까? 아브라함의 하나님은 죽은 자를 살리시고, 없는 것을 있는 것같이 부르시며 무에서 유를 창조하시기 때문입니다.

원인 없이 결과를 만드시는 하나님의 법칙에 의하여 아브라함이 믿음의 조상이 되었다는 것입니다. 우리가 아브라함을 볼 때 아브라함에게서 믿음의 원인을 찾으려 하지 말고 하나님에게 원인이 있었음을 보라는 것입니다.

아브라함이 바랄 수 없는 중에 바라고 믿었으니 이는 네 후손이 이 같으리라 하신 말씀대로 많은 민족의 조상이 되게 하려 하심이라
(롬 4:18)

아브라함이 바랄 수 없는 중에 바란 것은 믿음의 조상이 되리라는 것입니다. 아브라함이라는 이름은, 많은 민족의 조상이라는 뜻입니다. 여기서 '바랄 수 없는 중에'라는 표현은 아브라함이 생산하지 못하는 나이가 되었고 사라도 생산하지 못하는 나이가 되었다는 것을 내포합니다. 그러나 하나님은 죽은 자를 살리시며 없는 것을 있는 것같이 부르는 분이십니다. 아브라함과 사라가 아이를 낳을 수 없었는데 많은 민족의 조상이 된 것은 본인들에게 아무 원인도 없었다는 너무나 중요한 증거입니다.

이런 설명을 하게 되면 우리는 어리벙벙해합니다. 원인과 결과의 법칙을 벗어나면 어쩔 줄을 모릅니다. 길을 잃은 것 같습니다. 그러나 아브라함이 하나님을 믿었다는 것은 결국 하나님만이 이유이고, 원인이고, 결과를 만들어 내시는 분임을 믿었다는 말입니다. 아브라함이 하나님을 그런 분으로 알았다는 뜻입니다. 그러면 아는 것이 믿는 것입니까? 그런데 아는 것이 믿는 것이라는 말은 그렇게 간단하지 않습니다.

여기서 하나님을 안다는 것은 아브라함이 하나님에 대해 연구하고 하나님을 찾아가서 알았다는 뜻이 아니라 하나님이 아브라함에게 당신이 어떤 분이심을 나타내셔서 알게 되었다는 뜻입니다. 하나님이 당신을 직접 우리에게 보이신 것입니다. 로마서 4장 14절로 다시 돌아가 봅시다. 여기서 믿음에 대하여 설명할 때 약속을 언급합니다.

만일 율법에 속한 자들이 상속자이면 믿음은 헛것이 되고 약속은 파기되었느니라 (롬 4:14)

약속이 율법 곧 행위의 법칙으로 가면 무효가 되고 믿음으로 가야만 힘을 쓴다고 합니다. 그 약속은 하나님의 약속입니다. 하나님의 약속은 당신이 그렇게 하겠다고 정하셨기 때문에 그렇게 될 수밖에 없습니다. 하나님의 약속은 하나님이 의도하시고 목적하신 대로 될 수밖에 없습니다. 만일 그 약속이 행위의 법칙이라면 그 결과가 어떻게 될지 우리는 모릅니다. 내 말을 들으면 살려 주고 듣지 않으면 벌주겠다고 한 약속이었다면 이 약속이 어떻게 되겠습니까.

약속이 순종에 의해서는 성립하나 불순종에 의해서는 실패하는 것이라면 믿을 만한 것이 못 됩니다. 하나님의 약속은 당신에게만 원인이 있는 까닭에 우리에게서 원인을 요구하거나 찾지 않습니다. 여기에 하나님의 약속의 진실성이 있습니다. 그것은 믿음의 법칙이므로 당신에게서만 이유와 원인을 가지십니다. 왜냐하면 우리를 사랑하시기 때문입니다.

그래서 약속을 하시고 그것이 율법에 속한 것이라면 약속은 폐하여졌다고 하는 설명이 등장하는데 언뜻 읽으면 이해하기가 어렵습니다. 약속은 하나님이 자신의 의지와 자비와 성실을 근거로 하여 주신 것입니다. 그러니까 믿음이란 이 약속을 주시고 친히 우리를 만나 주셔서 갖게 된 지식이요, 관계요, 운명이지 우리의 결심이나 동의가 아닙니다. 어떤 의미에서 그것은 그냥 항복이며 하나님의 하나님 되심과 그분의 자비하심과 복 주심입니다. 이렇게 우리를 찾아와 베푸신 복에 우리는 흠뻑 잠기게 됩니다.

성화를 요구하는 은혜

그러나 여기서 성경의 가르침에 조심해야 할 부분이 있습니다. 은혜와 자비와 의지와 성실함을 근거로 하여 나타나신 하나님이 그 모든 원인과 책임을 갖지만 그의 목적은 우리의 거룩함이라고 가르치고 있습니다. 우리가 만난 하나님이 우리의 조건과 자격을 묻지 않고 복을 주시고 은혜를 베푸십니다. 당신의 의지와 성실하심과 능력을 근거로 약속하신 것을 실패 없이 이루십니다. 동시에 하나님은 우리의 거룩함을 목표로 삼으십니다. 하나님을 닮은 신성의 자리 곧 우리의 성화를 목표로 삼고 그것을 요구하시는 까닭에 우리를 만나 알게 해 주시는 것입니다.

우리가 하나님의 은혜와 사랑을 논하고 그 은혜로 인하여 놀아도 되고 아무 책임도 없다고 이야기하는 것은 잘못입니다. 그것은 하나님이 은혜와 사랑과 긍휼과 자비로 나타나셨지만 경건과 신령함과 거룩함의 완성을 목표로 삼고 은혜를 베푸셨다는 사실을 제쳐 두고 우리가 원하는 것에 집착하고 편식하여 책임을 도피하려는 나쁜 생각입니다.

우리는 하나님이 은혜로 오신다는 것과 하나님이 우리에게 거룩함을 요구하신다는 사실을 알고 있습니다. 그래서 창세기 17장에 보면 아브라함에게 나타난 하나님이 이런 요구를 하십니다. 이미 하나님은 창세기 15장에서 아브라함의 믿음을 근거로 하여 의롭다고 인치셨으나 이스마엘 사건이 일어난 후에 이렇게 말씀하십니다.

아브람이 구십구 세 때에 여호와께서 아브람에게 나타나서 그에게 이르시되 나는 전능한 하나님이라 너는 내 앞에서 행하여 완전하라 (창 17:1)

하나님이 은혜의 약속을 하셨지만 그 목표와 내용과 요구는 하나님 앞에서 완전하라는 것이었습니다. 이 사실을 분명하게 가르치고 있습니다. 우리의 믿음은 하나님만이 유일한 원인으로서 은혜인 것이 분명하지만 이 은혜가 우리의 거룩함을 목적으로 삼고 있다는 사실을 절대 놓치면 안 됩니다.

하나님을 따라 의와 진리의 거룩함으로 지으심을 받은 새 사람을
입으라 (엡 4:24)

이것이 목표입니다. 이것을 하나님이 은혜로 주셨습니다. 은혜로
주셨다는 것은 하나님이 이유가 되시고 원인이 되셔서 이 일을 우
리에게 시작하셨고 또 이루실 것이라는 뜻입니다. 그러므로 우리
가 이루어야 할 것은 우리의 거룩함입니다. 이 거룩함을 이루기
위해서는 그분의 은혜와 자비와 사랑이 우리를 매질하는 때도 당
연히 있을 것입니다.

　신약은 은혜로우심과 거룩하심을 목표로 삼으시는 하나님이
그리스도 안에서 그 실체를 드러내어 약속을 가능하게 하셨다고
증언합니다. 그 대표적인 것이 에베소서 1장에 나옵니다. 하나님
이 어떻게 예수 그리스도 안에서 우리 구원의 원인과 결과가 되셨
는지를 말하고 있습니다.

우리는 그리스도 안에서 그의 은혜의 풍성함을 따라 그의 피로 말
미암아 속량 곧 죄 사함을 받았느니라 이는 그가 모든 지혜와 총명
을 우리에게 넘치게 하사 그 뜻의 비밀을 우리에게 알리신 것이요
그의 기뻐하심을 따라 그리스도 안에서 때가 찬 경륜을 위하여 예
정하신 것이니 하늘에 있는 것이나 땅에 있는 것이 다 그리스도 안

109

에서 통일되게 하려 하심이라 모든 일을 그의 뜻의 결정대로 일하시는 이의 계획을 따라 우리가 예정을 입어 그 안에서 기업이 되었으니 이는 우리가 그리스도 안에서 전부터 바라던 그의 영광의 찬송이 되게 하려 하심이라 (엡 1:7-12)

구원의 목표가 무엇입니까? 우리가 그분의 영광의 찬송이 되는 것입니다. 하나님의 구원의 목표는 신적 영광과 완성입니다. 하나님이 영광을 받으시고 찬송을 받으시는 가장 중요한 증거물이란, 하나님이 지으셨고 그분의 아들을 보내어 구원하신 당신의 백성들의 영광된 완성이라고 말하고 있습니다. 이 일을 예수 그리스도 안에서 하나님이 이루셨습니다.

　예수 그리스도의 비밀은 대단합니다. 우리를 죄와 사망에서 꺼내셨고 의와 진리의 거룩함으로 지으심을 받은 새 사람을 하나님의 모든 충만하신 것으로 충만하게 하여 하나님의 영광의 찬송이 되는 자리에까지 이르게 할 것입니다. 이것이 그리스도 안에서 그분과 연합하여 죄로부터 나와서 중생하여 하나님의 자녀로 완성되는 모든 일에 그리스도 안에서 믿음으로 허락된 하나님의 은혜의 선물입니다.

　여기서 믿음이란 하나님이 원인이 되고 이유가 되어 우리에게 허락하고 목표하신 것을 이루실 그분의 성실함까지 다 합쳐서 하나님만이 모든 존재와 일의 원인이요, 근거라는 것입니다. 우리가 지금 믿음을 논하면서 분명히 해야 할 내용은 이런 것입니다. 죄로 인하여 하나님과 분리되어 감각 없는 자로서 방탕에 방임된 채로 살고 있는 우리에게 하나님이 찾아와 당신을 보이시므로 무엇이 진정한 복이며 무엇이 인간의 참다운 자랑인지를 은혜로 알게 해 죄로부터 우리를 꺼내셔서 하나님의 자녀라는 이름에 부족할 것이 없는 자리로 우리를 데려가겠다는 것입니다.

사랑을 입은 자녀

인간의 이해를 기준으로 하여 말하자면 믿음은 하나님을 아는 것입니다. 이것은 지식의 문제가 아닙니다. 지식으로 아는 것은 정보에 불과하지만 진정으로 아는 것은 인격자이신 하나님, 온 우주 만물의 주인이신 하나님, 나를 향하여 구원의 완성을 목적으로 삼고 계시는 하나님을 아는 것입니다. 우리는 이것을 요한복음 17장에서 본 적이 있습니다.

아버지께서 아들에게 주신 모든 사람에게 영생을 주게 하시려고 만민을 다스리는 권세를 아들에게 주셨음이로소이다 영생은 곧 유일하신 참 하나님과 그가 보내신 자 예수 그리스도를 아는 것이니이다 (요 17:2-3)

여기서 안다는 것은 정보를 아는 것이 아니라 한 인격과 인격이 밀접하게 연결되어 더 이상 밀접할 수 없는 관계를 가진 사이를 말합니다. 사랑하는 사이 혹은 가장 깊은 우정을 말합니다. 그러므로 믿음은 하나님이 아버지이심을 아는 것입니다. 남이 아닌 것입니다. 하나님과 나는 거래하는 관계도 아니요, 기계적 관계도 아닙니다. 하나님은 규칙과 거래의 대상이 아닌 우리를 지으신 분으로서 우리의 아버지가 되기로 하신 분입니다. 그리고 우리는 그분의 형상을 입은 자로서, 사랑을 입는 자녀로서 그분과 관계를 맺은 존재입니다. 하나님이 우리에게 원인도 묻지 않으시고 자격도 묻지 않으시고 찾아오셔서 시작하시고 결과에 이르게 하십니다. 그렇게 하나님을 아는 것입니다. 하나님이 어떻게 나를 찾아오셨고 나에게 무엇을 이루시려는가에 대해 항복하는 것을 믿음이라고 할 수 있습니다.

그래서 대부분의 성도들은 자기가 가진 믿음에 대해 기대하는 만큼 결과가 나타나지 않으면 스스로 무엇이 부족했다고 생각합니다. 대표적으로 두 가지입니다. 열심과 진심, 이 두 가지입니다. 그래서 우리는 굶고, 잠 안자고, 고행을 시작합니다. 산으로 올라가서 철야하고 금식합니다. 이런 마당에 이르러서도 하나님 앞에 자신의 진심을 바쳐 하나님을 감동하시게 하면 그 결과를 얻지 않을까 하는 싸움을 합니다.

하나님은 우리의 기도를 들으십니다. 우리의 믿음을 받으십니다. 그런데 우리는 우리가 가지고 있을 뿐더러 충분히 보상받아야 된다고 생각하는 자신의 믿음과 열심에 대하여 하나님이 대답을 주시는 것 같지 않다고 생각합니다. 하나님이 대답하시는데 우리는 못 받았다고 생각하는 부분에 대해 본격적으로 다루어 보겠습니다.

1 믿음은 은혜라는 말의 다른 표현이다. 왜냐하면 믿음이란 은혜
  처럼 우리에게서 원인을 갖는 것이 아니기 때문이다.

2 하나님의 은혜는 우리의 성화를 목표로 삼고 있다. 비록 은혜가
  우리의 조건이나 자격을 따지지 않고 주어진 것이라 해도 그것은
  우리의 거룩함의 완성을 목표로 하고 주어졌기 때문이다.

3 믿음은 하나님을 아버지로 아는 것이다. 따라서 하나님과 우리
  는 거래의 관계나 기계적 관계가 아닌 사랑을 입은 자녀로서 맺
  은 관계이다.

4 하나님의 은혜가 우리에게서 목표하는 것을 바로 알지 못하면
  우리에게서 어떤 일이 발생할 수 있는가?

7

믿음 안에서 산다 (2)

내가 그리스도와 함께 십자가에 못 박혔나니 그런즉 이제는 내가
사는 것이 아니요 오직 내 안에 그리스도께서 사시는 것이라 이제
내가 육체 가운데 사는 것은 나를 사랑하사 나를 위하여 자기 자신
을 버리신 하나님의 아들을 믿는 믿음 안에서 사는 것이라 (갈 2:20)

우리는 갈라디아서 2장 20절 말씀을 가지고 '어떻게 하는 것이 믿음 안에서 사는 것인가' 하는 중요한 문제를 계속 살피고 있습니다. 우리는 누구나 믿음 안에서 살고 싶은 소원도 있고 또 성경의 약속도 믿고 있지만, 믿음의 현실 속에서 그 약속을 넉넉히 누리며 사는 사람은 극히 적습니다. 그것은 믿음에 대한 우리의 이해가 성경적이지 않고 우리의 본성적이고 세상적인 생각 때문이라고 말했습니다.

우리는 성경이 말하는 믿음을 원인과 결과의 법칙, 즉 인과율로 생각하기 쉽습니다. 믿음을 세상적인 것으로 이해하기 때문입니다. 모든 결과는 그 결과를 낳는 원인이 제공되어야 얻을 수 있다는 것입니다. 그래서 우리는 믿음을 자꾸 조건으로 생각하려고 합니다. 더 진지하고 더 열심히 믿어서 조건을 만족시킴으로써 약속에 대한 결과를 얻겠다고 하는 것입니다. 하지만 그렇게 힘껏 노력을 기울여도 결국은 실패한다고 말했습니다.

믿음에 관한 대표적 인물

믿음에 대해 바른 이해를 가지려면 성경에서 모델을 찾아 살펴보는 것이 제일 좋습니다. 그런 대표적인 인물로 누가 먼저 떠오릅니까? 믿음의 조상 아브라함입니다.

아브라함이나 그 후손에게 세상의 상속자가 되리라고 하신 언약은 율법으로 말미암은 것이 아니요 오직 믿음의 의로 말미암은 것이니라 만일 율법에 속한 자들이 상속자이면 믿음은 헛것이 되고 약속은 파기되었느니라 율법은 진노를 이루게 하나니 율법이 없는 곳에는 범법도 없느니라 그러므로 상속자가 되는 그것이 은혜에 속하기 위하여 믿음으로 되나니 이는 그 약속을 그 모든 후손에게 굳게 하려 하심이라 율법에 속한 자에게뿐만 아니라 아브라함의 믿음에 속한 자에게도 그러하니 아브라함은 우리 모든 사람의 조상이라 기록된 바 내가 너를 많은 민족의 조상으로 세웠다 하심과 같으니 그가 믿은 바 하나님은 죽은 자를 살리시며 없는 것을 있는 것으로 부르시는 이시니라 아브라함이 바랄 수 없는 중에 바라고 믿었으니 이는 네 후손이 이같으리라 하신 말씀대로 많은 민족의 조상이 되게 하려 하심이라 그가 백 세나 되어 자기 몸이 죽은 것 같고 사라의 태가 죽은 것 같음을 알고도 믿음이 약하여지지 아니하고 믿음이 없어 하나님의 약속을 의심하지 않고 믿음으로 견고하여져서 하나님께 영광을 돌리며 약속하신 그것을 또한 능히 이루실 줄을 확신하였으니 그러므로 그것이 그에게 의로 여겨졌느니라 그에게 의로 여겨졌다 기록된 것은 아브라함만 위한 것이 아니요 의로 여기심을 받을 우리도 위함이니 곧 예수 우리 주를 죽은 자 가운데서 살리신 이를 믿는 자니라 (롬 4:13-24)

믿음은 은혜의 다른 표현이고 은혜는 약속의 다른 표현입니다. 약

117

속과 믿음과 은혜는 조건을 준비하시는 이, 약속한 것을 이루시는 이에게 이유와 원인과 주도권이 있습니다.

그래서 16절이 말씀하는 바와 같이 '상속자가 되는 그것이 은혜에 속하기 위하여 믿음으로' 된다고 했습니다. 왜 그렇습니까? 약속을 모든 상속자에게 굳게 하려면 약속하신 이가 신실해야 하고 또 능력이 있어야 하기 때문입니다. 이렇게 결과를 가져오는 모든 원인이 약속한 자에게 있다고 인정하는 것이 믿음입니다. 그 다음에 나오는 설명에서 아브라함이 무엇을 위하여 서 있는가 한 번 봅시다.

기록된 바 내가 너를 많은 민족의 조상으로 세웠다 하심과 같으니 그가 믿은 바 하나님은 죽은 자를 살리시며 없는 것을 있는 것으로 부르시는 이시니라 (롬 4:17)

하나님이 어떤 분으로 소개됩니까? 하나님은 죽은 자를 살리시고 없는 것을 있는 것같이 부르시는 분입니다. 죽은 데서 생명을 만드시고 무에서 유를 만드시는 분입니다. 무에서 유를 만든다는 것은 있는 것이 원인이 되어 결과가 나왔다는 말이 아닙니다. 하나님 자신의 약속과 의도와 기뻐하심 때문에 당신이 이유와 원인이 되어 결과가 나온다는 것입니다. 지금 그 이야기를 하고 있습니다.

아브라함의 남다른 믿음은, 그가 보상을 받을 만한 어떤 원인이나 조건을 가지고 있어서 생긴 것이 아닙니다. '그가 백 세나 되어 자기 몸이 죽은 것 같고 사라의 태가 죽은 것 같음을 알고도 믿음이 약하여지지 아니'했습니다. 어떻게 믿음이 약해지지 않은 것입니까? 잉태할 수 없는 나이임에도 불구하고 상속자를 주시기로 약속하신 이가, 이유와 조건이 되어 결과를 얻을 것으로 알았다는 이야기가 아닙니까. 여기서 이야기의 초점은 이것입니다. 아브라함에게는 원인이 없었고 하나님이 원인이시고 그분이 약속하신 것을 이루신 것입니다. 이를 대표적으로 보여 주는 인물이 바로 아브라함입니다.

아브라함이 어떻게 우리 앞에 믿음의 조상으로 서 있습니까? 아브라함 자신은 믿음의 원인이 아니었음을 보여 주는 대표자로서 그가 우리 앞에 서 있는 것입니다. 그런데 우리는 자꾸 아브라함이 남다른 조건과 원인과 신뢰와 하나님에 대한 지식과 항복이 있어서 믿음의 조상이 되었다고 생각합니다. 그러나 보는 바대로 아브라함을 어떻게 소개합니까.

그런즉 육신으로 우리 조상인 아브라함이 무엇을 얻었다 하리요 (롬 4:1)

옛날 한글개역판에 보면, '육신으로 우리 조상인 아브라함이'라는 표현을 난하 주에서 '우리 조상 아브라함이 육으로'라는 식으로도 번역할 수 있다고 덧붙입니다. 그 번역을 취하여 읽어 보면 "그런즉 우리 조상 아브라함이 육으로 무엇을 얻었다 하리요"입니다.

저는 이 번역이 지금 우리가 보는 번역보다 더 좋다고 생각합니다. 왜냐하면 그 의미가 더 분명하기 때문입니다. 아브라함이 육신으로 무엇을 얻었다는 것이냐, 아브라함이 육신을 조건으로 내세워서 얻은 것이 무엇이냐, 얻은 것이 없지 않느냐, 그런 이야기이기 때문입니다.

우리에게 원인이 없는 믿음

아브라함은 그가 가진 조건으로 우리의 조상이 된 것이 아닙니다. 만일 아브라함이 행위로써 의롭다 함을 얻었으면 자랑할 것이 있겠지만 하나님 앞에서는 없습니다. 여기서 '행위'는 바로 앞 절의 '육신'과 평행을 이룹니다. 자랑은 무엇입니까? 자랑이란 자기가 원인을 제공하여 결과를 얻을 때 쓰는 말입니다. 우리가 구원을 논할 때마다 '자랑할 데가 어디 있느뇨 있을 수 없느니라'라고 이야기합니다. 이렇게 말하는 것은 구원을 행위로써가 아니라 은혜로 얻었다는 것을 확인하는 방식입니다.

내가 얻은 구원의 놀라움과 내용을 자랑하는 것은 괜찮지만, 남에게 나는 예수를 믿어서 구원을 얻었는데 너는 믿지 않아서 구원을 얻지 못했다고 하면서 구별하는 것은 잘못입니다. 왜냐하면 구원에 자기 의가 들어 있다고 생각하는 것에 대해 성경은 몹시 엄격하게 교정하려 들기 때문입니다. 이것은 칭의나 성화에서도 마

120

찬가지 원리입니다.

성경이 무엇을 말하느냐 아브라함이 하나님을 믿으매 그것이 그에게 의로 여겨진 바 되었느니라 일하는 자에게는 그 삯이 은혜로 여겨지지 아니하고 보수로 여겨지거니와 일을 아니할지라도 경건하지 아니한 자를 의롭다 하시는 이를 믿는 자에게는 그의 믿음을 의로 여기시나니 일한 것이 없이 하나님께 의로 여기심을 받는 사람의 복에 대하여 다윗이 말한 바 불법이 사함을 받고 죄가 가리어짐을 받는 사람들은 복이 있고 주께서 그 죄를 인정하지 아니하실 사람은 복이 있도다 함과 같으니라 **(롬 4:3-8)**

이 구절들이 이야기하는 바가 무엇입니까? 일을 해서 삯을 받은 것은 은혜라고 하지 않고 일의 대가라고 한다는 것입니다. 그렇지만 일은 안 했는데도 어떤 결과를 얻었다면 그것은 은혜라고 합니다. 그래서 일한 것이 없이 하나님에게 의로 여기심을 받은 사람에 대하여 다윗이 뭐라고 말합니까? 다윗이 그런 아브라함의 위치를 뭐라고 했습니까? 불법을 사하심을 받고 그 죄가 가리어짐을 받은 자들은 복이 있다고 했습니다. 주께서 그 죄를 인정하지 않을 사람은 복이 있다는 것입니다. 내가 지은 죄에 대해서 회개하고 빌고 간구한 것을 조건으로 용서를 받는 것이 아니라 하나님이 그냥 그 죄를 말소해 준 것이라면 복되다고, 다윗은 이야기합니다.
　이어서 로마서의 다음 구절들을 봅시다. 여기서는 아브라함이

121

의롭다 함을 받았다는 그 복이 할례와 상관이 있는지 없는지에 대한 문제를 제기합니다.

그런즉 이 복이 할례자에게냐 혹은 무할례자에게도냐 무릇 우리가 말하기를 아브라함에게는 그 믿음이 의로 여겨졌다 하노라 그런즉 그것이 어떻게 여겨졌느냐 할례시냐 무할례시냐 할례시가 아니요 무할례시니라 (롬 4:9-10)

무슨 말입니까? 아브라함이 의롭다 함을 받은 것은 할례를 행하기 전입니다. 그가 의롭다 함을 받았다는 기록은 창세기 15장에 나오지만 할례를 행한 것은 17장에 나옵니다. 시간상 순서가 이렇게 되어 있습니다. 율법은 언제 주어졌습니까? 그로부터 4백 년이 더 지나서 모세 때에 주어졌습니다.

이렇게 아브라함이 가진 육신의 조건도 그의 행위도 그가 받은 할례도 그가 믿음으로 의롭다 함을 받은 것과는 아무 상관이 없었다는 것입니다. 이렇게 아브라함을 동원해서 무엇을 확인할 수 있습니까? 우리의 믿음은 인과율이 아니라는 것입니다. 우리에게 원인이 없다는 것입니다. 따라서 믿음이라는 말은 은혜라는 말이며, 약속이라는 말입니다. 하나님이 스스로 이유가 되셔서 우리에게 결과를 주신, 하나님의 법입니다. 이 문제는 창세기 15장과 17장을 서로 비교해 보면 아주 분명해집니다. 먼저 창세기 15장으로 가 봅시다.

이 후에 여호와의 말씀이 환상 중에 아브람에게 임하여 이르시되 아브람아 두려워하지 말라 나는 네 방패요 너의 지극히 큰 상급이니라 아브람이 이르되 주 여호와여 무엇을 내게 주시려 하나이까 나는 자식이 없사오니 나의 상속자는 이 다메섹 사람 엘리에셀이니이다 아브람이 또 이르되 주께서 내게 씨를 주지 아니하셨으니 내 집에서 길린 자가 내 상속자가 될 것이니이다 여호와의 말씀이 그에게 임하여 이르시되 그 사람이 네 상속자가 아니라 네 몸에서 날 자가 네 상속자가 되리라 하시고 그를 이끌고 밖으로 나가 이르시되 하늘을 우러러 뭇별을 셀 수 있나 보라 또 그에게 이르시되 네 자손이 이와 같으리라 아브람이 여호와를 믿으니 여호와께서 이를 그의 의로 여기시고 (창 15:1-6)

아브라함이 하나님을 믿으매 이를 그의 의로 여기셨다는 것은 로마서에도 인용되며, 성경 전체에서도 믿음에 대하여 설명할 때에 대표적인 사건으로 인용됩니다. 서두에도 말했지만 우리는 아브라함이 하나님에게 내놓은 어떤 진심, 신뢰, 항복을 자꾸 신앙적인 단서로 자꾸 취급하려 듭니다. 그러나 창세기 17장을 봅시다.

아브람이 구십구 세 때에 여호와께서 아브람에게 나타나서 그에게 이르시되 나는 전능한 하나님이라 너는 내 앞에서 행하여 완전하라 (창 17:1)

아브라함이 의롭다 함을 받은 사건과 아브람이 구십구 세가 되던 때 사이에 무슨 일이 있었습니까? 그가 이스마엘을 낳습니다. 하나님이 아브라함에게 네 후손이 하늘의 별 같고 바다의 모래 같으리라고 하셨을 때 아브라함은 믿을 수가 없었습니다. 나이는 많고 자식은 없어서 양자인 엘리에셀이 상속자가 되는 것인지 하나님에게 묻습니다. 그때 하나님은 아브라함의 몸에서 날 자가 상속자라고 말씀하십니다. 그런데 그가 믿지 않고 사라의 여종 하갈과 동침하여 이스마엘을 낳습니다. 하나님이 나타나셔서 이렇게 꾸중하십니다. '나는 전능한 하나님이라 너는 내 앞에서 행하여 완전하라.'

그런데 잘 보면 17장에서 아브라함이 하나님의 약속을 믿지 못한 것에 대하여 하나님이 꾸짖은 것은 사실이지만, 15장에서 이미 선언된 하나님의 약속이나 아브라함의 믿음을 취소한다든지 아니면 그 믿음이 잘못되었으니 내가 너와 한 약속을 깨겠다고 하지 않으십니다. 그렇게 하지 않으시고 다시 무언가를 확인시켜 주십니다.

내가 내 언약을 나와 너 사이에 두어 너를 크게 번성하게 하리라 하시니 아브람이 엎드렸더니 하나님이 또 그에게 말씀하여 이르시되 보라 내 언약이 너와 함께 있으니 너는 여러 민족의 아버지가 될지라 이제 후로는 네 이름을 아브람이라 하지 아니하고 아브라함이라 하리니 이는 내가 너를 여러 민족의 아버지가 되게 함이니라 내가 너로 심히 번성하게 하리니 내가 네게서 민족들이 나게 하며 왕들이 네게로부터 나오리라 내가 내 언약을 나와 너 및 네 대대 후손 사이에 세워서 영원한 언약을 삼고 너와 네 후손의 하나님이 되리라 내가 너와 네 후손에게 네가 거류하는 이 땅 곧 가나안 온 땅을 주어 영원한 기업이 되게 하고 나는 그들의 하나님이 되리라 (창 17:2-8)

17장에서 그에게 확인시켜 주시는 것이 무엇입니까? 아브라함이 하나님에게 복 받을 종교적인 원인을 더 확실히 보인 것에 대하여 언급하지 않으시고 하나님이 이유이시고 원인이시고 유일한 조건이시라는 것을 거듭 확인시켜 주실 뿐입니다. 17장의 초점은 아브라함이 믿음을 지키지 못했다고 해서 그 약속을 취소하지 않으셨다는 사실에 있습니다. 그 약속은 하나님이 하신 것이기 때문입니다. 15장의 약속을 거듭 강조할 뿐입니다. 그래서 17장은 하나님이 이 약속의 주인이시라고 강조합니다. '내가 너로 큰 민족을 이루고 내가 너로 네 후손의 하나님이 되리라'고 하십니다. 이 약속이 15장에 나오는 아브라함의 믿음을 이루는 핵심입니다.

은혜로써 믿음이 자람

사도 바울은 갈라디아서 2장 20절에서 이 문제를 어떻게 녹여 내고 있습니까? 동일한 내용을 바꾸어서 설명하고 있습니다. 그래서 우리가 놓치고 있는지도 모릅니다.

내가 그리스도와 함께 십자가에 못 박혔나니 그런즉 이제는 내가
사는 것이 아니요 오직 내 안에 그리스도께서 사시는 것이라 이제
내가 육체 가운데 사는 것은 나를 사랑하사 나를 위하여 자기 자신
을 버리신 하나님의 아들을 믿는 믿음 안에서 사는 것이라 (갈 2:20)

하나님의 아들을 믿는 믿음이란, 나를 사랑하셔서 나를 위하여 자
기 몸을 버리신 하나님의 아들에 관한 것입니다. 그분이 원인입니
다. 나를 사랑하시고 나를 위하여 십자가를 지신 분입니다. 이것이
이유고 원인이고 시작입니다. 나의 믿음이라는 것이 어디에서 싹
이 났습니까? 하나님 아버지께서 그 아들을 보내시고 나를 사랑
하사 그 아들을 십자가에 못 박으신 그 은혜입니다. 그것이 이유
가 되고 원인이 되고 근거가 되어 나의 믿음을 만들어 낸 것 아닙
니까. 그런 의미에서 나의 믿음이라는 것은 하나님의 약속과 은혜
속에 있다고 말할 수 있습니다.

　　우리가 처음 구원 얻었을 때를 생각해 보십시오. 우리가 구원을
얻을 때에 어떤 과정을 거치든지 간에 결국에는 이 자리로 옵니다.
예수님이 왜 십자가를 지셨는지 알고 하나님 아버지가 누구인지를
아는 자리입니다. 그분은 창조주이시며, 유일한 하나님이시며, 나
를 지으신 내 아버지이심을 알게 됩니다. 그래서 회개가 일어납니
다. 우리가 하나님을 알면 알수록 더 많이 회개하게 됩니다.

믿음이란 하나님이 나에게 당신을 나타내셔서 확인하게 된 사실에 대한 체험이며 감각이며 앎입니다. 믿음은 그런 것입니다. 믿음이 좋다는 것은 하나님을 더 많이 아는 것입니다. 조건으로서 아는 것이 아니라 결과로서 아는 것입니다. 은혜를 입은 결과 즉 하나님이 찾아오시고 당신을 나타내셔서 알게 하신 결과들입니다.

신앙에서 제일 중요한 것은 하나님이 알파와 오메가이신 사실입니다. 하나님이 시작이시고 끝이십니다. 모든 피조물과 역사와 세계의 주관자이시며 우리를 당신의 형상으로 만드신 아버지이십니다. 성경은 이 사실을 가르치고 있습니다. 우리가 어떻게 하나님을 영광스럽게 할 수 있습니까? 하나님을 편하게 앉혀 드리고 분주하게 무엇을 갖다 바치는 것으로 영광스럽게 할 수 있습니까? 아닙니다. 하나님의 복 주심과 하나님의 형상과 그분의 지혜로 부르신 부름이 우리에게서 제대로 확인되고 발휘될 때 하나님이 영광을 받으십니다.

부모들이 제일 좋아하는 것이 무엇입니까? 자식이 칭찬을 듣는 것입니다. 자식이 칭찬을 듣는 것은 부모에 대한 칭찬입니다. 하나님이 언제 영광을 받으십니까? 하나님이 하나님 되시는 때입니다. 그분의 위엄과 존귀와 영광과 충만함과 거룩함과 존엄하심이 당신의 형상으로 빚은 인간에게서 확인되고 발휘되고 충만하게 드러날 때입니다. 이처럼 하나님이 영광을 받으신다는 차원에서 우리가 하나님에게 영광을 돌리는 것이지, 하나님은 우리를 만들어 놓고 껌 팔아 오라고 하지 않으십니다.

갈라디아서 2장 20절에서 보는 이 중요한 약속은 하나님이 우리에게 어떤 분이시며, 주 예수 그리스도께서 왜 죽으셨는지를 가르치고 있습니다. 그것으로 우리의 믿음이 커집니다. 믿는 것이 조건이 되어 믿음이 커 가는 것이 아니라 하나님의 은혜와 복으로 믿음이 크는 것입니다.

구원을 논할 때 신학자 간에 첨예한 이견이 있어서 교파도 갈립니다. 누군가는 하나님의 주권을 더 강조하고 누군가는 행위를 더 강조함으로써 한 번 받은 구원은 영원하다는 교리가 서는 것이며, 은혜로 받은 구원일지라도 자신의 책임 아래 있다는 교리가 서는 것입니다. 이렇게 크게 갈립니다.

그러나 피조물이 신을 좌지우지할 수 있다면 그 신은 사표를 써야 합니다. 안 그렇습니까? 이미 신이 아닌 것입니다. 우리가 구원 문제에서 그렇게 은혜를 강조하고도, 칭의는 백 퍼센트가 은혜요, 성화는 백 퍼센트가 은혜이자 책임이라고 말하기도 합니다. 저도 물론 그 과정을 겪었습니다.

물론 그 말이 하나님과 인간의 협동 사역을 뜻하는 것은 아닙니다. 성화란 하나님과 인간이 책임을 반반씩 가지고 협력한다는 뜻이 아닙니다. 그런 식으로 이해한다면 그것은 신학적으로 분명한 설명이 되지 못합니다. 왜냐하면 그것은 운명을 다루는 문제이기 때문입니다.

그러나 실존적으로 체험적으로 보면 하나님과 사람이 협동하는 것처럼 보입니다. 하나님이 은혜를 주시고 개입하시고 교훈하시면 우리는 잘잘못에 대하여 꾸중을 듣기도 하고 보상을 받기도 합니다. 이렇게 우리를 분발시키고 깨우쳐서 우리가 노력하는 책임이 현실에서 분명하게 나타나는 까닭에, 성화를 하나님과 인간이 협력하는 것으로 이해할 수 있습니다. 그것이 현실적인 이해입니다. 그러나 사실 이 표현은 오해를 부를 소지가 있습니다.

우리는 성화의 단계들 혹은 성화의 발전에서 분발하고 노력하는 것이 우리 쪽의 책임이라고 생각합니다. 이미 경험했다시피 우리는 자신의 선택과 잘못에 대하여 하나님의 끊임없는 개입을 통해 인도됩니다. 자녀들이 부모에 의지해서 훈련받듯이 말입니다. 내가 결심하고 노력하는 것이 원인과 이유가 되어 그렇게 되는 것이 아니라 하나님이 우리를 인도하여 그렇게 하도록 만드십니다. 끊임없는 개입과 교정과 복 주심과 인도하심 덕분에 우리가 본성적으로 가지는 죄성과 죄의 습관들로부터, 또 많은 시행착오와 혹독한 죄의 결과들로부터 결국에는 방향을 꺾고 하나님이 원하시는 길로 나가는 것입니다.

그런데 이것을 마치, 내가 죄를 거부하고 내 의지로 결심하여 거룩한 길을 쫓아간 것처럼 생각하면 하나님과 사람이 서로 협동한다는 식의 오해가 일어날 수 있습니다. 현실적으로 신앙의 승리들은 결심과 의지에 의한다기보다는 많은 실패를 겪음으로 일어납니다. 우리는 거룩한 결심과 의지로써 신앙의 승리를 경험하지 않습니다. 사람은 결심하고 각오해도 다시 죄를 짓습니다. 이렇게 죄를 지음으로써 끊임없이 손목이 잘리고 불에 타고 혼나고 움츠

러들 때 내밀 곳이라고는 이쪽밖에 없는 까닭에 밀리고 밀려 거룩함의 길에 들어서는 것입니다.

이에 대해서 우리는 내가 마치 죄를 거부하고 내가 결심하여 의의 길에 서서 걷는 것처럼 생각합니다. 그렇지 않습니다. 하나님이 가시철망을 쳐 놓기도 하시고 전기 고문을 가하기도 하셔서 우리를 그쪽으로 못 가게 하심으로써 우리에게는 선택의 여지가 없어서 결국 거룩함과 의의 길로 여기까지 나와 앉아 있게 되었다고 생각해야 합니다.

우리는 하나님의 능력과 사랑, 그분의 신실함과 거룩함을 늘 소원합니다. 그것이 필요합니다. 이를 알게 하시는 이가 하나님이십니다. 이렇게 알게 된 것을 선택하도록 하나님이 끝없이 우리의 자유로운 의지 속에서 개입하십니다. 그리하여 내가 선택한 죄의 결과가 무엇인지를 알게 하시고 그 결과를 현실 속에서 보게 하셔서 어찌할 수 없게 만들어서라도 우리로 하나님의 뜻을 따르게 하십니다. 그때 하나님이 주시는 위로와 보상은 세상이 주는 거짓된 기쁨과 비교할 수 없습니다. 이러한 격려와 위로 속에서 우리는 조금씩 그분의 개입하심과 힘에 이끌리게 됩니다. 이렇게 성화에서 모든 이유와 근거는 하나님의 은혜입니다.

그렇지만 우리에게 책임이 없다, 우리는 아무것도 안 해도 된다는 것이 아닙니다. 자녀를 어떻게 가르칩니까? 가만있도록 놔두지 않고 잘하는 길로 몰아가지 않습니까? 잘못하는 것을 막고 잘하는 길로 가게 해야지 잘못한 것을 못하게 막는 것으로만 끝내면 되겠습니까?

어느 부모가 자식이 가만히 있는 꼴을 보고만 있겠습니까? 그런 법은 없습니다. 어느 목사가 교인을 나 몰라라 두고만 보겠습니까? 교인들에게 가장 크게 요구하고 싶은 바는 이런 것입니다. '큰 올챙이가 되어 논바닥에 누워 있지 말고 개구리가 되어 나오십시오.' 아무것도 안 하고 그냥 가만히 있겠다고 할 것이 아니라 앞으로 나아가라는 것입니다.

기독교 신앙의 핵심은 여기서 끄집어낼 수 있습니다. 하나님은 우리를 그분의 자녀로 삼으시고 그냥 내버려 두지 않으시고 기어코 그분의 은혜로우심과 자비하심과 무한하신 사랑으로 그분의 신성의 거룩함과 충만함에 우리를 참여하게 하여 만족하게 하고 넘치게 하신다는 것입니다.

1 아브라함은 믿음에 관한 대표적인 인물이다. 잉태할 수 없는 나이임에도 불구하고 상속자를 주기로 약속하신 이가 이유와 조건이 되어 그 결과를 자신이 얻을 것으로 믿었기 때문이다. 아브라함은 그가 가진 육적 조건으로써 믿음의 조상이 된 것이 아니다.

2 믿음은 우리 밖에 원인이 있는 것이다. 아브라함이 하나님의 약속을 믿지 못했을 때, 그가 꾸짖음은 받았지만 하나님은 이미 선언된 그의 믿음을 취소하겠다든지 그 믿음이 잘못되었으니 그와 맺은 약속을 깨겠다고 하신 것이 아니라는 데서 믿음의 원인은 우리에게 없음이 확인된다. 그러니 믿음은 은혜라는 말이자, 약속이라는 말이다.

3 믿음은 하나님의 은혜로써 자라난다. 우리는 거룩한 결심과 의지로써 신앙의 승리를 하는 것이 아니다. 사람은 결심하고 각오해도 다시 죄를 짓는다. 자신의 선택과 잘못에 대하여 하나님의 끊임없는 개입을 받음으로써 우리는 그 앞으로 인도된다. 그러니 믿음은 은혜로써 커 나가는 것이다.

4 성화가 하나님과 인간의 협동 사역이라고 말해서는 안 되는 핵심적 이유는 무엇인가?

8

민음의 승리

내가 그리스도와 함께 십자가에 못 박혔나니 그런즉 이제는 내가
사는 것이 아니요 오직 내 안에 그리스도께서 사시는 것이라 이제
내가 육체 가운데 사는 것은 나를 사랑하사 나를 위하여 자기 자신
을 버리신 하나님의 아들을 믿는 믿음 안에서 사는 것이라 (갈 2:20)

본문 말씀은 지금까지 생각해 온 성화의 신비에 있어서 가장 중요한 성경 본문이고, 중요한 신앙의 내용입니다. 그래서 내 안에 그리스도께서 사시는 것이 어떻게 내 것이 되는가를 여태껏 확인해 온 것입니다. 그렇지만 믿음을 유효하게 하려고 내 진심과 열심을 동원하는 것은 정답이 아니라는 사실도 확인했습니다.

구원의 믿음에 대한 큰 오해

우리가 믿음에 대해서 가지는 일반적인 이해가 있습니다. 그것은 신을 감동시키고 만족시키려는 종교적 행위로 이해됩니다. 기독교인들마저도 하나님을 향한 믿음의 확인을 이렇게 본성적으로 자기 진심과 열심으로써 확보하려고 합니다.

저도 해 본 일이고 다수가 이 방법을 써 봤을 것입니다. 더 열심히 기도하고, 진심으로 밤을 새워 기도하고, 금식을 하고, 세상일을 잠시 접고 깊은 산속에 들어가 오직 하나님만을 찾는 노력도 해 보았을 것입니다. 그래서 답을 얻은 사람들도 있습니다. 그 사람들에 대해서는 할 말이 없습니다. 저는 답을 못 얻은 사람이기 때문에 못 얻은 사람 쪽에서 이야기할 뿐입니다. 그렇게 해서 답을 얻은 사람들에 대해서는 그들이 복되다고 생각합니다.

그런데 만일 그것이 정답이라면 우리 모두의 열심과 진심에 대하여 하나님은 벌써 답하셨을 것이고, 우리의 고민들은 없어졌을 것입니다. 문제는 그렇지 않은 쪽이 다수이며, 기독교 신앙에서 기본적인 전제도 하나님의 약속이 진실하다는 데에 있기 때문입니다. 이런 차원에서 저도 평생 이 문제를 가지고 씨름했습니다.

지금 기억나는 것이 있는데 어렸을 때에 황당했던 사건이 있었습니다. 초등학생 때 하루는 집에서 친구들과 놀다가 샤워를 해야 할 일이 생겼습니다. 수돗물이 안 나오는 것입니다. 그때 기도했습니다. '하나님, 간절히 기도했는데 왜 물이 안 나옵니까?' 그 황당함이란 참으로 놀라운 것이었습니다.

제가 부목사로 섬기던 어느 교회에서 있었던 일입니다. 어떤 가족이 택시를 타고 교회를 오다가 그중 아버지가 교통사고로 돌아가셨습니다. 처음에는 의식이 있어서 병원으로 옮겼지만 출혈이 점점 심해져서 다음 날 돌아가셨습니다. 가족들이 모두 매달려서 기도했고, 어린 딸도 정말 열심히 기도했는데 아버지가 돌아가시는 모습을 본 것입니다. 그 어린 딸의 당황함은 이루 말할 수 없었을 것입니다. 기도하면 들어주신다고 했는데, 믿고 구하면 들어주신다고 했는데 그만 돌아가신 것입니다. 이런 일들이 제게는 평생 숙제거리였습니다.

내가 무엇을 잘못하고 있는 것인가, 아니면 우리가 성경의 답을 못 찾고 있는 것인가? 이런 문제에 대한 해답을 찾아가면서 기본적으로 구원 자체에 대한 우리의 이해가 너무나 짧다는 사실까지 알게 되었습니다. 로마서 5장으로 가 봅시다.

그러므로 우리가 믿음으로 의롭다 하심을 받았으니 우리 주 예수 그리스도로 말미암아 하나님과 화평을 누리자 또한 그로 말미암아 우리가 믿음으로 서 있는 이 은혜에 들어감을 얻었으며 하나님의 영광을 바라고 즐거워하느니라 (롬 5:1-2)

예수 그리스도로 말미암아 이미 구원을 얻었고 또 지금 믿음 안에 서 있으며 장차 미래적 완성으로서 하나님의 영광을 바라고 있습니다. 이렇게 구원이 세 가지 시제로 설명됩니다. 즉 얻은 구원, 얻고 있는 구원, 얻을 구원이 다 예수 그리스도 안에서 확보되어 있다고 합니다. 그런데 이어지는 구절에서 환난이라는 말이 등장합니다.

다만 이뿐 아니라 우리가 환난 중에도 즐거워하나니 이는 환난은 인내를, 인내는 연단을, 연단은 소망을 이루는 줄 앎이로다 (롬 5:3-4)

하나님의 영광을 바라는 자리까지 가는 데는 환난이 있다고 말합니다. 그런 보편적인 방법을 통해서 그 자리에 간다고 이야기합니다. 이렇게 환난 속에서 인내하고 연단을 거쳐 하나님의 영광이라는 완성이 우리에게 주어지고 소망을 이룬다고 합니다. 그러면 이 소망은 무엇에 근거하여 이루어진다고 말씀합니까?

소망이 우리를 부끄럽게 하지 아니함은 우리에게 주신 성령으로 말미암아 하나님의 사랑이 우리 마음에 부은 바 됨이니 우리가 아직 연약할 때에 기약대로 그리스도께서 경건하지 않은 자를 위하여 죽으셨도다 의인을 위하여 죽는 자가 쉽지 않고 선인을 위하여 용감히 죽는 자가 혹 있거니와 우리가 아직 죄인 되었을 때에 그리스도께서 우리를 위하여 죽으심으로 하나님께서 우리에 대한 자기의 사랑을 확증하셨느니라 (롬 5:5-8)

이 구절들에 따르면 우리에게 약속된 소망 즉 구원의 결국과 구원의 완성이 어떻게 실패 없이 이루어진다고 말씀합니까? 이 일이 우리의 능력이나 자격을 근거로 된다고 말합니까? 그렇지 않습니다. 그것은 하나님의 사랑에 근거를 둔 것이라고 이야기합니다. 이것은 굉장히 중요한 문제입니다.

구원을 얻은 하나님의 자녀들에게는 그 시작부터 하나님의 사랑이 이유이고 근거입니다. 하나님의 의지와 사랑으로 출발한 하나님의 신실하신 약속과 기뻐하심이 우리의 구원을 이루고 완성할 유일한 근거라고 가르칩니다. 그러나 앞에서 "다만 이뿐 아니라 우리가 환난 중에도 즐거워하나니 이는 환난은 인내를, 인내는 연단을, 연단은 소망을 이루는 줄 앎이로다"라고 한 곳에서는 환난이 우리의 현실이라고 말합니다. 우리는 환난 속에서 인내하고 연단을 받습니다. 인내하고 연단을 받는 중이라는 것은 아직 완성을 받지 못한 자에게는 이것이 좌절을 가져올 수 있다는 이야기가 됩니다.

우리는 내가 믿음을 갖추면 당연히 결과가 따를 것이라고 기대하지 않습니까? 우리가 제대로 된 믿음을 소유하면 하나님이 확신과 평화와 결과를 주실 것이라고 기대하지 않습니까? 하지만 그렇지 않은 사실에 대하여 우리는 속상해합니다. 그때 무슨 생각이 듭니까? '내가 제대로 가고 있는가? 나에게 시작된 구원이 진짜 구원이고, 내가 그 약속된 결과까지 갈 수 있을 것인가?' 이런 의심이 늘 붙어 다니지 않습니까?

그래서 곧바로 이어지는 말씀에서 '소망이 우리를 부끄럽게 하지 아니함은 우리에게 주신 성령으로 말미암아 하나님의 사랑이 우리 마음에 부은 바' 되었다고 합니다. 하나님의 사랑으로 우리를 확신시킨다는 것이 아니라 시작부터 하나님이 이유이시지 않았느냐? 하나님의 열심이 이유였지 않았느냐? 그러니 그 결국도 하나님이 만들어 내실 것이니 걱정하지 말라, 바로 이것입니다.

그러면 이제 우리가 그의 피로 말미암아 의롭다 하심을 받았으니 더욱 그로 말미암아 진노하심에서 구원을 받을 것이니 (롬 5:9)

원수 되었을 때, 가장 나빴을 때 구원을 주셨습니다. 그때는 우리가 하나님을 알지도 못했을 때이니 제일 나쁜 상태였습니다. 지금은 거기서 벗어났지만 알고도 죄를 짓고 조마조마하는 것 아닙니까? 이 비교가 되십니까? 지금 의심하고 연약해진 상태일지라도, 원수 되었을 때도 구원하셨는데 그때보다는 지금이 훨씬 낫지 않느냐, 그런 수준에 있는데 왜 절망하냐는 이야기입니다.

곧 우리가 원수 되었을 때에 그의 아들의 죽으심으로 말미암아 하나님과 화목하게 되었은즉 화목하게 된 자로서는 더욱 그의 살아나심으로 말미암아 구원을 받을 것이니라 (롬 5:10)

'아들을 죽여서 우리를 구원하셨다면 예수 그리스도의 부활의 능력과 살아서 편드시는 그리스도의 사역으로는 얼마나 더 큰 힘과 보호를 받겠느냐.' 이 두 가지 대조의 평행을 아시겠습니까? 우리는 자꾸 예수께서 십자가를 지셨다는 사실을 놓칩니다. 우리에게 자격이 있어서 보상을 받았다고 생각합니다. 스스로를 괜찮은 사람이라고 생각합니다. 이 괜찮은 사람이 더 괜찮아져야 된다고 생각합니다. 그런데 괜찮지 않은 것이 확인되면 기겁합니다. 우리는 옛날에도 괜찮지 않았고, 지금도 괜찮지 않습니다. 예전에도 한없이 은혜가 필요했고 지금도 한없이 은혜가 필요합니다.

구주와 함께 나 죽었으니 구주와 함께 나 살았도다
영광의 그날에 이르도록 언제나 주만 바라봅니다

맘속에 시험을 받을 때와 무거운 근심이 있을 때에
주께서 그때도 같이하사 언제나 나를 도와주시네

뼈아픈 눈물을 흘릴 때와 쓰라린 맘으로 탄식할 때
주께서 그때도 같이하사 언제나 나를 생각하시네

내 몸의 약함을 아시는 주 못 고칠 질병이 아주 없네
괴로운 날이나 기쁜 때나 언제나 나와 함께 계시네

(찬송가 407장)

이 찬송 시가 나오게 된 일화가 있습니다. 미국 시카고세계무역
박람회에 참석한 런던 출신 평신도 설교자인 헨리 발리(H. Varley,
1835-1912)가 친구인 다니엘 휘틀(D. W. Whittle, 1840-1901)에게 '나
는 매시간 당신이 필요합니다'(I Need Thee Every Hour)라는 찬송이
맘에 들지 않는다고 했습니다. 왜냐하면 그는 주님이 매시간 필요
한 것이 아니라 매 순간 필요하기 때문이라고 했습니다. 이 말에
영감을 얻은 휘틀이 이 찬송 시를 썼다고 전해집니다. 매시간, 매
순간 주님이 필요합니다.

무슨 이야기인지 아시겠습니까? 매 순간 우리는 절망하고 한순
간도 신앙생활을 만족스럽게 유지할 실력이 없습니다. 로마서 5장
은 예수님이 죽음으로써 주신 은혜가 백이라면 부활로써 주시는
은혜는 몇 갑절이나 더 되지 않겠느냐, 이런 두 대조를 가진 평행
법으로써 우리로 확인하게 합니다.

그뿐 아니라 이제 우리로 화목하게 하신 우리 주 예수 그리스도로

말미암아 하나님 안에서 또한 즐거워하느니라 (롬 5:11)

가족 관계로 부르심

로마서 5장은 우리가 믿음으로 구원을 얻었음이 방법과 조건으로 된 것이 아니라 하나님과의 관계에서 사랑으로 부름을 받은 것이라고 합니다. 이것은 법적인 관계가 아니라 믿음의 관계라는 자리로 부름을 받는 것이라고 설명하고 있습니다. 이 문제는 로마서 7장과 8장을 연결하는 가장 중요한 주제입니다.

내 속사람으로는 하나님의 법을 즐거워하되 내 지체 속에서 한 다른 법이 내 마음의 법과 싸워 내 지체 속에 있는 죄의 법으로 나를 사로잡는 것을 보는도다 오호라 나는 곤고한 사람이로다 이 사망의 몸에서 누가 나를 건져내랴 (롬 7:22-24)

이것은 굉장한 탄식입니다. 그리고 이 탄식에 대한 답이 다음 구절에 곧바로 나옵니다. '우리 주 예수 그리스도로 말미암아 하나님께 감사하리로다'(롬 7:25). 이 말은 하나님이 예수 그리스도 안에서 하나님이 자기를 건져 내셨다는 뜻입니다. 그리고 바로 뒤이어 무슨 이야기가 따라 나옵니까?

그런즉 내 자신이 마음으로는 하나님의 법을 육신으로는 죄의 법을
섬기노라 (롬 7:25 하)

여기서 '그런즉'은 위에서 말한 내용을 다시 확인하는 표현입니다.
'그런즉'은 앞말을 부정하는 '그러나'와는 다릅니다. 어느 쪽으로
확인하는지 보십시오. '내 자신이 마음으로는 하나님의 법을 육신
으로는 죄의 법을 섬기노라.' 이처럼 그가 가진 능력은 법 아래 있
어서 그의 능력으로는 그 법을 이길 수가 없습니다. 그에게 있어
서 해답은 어디에 있습니까? 예수 그리스도 안에 있습니다. 예수
그리스도 안에 있지 자기한테 있지 않습니다. 로마서 8장을 보겠
습니다.

그러므로 이제 그리스도 예수 안에 있는 자에게는 결코 정죄함이
없나니 (롬 8:1)

왜 정죄함이 없습니까? 예수 그리스도 안에 있는 자들은, 하나님
과 법적 관계가 아닌 은혜와 믿음과 사랑의 관계로 부름을 받기
때문입니다. 가족이 되는 것입니다. 가족에 대하여 법을 기준으로
삼는 사람은 없습니다. 타인끼리는 법을 기준으로 삼습니다. 법에
따라 잘잘못에 대한 대가를 치러야 합니다. 잘하면 상을 받고 못
하면 벌을 받아야 합니다. 그러나 가족은 이런 법적 관계가 아닌
사랑과 신뢰의 관계입니다.

법적으로 용서받을 수 없는 일이 가족 관계에서는 넘어가게 됩니다. 믿음과 사랑의 관계로 부름을 받았기 때문입니다. 그래서 예수 그리스도 안에 있는 자에게는 결코 정죄함이 없습니다. 정죄함이 없다는 것은 법을 기준으로 삼지 않는다는 말입니다. 그것을 고린도전서 15장에서 확인할 수 있습니다.

나팔 소리가 나매 죽은 자들이 썩지 아니할 것으로 다시 살아나고 우리도 변화되리라 이 썩을 것이 반드시 썩지 아니할 것을 입겠고 이 죽을 것이 죽지 아니함을 입으리로다 이 썩을 것이 썩지 아니함을 입고 이 죽을 것이 죽지 아니함을 입을 때에는 사망을 삼키고 이기리라고 기록된 말씀이 이루어지리라 사망아 너의 승리가 어디 있느냐 사망아 네가 쏘는 것이 어디 있느냐 사망이 쏘는 것은 죄요 죄의 권능은 율법이라 (고전 15:52-56)

죗값으로 죽는 것입니다. 법이 있어야 죄가 성립되기 때문입니다. 그다음 구절입니다.

우리 주 예수 그리스도로 말미암아 우리에게 승리를 주시는 하나님께 감사하노니 (고전 15:57)

왜 이렇게 말할 수 있습니까? 예수 그리스도 안에서는 법이 적용되지 않기 때문입니다. 법으로 따지는 관계가 아닙니다. 예수 그리스도 안에 있다는 것은 하나님과 우리 사이가 더 이상 법으로 논하는 사이가 아니라 믿음과 사랑이 요구되는 사이라는 뜻입니다. 법이 잣대가 아니므로 범법이라는 것이 없습니다.

그러면 그 사이에 어떤 것이 있습니까? 사랑과 믿음이 있습니다. 그리고 미흡한 것, 연약한 것, 실족한 것도 있습니다. 우리가 이미 자녀들을 기르면서 경험했다시피 그것들은 법으로 다스리는 문제가 아닙니다. 만족할 때까지 더 많은 간섭과 더 많은 징계는 할 수 있으나 법으로 처벌하지는 않습니다. 그래서 로마서 8장은 이렇게 선언합니다.

그러므로 이제 그리스도 예수 안에 있는 자에게는 결코 정죄함이 없나니 이는 그리스도 예수 안에 있는 생명의 성령의 법이 죄와 사망의 법에서 너를 해방하였음이라 (롬 8:1-2)

생명의 성령의 법이라는 것은 사랑과 믿음의 관계를 말합니다. 따라서 생명과 성령의 법만 있을 뿐이지 죄와 사망의 법은 없습니다. 처벌하는 관계가 아니기 때문입니다. 그래서 이렇게 이어집니다.

율법이 육신으로 말미암아 연약하여 할 수 없는 그것을 하나님은 하시나니 곧 죄로 말미암아 자기 아들을 죄 있는 육신의 모양으로 보내어 육신에 죄를 정하사 육신을 따르지 않고 그 영을 따라 행하는 우리에게 율법의 요구가 이루어지게 하려 하심이니라 육신을 따르는 자는 육신의 일을, 영을 따르는 자는 영의 일을 생각하나니 육신의 생각은 사망이요 영의 생각은 생명과 평안이니라 육신의 생각은 하나님과 원수가 되나니 이는 하나님의 법에 굴복하지 아니할 뿐 아니라 할 수도 없음이라 육신에 있는 자들은 하나님을 기쁘시게 할 수 없느니라 (롬 8:3-8)

이 구절들은 굉장히 많은 오해를 받습니다. 육신을 따르는 자와 영을 따르는 자란 행위의 법칙을 가진 자와 믿음의 법칙을 가진 자라는 뜻입니다. 육에 속한 사람과 영에 속한 사람이라는 식의 표현을 워치만 니가 대표적으로 썼습니다. 그는 신자의 신앙 수준과 실력이 오직 주님의 말씀만 따르는 사람을 영에 속한 자라고 말하고, 믿음은 가졌다고 말하면서도 죄 아래 자기를 넘기는 사람을 육에 속한 사람이라고 구별했습니다.

그러나 여기서 말하는 육신을 따르는 사람이란 행위의 법칙을 따르는 자를 말합니다. 행위의 법칙을 따르는 자의 육신의 생각은 하나님과 원수가 되고 하나님에게 굴복하지 않습니다. 육신에 속한 자는 육신의 법을 가지고 있는데 그 육신의 법이란 인과율 즉 원인과 결과의 법칙을 말합니다. 자기가 원하는 결과를 자기가 원인이 되어 만족시킴으로써 결과를 이루어 내는 것을 말합니다. 이것을 인본주의라고 합니다.

그러나 성경이 말하는 바는 인간이 만들 수 있는 것을 결과로 갖게 하는 정도가 아닙니다. 하나님이 원인이 되셔서 우리를 목적

145

하신 존재로 만드십니다. 그렇게 우리를 당신의 자녀로 삼으십니다. 그래서 성경은 순종을 요구합니다. 순종이란 로봇이 되라는 것이 아니라 하나님의 것을 받아 충만해지라는 것입니다.

신적으로 충만하라는 것이 기독교에서 말하는 순종이며, 세상에서 말하는 책임이란 내가 할 수 있는 것을 하겠다는 것입니다. 내가 할 수 있는 것을 하고자 할 때에 하나님이 내 믿음을 강화시켜서, 내 종교성을 강화시켜서 어느 경지에 이르기를 바라는 식이라면 성경은 이에 응답하지 않습니다. 육신에 있는 자들은 하나님을 기쁘시게 할 수 없습니다. 왜 그렇습니까? 자기가 원인이 되어 결과를 만들려고 하는 까닭에 하나님이 원인이 되어 주시려는 것들을 받아 낼 수 없기 때문입니다.

만일 너희 속에 하나님의 영이 거하시면 너희가 육신에 있지 아니하고 영에 있나니 누구든지 그리스도의 영이 없으면 그리스도의 사람이 아니라 또 그리스도께서 너희 안에 계시면 몸은 죄로 말미암아 죽은 것이나 영은 의로 말미암아 살아 있는 것이니라 예수를 죽은 자 가운데서 살리신 이의 영이 너희 안에 거하시면 그리스도 예수를 죽은 자 가운데서 살리신 이가 너희 안에 거하시는 그의 영으로 말미암아 너희 죽을 몸도 살리시리라 (롬 8:9-11)

여기서 말하는 영이란 성령님을 말합니다. 우리가 예수 믿고 하나님의 자녀가 되는 순간 성령 하나님이 우리에게 임재하셔서 예수님이 가지셨던 별명대로, 임마누엘이 이루어집니다. 하나님의 영이 우리 안에 계셔서 우리로 확인하게 하시는 것은 하나님과 우리가 하나라는 사실입니다. 여기서 하나라는 것은 존재론적 하나가 아니라 관계성의 하나입니다. 우리는 하나님과 하나입니다. 관계성과 믿음과 은혜와 사랑의 질서로 하나이기 때문에 우리는 정죄함이 없고 영에 속한 사람입니다. 신앙이 좋아 지고한 수준에 이른 것을 가리켜 영에 속했다고 하는 것이 아닙니다. 또는 그 반대를 가리켜 육에 속했다고 하지도 않습니다.

또 그리스도께서 너희 안에 계시면 몸은 죄로 말미암아 죽은 것이나 영은 의로 말미암아 살아 있는 것이니라 예수를 죽은 자 가운데서 살리신 이의 영이 너희 안에 거하시면 그리스도 예수를 죽은 자 가운데서 살리신 이가 너희 안에 거하시는 그의 영으로 말미암아 너희 죽을 몸도 살리시리라 (롬 8:10-11)

우리의 능력과 조건을 개선하여 구원이 완성되는 것이 아닙니다. 우리를 예수 그리스도 안에서 불러내어 그분의 자녀로 삼았기 때문에, 우리가 하나님과 연합되어 성령 하나님이 우리 안에 계셔서 우리 홀로 책임지게 하지 않으시고 성령 하나님이 책임지셔서 시작하신 일을 이루고야 만다는 이야기입니다.

또 그리스도께서 너희 안에 계시면 몸은 죄로 말미암아 죽은 것이

나 영은 의로 말미암아 살아 있는 것이니라 (롬 8:10)

몸이 죄로 말미암아 죽었다는 것은 자기를 근거로 삼아 자기 힘으로 사는 것은 이제 끝났다는 말입니다. 그러나 '영은 의로 말미암아 살아' 있다는 것은 하나님의 가족이 되어 하나님의 인도하심과 복 주심과 충만하게 하심이 내 것이 되었다는 말입니다. 왜냐하면 하나님과 연합되어 예수 그리스도를 죽은 자 가운데서 살리신 이의 영이 그 안에 거하시기 때문입니다. 우리의 무능력함과 부패함과 무지함을 극복하고 하나님의 능력과 그분의 신실하심이 우리에게 이 구원을 시작하고 마침내 완성시킴으로써 실패가 없을 것이라는 이야기입니다.

관계로 확인되는 믿음

이 이야기가 갈라디아서 2장 20절에서는 이렇게 나옵니다.

내가 그리스도와 함께 십자가에 못 박혔나니 그런즉 이제는 내가 사는 것이 아니요 오직 내 안에 그리스도께서 사시는 것이라 이제 내가 육체 가운데 사는 것은 나를 사랑하사 나를 위하여 자기 자신을 버리신 하나님의 아들을 믿는 믿음 안에서 사는 것이라 (갈 2:20)

'난 예수 안에 있다. 난 하나님과 연합되어 있다. 성령 하나님이 내 운명을 책임지신다.' 그 이야기를 하고 있습니다. 그러니까 이 믿음은 나의 신앙적인 순수함과 열정으로 확인되는 것도 아니고, 그렇게 해서 보상을 받는 경지도 아닙니다. 구원 얻은 자들은 모두 하나님과 이 관계에 들어와 있는 것이고, 이 관계에 들어와 있지 않으면 구원을 이룬 것이 아닙니다. 그런데 우리는 어떻게 믿음을 내 것으로 만들 것인가, 어떻게 확신을 가질 것인가, 어떻게 내 신앙 현실에 유효한 결과를 가져올 것인가 하는 문제로 고민합니다.

하나님과의 연합은 로마서 6장에서 이렇게 강조되어 나옵니다.

만일 우리가 그리스도와 함께 죽었으면 또한 그와 함께 살 줄을 믿노니 이는 그리스도께서 죽은 자 가운데서 살아나셨으매 다시 죽지 아니하시고 사망이 다시 그를 주장하지 못할 줄을 앎이로라 (롬 6:8-9)

사망이 예수님을 주장하지 못하는 이유는 사망으로 그분을 붙잡아 놓을 수가 없기 때문입니다. 마치 노아 홍수 때에 노아의 방주가 물에 잠기지 않고 뜬 것처럼 사망이 예수님을 삼킬 수 없었습니다. 물이 배를 삼키지 못하듯 사망이 예수님을 삼킬 수 없어서 예수 그리스도 안에 있는 자들은 사망이 삼키지 못합니다. 노아의 방주 안에 들어가 있는 자들을 물이 삼키지 못했듯이 예수 그리스도 안에 있는 자들은 사망이 삼키지 못합니다.

로마서 8장이나 로마서 5장에서 본 바와 같이, 우리가 하나님과 관계를 맺고 있기 때문에 사망이 우리에게 영향을 미칠 수 없습니다. 우리는 하나님과, 믿음과 은혜와 사랑의 관계에 있기 때문입니다.

그가 죽으심은 죄에 대하여 단번에 죽으심이요 그가 살아 계심은 하나님께 대하여 살아 계심이니 이와 같이 너희도 너희 자신을 죄에 대하여는 죽은 자요 그리스도 예수 안에서 하나님께 대하여는 살아 있는 자로 여길지어다 (롬 6:10-11)

죄에 대하여 죽었다는 것을 법의 기준과 법의 질서로 생각하지 마십시오. 생명과 은혜와 사랑의 질서에서 하나님을 생각하는 자가 되십시오. 법 아래 있었던 것은 하나님이 누구인지 몰랐을 때였습니다. 하나님이 누구신지 모른다는 것은 하나님이 우리의 창조주시고 우리의 필요에 유일한 근원이 되신다는 것을 몰랐다는 말입니다. 요한복음 15장의 포도나무 비유에서처럼 가지가 포도나무에 붙어 있지 않으면 죽을 수밖에 없습니다.

하나님이 누구신지를 안다는 것이 구원의 내용이요, 창조의 내용이요, 우리에게 유일한 복입니다. 우리는 하나님에게 속한 모든 것으로 충만하게 되는 자들입니다. 그래서 우리의 신앙은 하나님과의 관계로 확인됩니다. 믿음과 은혜와 사랑으로 확인해야 합니다.

그런데 믿음을 공로로 끌고 가서, 법으로 끌고 가서, 원인과 결과의 법칙으로 끌고 가서 '나 이렇게 순수하게 믿고 열심을 냈으니 확인시켜 주십시오'라고 말합니다. 그렇게 되면 믿음이 조건이 되고 공로가 되어 믿음 자체가 내용이 아닌 다른 것들로 대체되고 맙니다. 즉 확신, 마음의 평화, 능력, 결과 이런 것들이 됩니다.

부모가 자식한테 공부를 잘해서 일등을 하면 자전거를 사 주겠다고 약속할 때, 그 자전거가 목적이 되는 것입니까? 아닙니다. 공부가 목적입니다. 자전거는 하나의 상품입니다. 상품이 목적이 아니라 공부를 잘하는 것이 목적입니다.

믿음이 좋다는 것은 하나님과 나와의 관계가 깊어졌다는 것을 말합니다. 하나님이 내 아버지라는 사실입니다. 자녀들이 저지르는 잘못 중에 가장 큰 잘못이 무엇입니까? 집을 나가는 것입니다. 신자들의 죄 중에 제일 큰 죄는 자살입니다. 왜냐하면 하나님을 더 이상 믿지 않는 것이기 때문입니다. 하나님이 자기를 사랑한다는 것을 포기하고 스스로 목숨을 끊는 것이기 때문입니다. 그래서 자살은 최고의 죄입니다.

누군가는 이렇게 말하기도 합니다. 남을 죽인 자는 사형 언도를 받고 회개할 기회라도 남아 있지만 자기가 자기를 죽이면 기회가 없으므로 최고의 죄라고 합니다. 내가 나를 죽일 만큼, 내가 몹쓸 놈이라고 생각하고 아무 방법도 없고 소망도 없다고 생각하여 자기 혼자 책임지겠다는 것이니, 큰 죄입니다.

이와 같이 너희도 너희 자신을 죄에 대하여는 죽은 자요 그리스도

예수 안에서 하나님께 대하여는 살아 있는 자로 여길지어다 그러므
로 너희는 죄가 너희 죽을 몸을 지배하지 못하게 하여 몸의 사욕에
순종하지 말고 또한 너희 지체를 불의의 무기로 죄에게 내주지 말
고 오직 너희 자신을 죽은 자 가운데서 다시 살아난 자 같이 하나님
께 드리며 너희 지체를 의의 무기로 하나님께 드리라 죄가 너희를
주장하지 못하리니 이는 너희가 법 아래에 있지 아니하고 은혜 아
래에 있음이라 (롬 6:11-14)

하나님과의 관계 문제입니다. 문제를 윤리나 도덕으로 풀 것이 아
니라 하나님과의 관계로 풀어야 합니다. 죄는 하나님을 슬프게 하
는 것입니다. 하나님이 기뻐하지 않으시는 것입니다. 그중에 제일
큰 것은 하나님을 믿지 않는 것입니다. 그래서 자살 문제를 생각
한 것입니다.

죄가 너희를 주장하지 못하리니 이는 너희가 법 아래에 있지 아니
하고 은혜 아래에 있음이라 그런즉 어찌하리요 우리가 법 아래에
있지 아니하고 은혜 아래에 있으니 죄를 지으리요 그럴 수 없느니
라 (롬 6:14-15)

우리가 은혜를 강조하면 책임 소재라는 문제가 꼭 뒤따라옵니다.
그러나 우리는 율법주의도 배격하고 공로주의도 배격합니다. 믿
음은 조건이 아니라 그 자체가 내용입니다. 믿음을 바쳐, 노력을

바쳐, 공로를 바쳐 하나님 앞에 보상을 받겠다고 하는 것은 신앙 생활이 아닙니다.

모든 것을 하나님에게 요구하고 구해야 한다는 것은 무엇입니까? 도우심을 요구하는 것도 아니고, 약한 믿음을 강하게 하는 것도 아닙니다. 하나님만이 하나님이 지으신 인간의 진정한 내용을 주시는 유일한 분이시요, 그것은 우리가 만들어 낼 수 있는 차원을 상회한다는 뜻입니다. 그렇다고 이제 아무것도 안 해도 되겠다고 생각한다면 놓치는 것이 있습니다. 믿음과 애정의 관계가 법적인 관계보다 더 많은 것을 요구한다는 사실을 놓칩니다.

우리는 다른 사람들이 나한테 법적으로 해를 끼치지 않는 이상, 또는 공공질서를 파괴하지 않는 이상 그들이 게으르거나 무식한데 대하여 관여하지 않습니다. 그러나 내 자식이 무식한 것은 그냥 내버려 두지 않습니다. 아버지나 어머니가 사랑과 은혜가 많으신 분이니 나는 놀아도 되겠다고 생각한다면, 부모가 그냥 놔둡니까? 부모의 사랑은 자식을 들볶는 것으로 나타납니다. 내버려 두지 않습니다. 그래서 자녀는 고단합니다.

가만 놔두지 않으심

왜 로마서 5장에서 환난이 등장했습니까? 하나님이 당신의 자녀로 부른 자녀들을 볶으시기 때문입니다. 그래서 히브리서 12장에

153

서 무슨 이야기를 합니까?

너희가 죄와 싸우되 아직 피흘리기까지는 대항하지 아니하고 또 아들들에게 권하는 것 같이 너희에게 권면하신 말씀도 잊었도다 일렀으되 내 아들아 주의 징계하심을 경히 여기지 말며 그에게 꾸지람을 받을 때에 낙심하지 말라 주께서 그 사랑하시는 자를 징계하시고 그가 받아들이시는 아들마다 채찍질하심이라 하였으니 너희가 참음은 징계를 받기 위함이라 하나님이 아들과 같이 너희를 대우하시나니 어찌 아버지가 징계하지 않는 아들이 있으리요 징계는 다 받는 것이거늘 너희에게 없으면 사생자요 친아들이 아니니라 (히 12:4-8)

여기에서 '너희가 참음은 징계를 받기 위함이라'는 표현은 하나님이 우리를 데리고 노시는가 하는 생각이 들 정도로 이상합니다. 그러나 '징계'라는 말은 '자식 만들기'라는 뜻입니다. 그래서 이렇게 바꾸어 읽어 보겠습니다. '너희가 참음은 자식으로 만들어지기 위함이라 하나님이 아들과 같이 너희를 대우하시나니 어찌 아버지가 징계하지 않은 아들이 있으리요 자식으로서의 훈련은 다 받는 것이거늘 너희에게 이 훈련이 없으면 사생자요 친아들이 아니니라.'

하나님이 우리를 당신의 자녀로 대우하시고, 사랑하시고, 구원하시고, 간섭하시기 때문에 신자들의 신앙 현실은 실제로 고달프며 실패처럼 보입니다. 그러나 우리가 살펴본 바와 같이 하나님이 우리를 믿음과 은혜와 사랑의 관계 속에서 부르셨기 때문에, 우리를 훈련하시고 다듬고 채우시기 때문에 우리에게 고달픈 일이 일어납니다. 그 가장 중요한 첫 번째 작업은 하나님이 우리 자신의 의를 깨시는 것입니다. 자기에게 근거를 두려는 원인과 결과의 법칙을 깨고, 믿음과 은혜와 사랑의 법칙에 들어와 순종하는 자가 되게 하십니다. 그래서 자기 의를 깨는 작업을 많이 하십니다. 우리는 다윗과 베드로와 바울을 통해서 이 문제를 살펴볼 것입니다.

하나님은 이 사람들을 영웅화하지 않으십니다. 그들에게 능력을 주어 채우지 않으십니다. 저들로 자기가 누구인가, 하나님이 어떤 분이신가를 확인하게 하여 오직 하나님에게만 매달리게 하십니다. 그들이 포도나무에 붙은 가지가 되어 하나님의 모든 충만하심으로 충만하게 된다고 증언하는 성경의 가르침을 확인하시기 바랍니다.

신앙 현실에서 늘 확인해야 할 문제는 이것입니다. '내 진심은 왜 받아들여지지 않는가? 내 열심에 대하여 왜 하나님은 응답하지 않으시는가?' 자신의 열심으로써 하나님 앞에 보상을 받아 내려는 것은 신앙의 내용이 될 수 없습니다. 하나님과 나의 관계가 예수 그리스도 안에서 확보되었으니 그런 믿음을 가지고 하나님의 사랑을 의심하지 말고 하나님이 나를 당신의 자녀로 만들고 계신다는 것을 내용으로 삼아야 합니다. 하나님이 내게 행위의 법칙을 요구하지 않으시고 하나님에게 순종하고 믿음을 지키게 하는 것으로 내용을 삼아야 합니다.

155

우리가 혹 이제까지 오해하여 가졌던 절망과 한숨과 낙심과 체념이 있었다면 이 말씀들로 분명히 정리하셔서 우리는 하나님을 혹 잊을지라도 하나님은 우리를 잊지 않으신다는 것을 기억하십시오. 우리가 하나님 앞에 무언가를 바쳐야 할 것이 아니라 하나님이 우리에게 주신다는 것을 기억하십시오. 사무엘이 사울을 꾸짖을 때 순종이 제사보다 낫다고 한 말씀이 성경에 명확히 선언되었다는 것을 기억하기 바랍니다.

요점과 확인

1 우리는 구원의 믿음에 대하여 크게 오해하는 것이 있다. 우리는 믿음을 자신의 진심이나 열심으로써 확보하려는 본성 탓에 하나님의 사랑이 믿음의 근거라는 사실을 놓치고 만다.

2 우리는 믿음의 관계로 부름을 받은 자들이다. 그것은 우리가 법 아래가 아닌 은혜 아래 놓여 있기 때문이다. 따라서 그리스도 안에 있는 자들에게는 결코 정죄함이 없다. 그들은 육신에 속한 자가 아닌 영에 속한 자들이다.

3 우리의 믿음은 하나님과의 관계로 확인되어야 한다. 하나님만이 구원의 내용이요, 창조의 내용이요, 유일한 복이기 때문에 하나님과 나와의 관계를 바로 아는 것이 좋은 믿음이다. 제일 큰 죄는 하나님을 믿지 않는 것이다.

4 하나님은 왜 우리를 가만 놔두지 않으시는가?

II

성화를 —— 어떻게 이룰 것인가

9

다윗, 오직 은혜로

다윗이 블레셋 사람에게 이르되 너는 칼과 창과 단창으로 내게 나
아 오거니와 나는 만군의 여호와의 이름 곧 네가 모욕하는 이스라
엘 군대의 하나님의 이름으로 네게 나아가노라 오늘 여호와께서
너를 내 손에 넘기시리니 내가 너를 쳐서 네 목을 베고 블레셋 군
대의 시체를 오늘 공중의 새와 땅의 들짐승에게 주어 온 땅으로 이
스라엘에 하나님이 계신 줄 알게 하겠고 또 여호와의 구원하심이
칼과 창에 있지 아니함을 이 무리에게 알게 하리라 전쟁은 여호와
께 속한 것인즉 그가 너희를 우리 손에 넘기시리라 블레셋 사람이
일어나 다윗에게로 마주 가까이 올 때에 다윗이 블레셋 사람을 향
하여 빨리 달리며 손을 주머니에 넣어 돌을 가지고 물매로 던져 블
레셋 사람의 이마를 치매 돌이 그의 이마에 박히니 땅에 엎드러지
니라 (삼상 17:45-49)

우리는 지금 성화를 다루는 내용에서 신자들의 삶이 예수 그리스도 안에 있는 믿음으로 승리하며 산다는 것에 대하여 생각하고 있습니다. 그러나 예수 그리스도 안에 있는 믿음으로 산다고 할 때 우리가 진심과 소원은 가졌음에도 불구하고 현실 속에서 믿음의 승리를 경험하지 못하는 문제를 겪습니다.

이런 믿음을 확보하고 싶어서 더 많은 열심과 더 분명한 진심을 확인하는 작업을 해 봅니다. 이것은 대부분의 성도들이 취하는 유일한 선택일 것입니다. 철야도 해보고, 금식도 해보고, 봉사도 해봅니다. 이렇게 함으로써 세상 현실에서 분리된 하나님과의 더 깊은 교제를 갖고 싶어 합니다. 그래도 답은 쉽게 얻어지지 못할뿐 아니라 열심을 내고 또 열심을 내 보지만 그런 믿음이 확보되지 않아 괴로워합니다. 이것이 바로 많은 성도들이 갖는 고민일 것입니다.

다윗의 신앙을 오해함

이런 고민들은 적어도 자기 믿음이 어느 정도 되면 만족하리라는 기준에 근거하여 나온 불만들입니다. 그 기준은 당연히 다윗이 골리앗을 물리친 믿음의 모습과 담대함과 확고함입니다. 우리가 다윗 같은 결신이 없고 다윗 같은 소원이 없는 것이 아니라 우리의 열심들이나 진심들이 이런 성과를 못 내지만 다윗은 그런 성과를 거두었기 때문에 생기는 고민들입니다. 다윗의 믿음과 우리의 믿음에는 분명한 차이가 있습니다. 그래서 거기에는 어떤 비밀이 있는 것이 아닌지, 도대체 어떤 문제가 있어서 나는 다윗의 승리를 쟁취하지 못하는지, 이런 고민들이 점점 쌓여 갑니다.

대표적인 사건으로 다윗이 골리앗을 물리친 사건을 들었지만 예를 더 들자면 다니엘이 사자 굴에 들어간 일이나 다니엘의 세 친구가 풀무 불에 들어간 것이 우리에게는 다 부러운 일들입니다. 그래서 소원하는 믿음의 한 이상이요, 완벽한 그림들입니다.

신약성경을 열면 맨 처음에 예수 그리스도를 아브라함과 다윗의 자손이라고 소개합니다. 이렇게 그 장을 열면서 예수 그리스도를 아브라함의 믿음과 다윗에게 허락하신 은혜의 핵심으로 소개합니다. 우리는 앞에서 아브라함의 믿음이 어떤 것인지에 대하여 살펴보았습니다. 믿음이란 인과율에 속한 것이 아니며 하나님이 원인이 되시고 그 결과를 우리에게 주시는 것임을 확인했습니다.

성경이 다윗을 논할 때 골리앗을 물리친 이후 이 골리앗 사건을 가지고 그를 설명하지 않는다는 데 주의해야 합니다. 다윗을 논할 때는 전혀 다른 것으로 언급합니다. 조금 더 이해를 돕기 위해서 사무엘하 5장으로 가 보겠습니다.

이스라엘 모든 지파가 헤브론에 이르러 다윗에게 나아와 이르되 보소서 우리는 왕의 한 골육이니이다 전에 곧 사울이 우리의 왕이 되었을 때에도 이스라엘을 거느려 출입하게 하신 분은 왕이시었고 여

162

호와께서도 왕에게 말씀하시기를 네가 내 백성 이스라엘의 목자가 되며 네가 이스라엘의 주권자가 되리라 하셨나이다 하니라 이에 이스라엘 모든 장로가 헤브론에 이르러 왕에게 나아오매 다윗 왕이 헤브론에서 여호와 앞에 그들과 언약을 맺으매 그들이 다윗에게 기름을 부어 이스라엘 왕으로 삼으니라 다윗이 나이가 삼십 세에 왕위에 올라 사십 년 동안 다스렸으되 헤브론에서 칠 년 육 개월 동안 유다를 다스렸고 예루살렘에서 삼십삼 년 동안 온 이스라엘과 유다를 다스렸더라 (삼하 5:1-5)

사무엘상 17장에서는 다윗이 이스라엘의 구국 영웅으로 등장합니다. 그러나 다윗은 그 후로 사울의 미움을 사 쫓겨 다니는 고난과 어려움 속에서 지내다가 사울이 죽고 나서야 이스라엘 온 지파가 그를 왕으로 인정합니다. 사무엘하 5장이 바로 그 장면을 소개하고 있습니다. 그동안 그는 수도 없는 고난 속에서 살았습니다. 심지어 적국 블레셋에 거짓 항복하여 피난처를 구하는 곤궁한 인생도 삽니다. 그리고서 사무엘하 5장에 있는 대로 왕이 되어 그가 나라를 확장하고 이웃 나라들을 쳐 복종시킵니다. 그 후 다윗은 하나님을 위하여 성전을 짓겠다는 마음을 가집니다. 그런데 하나님이 다윗에게 말씀하십니다.

가서 내 종 다윗에게 말하기를 여호와께서 이와 같이 말씀하시되 네가 나를 위하여 내가 살 집을 건축하겠느냐 내가 이스라엘 자손을 애굽에서 인도하여 내던 날부터 오늘까지 집에 살지 아니하고 장막과 성막 안에서 다녔나니 이스라엘 자손과 더불어 다니는 모든 곳에서 내가 내 백성 이스라엘을 먹이라고 명령한 이스라엘 어느 지파들 가운데 하나에게 내가 말하기를 너희가 어찌하여 나를 위하여 백향목 집을 건축하지 아니하였느냐고 말하였느냐 그러므로 이제 내 종 다윗에게 이와 같이 말하라 만군의 여호와께서 이와 같이 말씀하시기를 내가 너를 목장 곧 양을 따르는 데에서 데려다가 내 백성 이스라엘의 주권자로 삼고 네가 가는 모든 곳에서 내가 너와 함께 있어 네 모든 원수를 네 앞에서 멸하였은즉 땅에서 위대한 자들의 이름 같이 네 이름을 위대하게 만들어 주리라 내가 또 내 백성 이스라엘을 위하여 한 곳을 정하여 그를 심고 그를 거주하게 하고 다시 옮기지 못하게 하며 악한 종류로 전과 같이 그들을 해하지 못하게 하여 전에 내가 사사에게 명령하여 내 백성 이스라엘을 다스리던 때와 같지 아니하게 하고 너를 모든 원수에게서 벗어나 편히 쉬게 하리라 여호와가 또 네게 이르노니 여호와가 너를 위하여 집을 짓고 네 수한이 차서 네 조상들과 함께 누울 때에 내가 네 몸에서 날 네 씨를 네 뒤에 세워 그의 나라를 견고하게 하리라 그는 내 이름을 위하여 집을 건축할 것이요 나는 그의 나라 왕위를 영원히 견고하게 하리라 나는 그에게 아버지가 되고 그는 내게 아들이 되리니 그가 만일 죄를 범하면 내가 사람의 매와 인생의 채찍으로 징계하려니와 내가 네 앞에서 물러나게 한 사울에게서 내 은총을 빼앗은 것처럼 그에게서 빼앗지는 아니하리라 네 집과 네 나라가 내

앞에서 영원히 보전되고 네 왕위가 영원히 견고하리라 하셨다 하라

(삼하 7:5-16)

다윗은 하나님의 전을 짓겠다고 했습니다. 그러자 하나님이 나타나 뭐라고 하십니까? 부모와 자녀 사이인데 언제 자식이 부모 걱정하는 법이 있냐고 답하십니다. "내가 하나님이다. 내가 너를 걱정하고 내가 너를 돌보지 언제 내 걱정을 하라고 한 적이 있느냐?" 이렇게 나오신 것입니다.

하나님이 우리의 경배를 받으시고, 항복을 받으시고, 헌신을 받으시는 모든 일은 당신의 이익을 위하여 혹은 당신의 필요를 위하여 우리를 사용하시는 것이 아닙니다. 우리가 하나님 나라와 하나님의 영광을 위하여 무엇을 한다고 하면 그것 자체가 우리에게 복이고 자랑이지, 나 아니면 못할 일이 하나님에게 없다는 이야기입니다.

이 장면에서 우리가 확인해야 할 것은 다윗이 하나님의 마음을 가진 까닭에 보상을 주겠다고 하신 것이 아닙니다. 다윗이 하나님을 위하여 전을 짓겠다고 하자 도리어 '너희가 왜 나를 걱정하느냐, 내가 너희를 걱정해야지!' 하시는 것입니다. 기특한 마음을 가졌기에 복을 주겠다고 하신 것이 아닙니다. 하나님이 주도적으로 너와 네 나라를 굳게 하고 영원하게 하여 복을 주겠다고 하셨습니다.

그러나 잘못 읽으면 다윗의 헌신에 하나님이 응답하신 것처럼 보입니다. 전혀 그런 이야기가 아닙니다. 하나님은 우리의 경배와

165

헌신을 통해 필요를 채우는 분이 아닙니다. 하나님은 우리의 모든 필요에 근원이 되시며 그 필요에 답하시고 그 필요를 채우시는 분입니다. 그런 하나님이심을 그에게 확인시키고 다윗의 왕위를 견고하게 하겠다고 약속하십니다.

자격을 요구하지 아니하심

그 말이 갖는 의미가 무엇인가를 다윗의 생애에서 분명히 하십니다. 이것이 사무엘하 11장에 나옵니다. 11장에는 우리가 잘 아는 대로 밧세바 사건이 등장합니다. 사무엘하 7장에서 다윗이 성전을 짓겠다고 하자 하나님은 네가 왜 걱정을 하냐고 하시며 다윗의 왕권과 나라와 자손에 대한 복을 약속하심으로써 다윗으로 전부 승리하게 하십니다. 그리고 11장에 이르면 밧세바 사건 이야기가 나옵니다. 다윗이 그 사건을 저지르고 난 다음에 그는 시편 51편에서 보는 대로 이렇게 고백합니다. 어떤 의미에서는 하나님이 다윗의 정성을 받으셨다고 오해할 수도 있을 것입니다. 대부분의 성도들이 오해하는 부분입니다. 그러나 밧세바 사건 이후 다윗은 이런 고백을 합니다.

하나님이여 주의 인자를 따라 내게 은혜를 베푸시며 주의 많은 긍휼을 따라 내 죄악을 지워 주소서 나의 죄악을 말갛게 씻으시며 나

의 죄를 깨끗이 제하소서 무릇 나는 내 죄과를 아오니 내 죄가 항상 내 앞에 있나이다 (시 51:1-3)

사람에게 어떤 진심이든 기특한 생각이 있어도 그것이 밖으로 나올 때는 죄에 오염되어 나옵니다. 그래서 시편 51편에서 인간은 죄밖에 지을 줄 모르는 존재로서 죄라는 것이 우리의 본성이요, 특징이요, 그것을 피할 수 없는 운명이라고 계속 논하면서 다음에까지 도달합니다.

주께서는 제사를 기뻐하지 아니하시나니 그렇지 아니하면 내가 드렸을 것이라 주는 번제를 기뻐하지 아니하시나이다 하나님께서 구하시는 제사는 상한 심령이라 하나님이여 상하고 통회하는 마음을 주께서 멸시하지 아니하시리이다 (시 51:16-17)

여기서 제사를 원하지 않는다는 것은 우리가 하나님이 받으실 만한 것을 만들어 낼 수 있는 존재가 아니라는 뜻입니다. 우리가 하나님 앞에 상 받을 만한 일을 해서 보상을 받아 낼 수는 없습니다.
　물론 우리가 잘한 것에 대해서는 하나님이 상을 주십니다. 그것은 하나님이 잘하고 있다는 뜻에서 상을 주시는 것입니다. 그렇지 않고 우리가 상 받을 짓을 할 수 있다, 우리가 괜찮은 것을 만들어 낼 수 있다, 라고 하는 차원에서 상을 받는 것이 아닙니다. '네가 지금 말씀에 순종하고 내 뜻을 따라 살고 있구나' 하는 것을 확인해 주는 차원에서 상을 주시는 것입니다.

그래서 다윗의 고백이 어디로 향합니까? 하나님의 구하시는 제사는 상한 심령이라는 데로 나아가게 됩니다. 이 상한 심령은 우리가 만들어 낼 수 있는 것이 아닙니다. 다윗은 은혜를 구하고 긍휼을 구할 수밖에 없다는 사실을 잘 알고 있습니다.

다윗이 골리앗을 물리친 사건 이후로 사울에게 쫓겨 심하게 고생했는데도 그는 사울에게 화살 하나 쏘지 않았습니다. 사울이 죽고 나서 왕이 되어 나라를 확장한 다음 하나님 앞에 전을 짓겠다는 기특한 마음으로 다윗은 하나님에게 영원한 왕권을 약속 받습니다.

그렇지만 그 왕권이 골리앗을 물리친 다윗의 신앙이나 주님 앞에 가진 진심의 헌신들에 대한 보상은 아닙니다. 도리어 하나님은 다윗에게 내가 언제 나를 위하여 집을 지으라고 했느냐고 반문하셨습니다. 내가 너희에게 주는 것이지 너희가 나에게 해 줄 것은 없다는 차원에서 다윗의 왕권이 영원하리라고 약속하셨습니다. 다윗의 헌신과 신앙이 공로나 조건이 되어서 다윗이 보상을 받은 것이 아님을 보이시려고 사무엘하 11장의 밧세바 사건을 저지르도록 내버려 두신 셈입니다.

이런 가운데서 다윗이 깨닫습니다. 하나님은 그에게 거룩한 것, 의로운 것을 인간이 스스로 세울 수 없는 존재임을 확인시켜 주십니다. 그는 하나님이 구하시는 제사는 상한 심령이라는 것을 깨닫게 됩니다. 이것이 시편 40편에서는 조금 더 구체적으로 드러납니다.

내가 여호와를 기다리고 기다렸더니 귀를 기울이사 나의 부르짖음을 들으셨도다 나를 기가 막힐 웅덩이와 수렁에서 끌어올리시고 내 발을 반석 위에 두사 내 걸음을 견고하게 하셨도다 (시 40:1-2)

기가 막힐 웅덩이와 반석이 확연히 대조됩니다. 기가 막힐 웅덩이는 그 자신입니다. 죄인 된 인간들은 여기서 빠져나오지 못합니다.

여호와 나의 하나님이여 주께서 행하신 기적이 많고 우리를 향하신 주의 생각도 많아 누구도 주와 견줄 수가 없나이다 내가 널리 알려 말하고자 하나 너무 많아 그 수를 셀 수도 없나이다 주께서 내 귀를 통하여 내게 들려 주시기를 제사와 예물을 기뻐하지 아니하시며 번제와 속죄제를 요구하지 아니하신다 하신지라 (시 40:5-6)

하나님이 자기한테 행하신 기적이 너무 많아 이루 말할 수 없는데 그중에 최고는 주께서 자기 귀를 통하여 말씀한 것이라고 말합니다. 제사와 예물을 기뻐하지 않으시고 번제와 속죄제를 요구하지 않으신다고 합니다. 까무러칠 노릇입니다. 우리가 어떤 조건을 만족시켜야만 하나님이 보상하시는 것이 아니라는 이야기입니다. 하나님은 우리에게 이유와 원인과 자격을 요구하지 않습니다.

2부 | 성화를 어떻게 이룰 것인가

그러면서 다음과 같은 말이 붙습니다.

그 때에 내가 말하기를 내가 왔나이다 나를 가리켜 기록한 것이 두루마리 책에 있나이다 나의 하나님이여 내가 주의 뜻 행하기를 즐기오니 주의 법이 나의 심중에 있나이다 하였나이다 (시 40:7-8)

예물과 번제와 속죄제를 요구하지 않으신다는 내용 속에 누가 등장합니까? 주의 뜻을 행하러 오실 누군가가 있다고 합니다. 하나님이 우리에게 이유와 원인과 자격을 요구하지 않으시고 은혜와 긍휼을 베푸심으로써 결과를 만들어 내실 누군가가 오신다는 것입니다. 이것을 히브리서 10장에서는 예수 그리스도라고 인용하여 설명합니다. 시편 40편을 인용하는 히브리서 10장에서 그것을 확인할 수 있습니다.

그러므로 주께서 세상에 임하실 때에 이르시되 하나님이 제사와 예물을 원하지 아니하시고 오직 나를 위하여 한 몸을 예비하셨도다 번제와 속죄제는 기뻐하지 아니하시나니 이에 내가 말하기를 하나님이여 보시옵소서 두루마리 책에 나를 가리켜 기록된 것과 같이 하나님의 뜻을 행하러 왔나이다 하셨느니라 위에 말씀하시기를 주께서는 제사와 예물과 번제와 속죄제는 원하지도 아니하고 기뻐하지도 아니하신다 하셨고 (이는 다 율법을 따라 드리는 것이라) 그 후에 말씀하시기를 보시옵소서 내가 하나님의 뜻을 행하러 왔나이다 하셨으니 그 첫째 것을 폐하심은 둘째 것을 세우려 하심이라 이 뜻을 따라 예수 그리스도의 몸을 단번에 드리심으로 말미암아 우리가 거룩함을 얻었노라 (히 10:5-10)

다윗이 알았다고 한 분은 누구입니까? 그는 예수 그리스도이십니다. 하나님이 은혜와 긍휼을 우리에게 베푸시기 위하여 대속자 곧 메시아라는 구원자를 세워 주시겠다는 것입니다. 다윗이 이를 알고 있습니다.

그래서 다윗 왕권의 견고함은, 다윗 자신이 가진 자격과 조건에 있지 않고 하나님이 예수 그리스도로 말미암아 무한히 베푸실 은혜와 긍휼 속에 참여할 모든 자를 통해 예수 그리스도로 말미암아 이루어질 것입니다. 그런 의미에서 신약성경 서두에 아브라함과 다윗의 자손 예수라고 소개한 곳에서 다윗은 예수 그리스도를 설명하기 위하여 등장합니다. 이러한 그가 대표하고 분명하게 상징할 중요한 내용은 바로 은혜입니다.

믿음과 은혜는 같은 것이지만 그 중심은 조금씩 다릅니다. 우리가 아브라함에게서 믿음을 보았다면 다윗에게서는 은혜를 봅니다. 이 믿음과 은혜가 아브라함의 생애 속에서 또 다윗의 생애 속에서 구체화되어 드러납니다. 그것들은 하나님이 일하시는 방법으로서 우리가 믿을 만한 것들입니다. 그 일을 이루는 실제 인물로 예수 그리스도께서 오십니다. 다시 히브리서 10장을 봅시다.

오직 그리스도는 죄를 위하여 한 영원한 제사를 드리시고 하나님 우편에 앉으사 그 후에 자기 원수들을 자기 발등상이 되게 하실 때까지 기다리시나니 그가 거룩하게 된 자들을 한 번의 제사로 영원히 온전하게 하셨느니라 (히 10:12-14)

'영원히 온전하게'라는 말은, 예수 그리스도께서 죄로부터의 구원 뿐 아니라 거룩함의 완성으로의 구원을 예수 그리스도 안에서 하나님이 주장하셔서 이루시겠다는 것과 상관이 있습니다.

또한 성령이 우리에게 증언하시되 주께서 이르시되 그 날 후로는 그들과 맺을 언약이 이것이라 하시고 내 법을 그들의 마음에 두고 그들의 생각에 기록하리라 하신 후에 또 그들의 죄와 그들의 불법을 내가 다시 기억하지 아니하리라 하셨으니 이것들을 사하셨은즉 다시 죄를 위하여 제사 드릴 것이 없느니라 (히 10:15-18)

예수 그리스도를 보내신 것이 어떤 약속을 명확하게 실현한 것입니까? '그들과 맺을 언약이 이것이라 하시고 내 법을 그들의 마음에 두고 그들의 생각에 기록하리라'고 한 새 언약을 실현한 것입니다. 새 언약은 예레미야 31장 31절 이하에 나오는 유명한 언약입니다.

여호와의 말씀이니라 보라 날이 이르리니 내가 이스라엘 집과 유다 집에 새 언약을 맺으리라 이 언약은 내가 그들의 조상들의 손을 잡고 애굽 땅에서 인도하여 내던 날에 맺은 것과 같지 아니할 것은 내가 그들의 남편이 되었어도 그들이 내 언약을 깨뜨렸음이라 여호와의 말씀이니라 그러나 그 날 후에 내가 이스라엘 집과 맺을 언약은 이러하니 곧 내가 나의 법을 그들의 속에 두며 그들의 마음에 기록하여 나는 그들의 하나님이 되고 그들은 내 백성이 될 것이라 여호와의 말씀이니라 (렘 31:31-33)

새 언약에서 약속된 것은 옛 언약과 내용 면에서 다를 것이 없습니다. 율법으로 대표되는 옛 언약에서도 '나는 그들의 하나님이 되고 그들은 내 백성이 될 것이라'고 언급하셨기 때문입니다. 그렇지만 옛 언약은 율법으로 대표되는 외부적 인도입니다. 그들의 손을 잡고 인도하신 외부적 인도입니다. 그러나 새 언약은 그와 달리 내적 변화를 말합니다. 나의 복을 그들의 속에 두며 그 마음에 기록하는 새로운 방법으로 하나님이 자기 백성들을 당신의 뜻에 복종하게 하시고 신실한 믿음의 승리를 갖게 하실 것이라고 약속하십니다. 히브리서 10장에서는 이것을 가리켜 예수 그리스도께서 하신 일이라고 합니다.

예수 그리스도는 죄인 되었던 우리를 위하여 십자가에 죽으사 우리 죄를 씻어 주셨을 뿐 아니라 우리의 마음에 하나님의 뜻으로, 하나님의 인도하심으로 좌정하사 우리 안에서 역사하는 분입니다. 로마서 8장에 가면 이렇게 설명하고 있습니다.

그러므로 이제 그리스도 예수 안에 있는 자에게는 결코 정죄함이 없나니 이는 그리스도 예수 안에 있는 생명의 성령의 법이 죄와 사망의 법에서 너를 해방하였음이라 (롬 8:1-2)

생명의 성령의 법이 우리를 죄와 사망의 법에서 해방하였다고 합니다. 구원을 얻은 모든 사람에게 일어난 현실입니다.

율법이 육신으로 말미암아 연약하여 할 수 없는 그것을 하나님은 하시나니 곧 죄로 말미암아 자기 아들을 죄 있는 육신의 모양으로 보내어 육신에 죄를 정하사 육신을 따르지 않고 그 영을 따라 행하는 우리에게 율법의 요구가 이루어지게 하려 하심이니라 (롬 8:3-4)

구원을 얻은 모든 사람은 예수 그리스도로 말미암아 죄로부터 구원을 얻습니다. 이 죄로부터 구원을 얻었다는 것은 이제까지의 더러움과 죄인 된 상태에서 구원을 얻은 것이요, 예수 그리스도의 통치 아래에 있음으로써 성령의 인도하심에 붙잡힌 자로 살아가는 것을 말합니다.

그렇지만 구원받은 성도들의 현실을 보면 여전히 죄가 극복되지 못한 것이 사실입니다. 성령께서 주장하실 때도 죄를 이기지 못한다는 데 있습니다. 예전에 죄가 우리를 다스릴 때에는 예외 없이 죄를 지었고 성령께서 다스리시는 지금도 우리는 죄를 이기지 못합니다. 여기에 비밀이 있습니다. 우리가 자라나는 중이기 때문입니다.

하나님이 예수 그리스도로 말미암아 죄에서 우리를 구원하시고 성령을 보내어 우리를 장악하시고, 성령으로 말씀하시며 인도하시고, 생수의 강이 흐르게 하십니다. 이런 사실이 우리에게서 어떤 식으로 나타납니까? 세상 사람들은 고민하지 않는 문제지만 우리는 고민하고, 어지간한 사람이면 만족하고 사는 윤리와 도덕적 수준에 대해서도 만족하지 못한 나머지 하나님 앞에 자신의 상태를 놓고 고민한다는 것입니다.

성령 안에서 하나님의 백성이 거룩해지는 데에는 하나님의 충만하심과 하나님의 부르심의 영광의 자리까지 가는 목표가 있는 것입니다. 그래서 소극적으로는 죄로부터의 승리뿐 아니라 적극적으로는 하나님의 백성으로서의 고귀한 경지에 이를 때까지 자신을 채찍질하며 걸어가는 것입니다. 이런 과정 가운데 있는 까닭에 좋은 신앙인을 보면 부러워하고, 신앙인 당사자는 훨씬 더 깊이 자기 신앙에 대해서 걱정하고 절망하고 괴로워합니다.

자녀를 기르다 보면 공부를 잘하는 아이일수록 자기 스스로 '나는 쓸모없는 놈인가 보다'라고 생각합니다. 왜 그렇습니까? 자신을 들여다보는 기준이 다르기 때문입니다. 그 기준이 굉장히 높습니다. 그런데 여기에서 더 중요한 문제는 그 기준이 높은 데만 있지 않다는 것입니다. 이런 차원에서 다윗을 한번 생각해 봅시다. 다윗에게는 골리앗을 물리친 확신과 분명함과 단호함이 있었습니다. 그렇지만 밧세바를 범한 후 그가 한 고백은 전혀 그런 것이 아닙니다. '주는 제사를 기뻐 아니하시나니, 주께서 원하시는 제사는 상한 심령입니다'라고 고백합니다. 어느 쪽이 더 멋있어 보입니까?

사무엘상 17장과 사무엘하 11장 사이에서 하나님은 무엇을 확인시켜 주십니까? 다윗에게 약속하신 왕국과 그의 복된 운명의 영원함이란 하나님을 근거로 한 것임을 가르쳐 주십니다. 우리를 지으시고 우리를 사랑하시는 아버지로서 우리에게 목적한 바는 하나님의 신적 지혜와 영광과 인격과 실력의 수준에 있습니다. 피조물인 인간이 소원하고 만들어 낼 수 있는 수준이 아닙니다. 하나님이 우리에게 약속하신 하나님의 영광의 충만이 어떠한 것인지는 우리로서 상상이 안 가는 문제입니다.

하나님이 우리로 하여금 예수 그리스도를 믿고 예수님을 의지하게 하는 일에 있어서, 가장 중요한 작업은 무엇이겠습니까? 그것은 우리가 스스로의 의를 의지하려는 본성을 뽑아내는 것입니다. 우리의 의를 꺾는 작업입니다. 예수 그리스도를 믿는 것이 자기 자랑이 되고 근거가 되면 그 믿음은 윤리와 도덕에서 앞선 것에 그치고 맙니다. 그래서 하나님은 신자들에게 실패를 경험하게 하십니다.

성경에서 다윗의 역할과 생애를 회상할 때 그 믿음의 중요한 내용을 어디에서 *끄집어냅니까?* 시편 51편과 40편에서 *끄집어내어* 인용합니다. 밧세바 사건을 통해서 다윗이 깨닫는 바는 신앙이란 자기 힘을 의지하여 세우는 것이 아니라 하나님의 은혜와 지혜와 능력 위에 세워야 한다는 것이었습니다.

이 싸움에서 제일 문제가 되는 것은 헌신이나 믿음이라는 이름을 빙자해서 자기 의를 드러내는 것입니다. 우리가 자신의 구원을 이야기할 때도 자신의 믿음을 자랑으로 삼고 있는 것은 아닌지를 분명히 따져 봐야 합니다. 예수를 믿은 것이 자신의 결심과 선택이라고 생각한다면 자랑으로 갈 수밖에 없습니다. 이런 자랑은 자기가 얻은 결과에 자기가 심은 원인이 있다고 생각하는 태도입니다. 우리의 믿음은 원인이 아니라 결과라고 했습니다.

마찬가지로 성화의 전 과정 속에서도 하나님에게 은혜를 구해야 하는 것이지, '이제는 나 죄 안 지어. 나는 교만하지 않아!'라는 식으로 자신의 믿음을 이해하고 있다면 그는 벌써 자기 의를 기준으로 삼고 있다고 말할 수밖에 없습니다. 그는 이미 믿음과 은혜의 자리에서 떠나 있는 것입니다.

우리가 뜻밖에 구원을 얻은 이후 하나님의 은혜와 복 주심을 사모해서 진심과 열심을 바쳐 드리는 기도를 통해 죄를 이기고 거룩하게 살고자 합니다. 그렇지만 그 기도에 쉽게 응답을 주시지 않고 끊임없이 우리를 실패하는 길로 가게 하십니다. 왜 그렇습니까? 죄를 이기는 문제에 대해서 자신이 근거가 되고 자기 의 위에 신앙을 쌓는 것이 문제가 되기 때문입니다.

많은 성도들이 믿음으로 살자, 예수를 닮자고 하지만 그대로 되지 않습니다. 그러면 우리는 스스로 이렇게 되묻습니다. 도대체 왜 안 되는 것인가? 하나님이 내 기도에 응답하지 않는 것인가? 내가 기도를 잘못한 것이 아닌가? 이렇게 의문을 품고서 특별한 방법과 특별한 헌신을 바치면 그 문제가 해결될 줄로 생각합니다.

그래서 금식은 어떤 면에서 자해입니다. 이래도 복을 주지 않겠습니까? 이래도 내 믿음을 받아 주지 않겠습니까? 이런 식입니다. 꼭 심장까지 꺼내야 되겠습니까? 이 지경까지 오도록 우리가 알지 못한 것이 있습니다.

하나님이 우리에게 허락하신 믿음의 은혜는 예수 그리스도 안에만 있습니다. 그렇지만 이 복이 무엇에서 제일 크게 장애를 받고 방해를 받는가를 깨닫는 데는 많은 시행착오가 필요했습니다. 그리하여 마침내 자신을 의지하지 않기로 합니다. 그렇더라도 어렵습니다. 우리는 지성이면 감천이라고 하는 본성을 가지고 있기 때문입니다.

하나님은 다윗을 어디에서 끌어올리십니까? 기가 막힐 수렁에서 건져 내어 반석 위에 그의 발을 두십니다. 이것이 바로 하나님이 다윗에게 행하신 수많은 기적 중에 최고의 것입니다. 이 기적이 예수 그리스도 안에서 모든 성도에게 허락되어 있습니다.

우리가 우리 자신을 근거로 복이나 소원이나 자랑이나 영광을 쌓는다 해도 그것들이 우리를 영광과 승리의 자리로 이끌어 올리지는 못합니다. 비교할 수 없는 무한하신 하나님이 이유가 되시고 원인이 되시고 그분의 사랑과 능력과 지혜로 만들어 내실 때라야 하나님의 백성은 그들이 누릴 영광과 승리의 자리로 갈 것입니다.

이것이 우리의 믿음입니다. 이것이 우리가 겪는 수많은 시행착오 속에서도 결국 이 모든 죄의 불순물들을 제거하고 우리의 죄의 본성들을 극복해서 하나님이 이루실, 그리고 약속하신 성도의 영광의 자리에 갈 것을 믿고 버티게 할 진실한 믿음입니다.

요점과 확인

1 신앙의 문제에서 진심을 내고 열심을 내지만 쉽게 답을 얻지 못해 성도들은 대부분 고민한다. 그것은 다윗이 골리앗을 물리친 믿음의 담대함과 같은 것을 만족의 기준으로 삼는 데서 드러나는 문제이다.

2 하나님은 다윗에게 영원한 왕권을 약속하셨다. 이 약속은 다윗에게 복이요, 자랑이다. 그러나 그것이 골리앗을 물리친 다윗의 신앙이나 그가 주님 앞에 가진 진심의 헌신에 대한 보상은 아니었다. 이를 명확히 보여 준 결정적인 사례가 밧세바 사건이다.

3 밧세바 사건은 다윗에게 철저히 하나님의 은혜만을 구해야 하는 존재임을 확인하게 한다. 그의 헌신이나 신앙이 결코 보상을 받는 공로나 조건이 될 수 없었다.

4 당신은 예수 그리스도 안에 있는 믿음으로 사는 신자의 신앙의 승리를 현실적으로 누리고 있는가? 누리지 못하다면 그 이유는 무엇이라고 생각하는가?

10

베드로, 진심이 실력인가

시몬아, 시몬아, 보라 사탄이 너희를 밀 까부르듯 하려고 요구하였으나 그러나 내가 너를 위하여 네 믿음이 떨어지지 않기를 기도하였노니 너는 돌이킨 후에 네 형제를 굳게 하라 그가 말하되 주여 내가 주와 함께 옥에도, 죽는 데에도 가기를 각오하였나이다 이르시되 베드로야 내가 네게 말하노니 오늘 닭 울기 전에 네가 세 번 나를 모른다고 부인하리라 하시니라 (눅 22:31~34)

본문은 예수님이 제자들과 마지막 만찬을 나누시는 장면입니다. 이 장면은 14절로부터 시작합니다. 예수님이 고난을 받으시고 죽으실 것이라고 말씀하나 제자들은 24절에 있는 바와 같이 누가 큰지 문제로 다툽니다. 이때 예수님은 섬기는 자가 되어야 한다고 말씀하고서 내 나라에 있어 '내 상에서 먹고 마시며 또는 보좌에 앉아 이스라엘 열두 지파를 다스'릴 것이라는 복된 약속을 하십니다.

그렇게 말씀하신 다음에 "시몬아, 시몬아, 보라 사탄이 너희를 밀 까부르듯 하려고 요구하였으나 그러나 내가 너를 위하여 네 믿음이 떨어지지 않기를 기도하였노니 너는 돌이킨 후에 네 형제를 굳게 하라"라는 유명한 구절이 나옵니다. 이에 베드로가 '주여, 죽는 데까지라도 갈 각오가 되어 있습니다'라고 다짐합니다. 그러나 주님은 네가 닭 울기 전에 세 번 나를 부인할 것이라고 예언하시고 우리가 잘 아는 대로 그렇게 됩니다.

앞 장에서 우리는 구원을 받은 사람이 현실적으로 왜 신앙의 승리를 누리지 못하는가를 살펴보았습니다. 구원받은 성도들이 신앙의 승리를 바라고 주님을 위하여 헌신된 삶을 살려고 하지만 그렇게 되지 않는 것이 현실입니다. 이 문제와 관련해서 우리가 잘못 이해하고 있는 것도 있고 고쳐야 할 것도 있습니다. 지금 그것이 무엇인지 구체적으로 살피는 중입니다.

우리가 상상하는 가장 이상적인 신자의 모델은 골리앗을 물리친 다윗이라고 생각합니다. 하지만 성경은 다윗이 밧세바 사건의 실패를 통해 기가 막힐 수렁에서 건져 냄을 받아 반석 위에 선 것을 신앙의 모델로 제시합니다. 골리앗을 물리친 다윗을 모델로 삼고 있지 않습니다. 그것은 신앙의 본질적 훈련의 초점이 자기 의를 제거하는 것에 있다는 이야기입니다. 이 문제는 지금 살펴보는 인물인 베드로와 다음 장에서 생각할 바울을 통해서 계속 다룰 것입니다. 이것은 너무나 분명해서 우리에게 큰 도움이 되리라고 생각합니다.

예수님은 우리를 위하여 죽으시겠고 당신을 따르는 제자들은 하늘 보좌에서 이스라엘 열두 지파를 다스릴 약속을 받고 있습니다. 이런 시점에서 예수님은 베드로에게 네가 닭 울기 전에 세 번 나를 부인할 것이라고 지적하십니다.

신앙이 무엇인지를 전혀 모르는 사람이 죄짓고 사는 것에 대하여서는 크게 탓할 것이 없습니다. 우리가 일반적으로 생각할 때는 그렇습니다. 그러나 예수님을 믿고 신앙의 길에 들어서고 무엇이 옳고 그른지를 알면 그럴 수 없습니다. 하나님을 아버지라고 부르며 거룩한 부름을 받은 성도로 살고자 하는 소원을 가진 시점에서는 믿음의 승리를 할 신령한 능력을 주셔야 옳습니다. 그러나 여러 번 이야기했다시피 우리가 기대하는 만큼 실제로 성공하는 경우는 없습니다. 기이하게도 하나님은 거룩한 싸움에서 우리로 승리하게 하지 않으시고 도리어 좌절을 맛보게 하십니다.

예수님이 우리를 위하여 십자가를 지실 것이요, 당신을 따르는 자들에게 놀라운 보상을 해 주시겠다고 약속하셨습니다. 이때 베드로가 보인 진심에 대해 주님이 그에게 어떤 보상을 해 주셨어야 한다고 생각합니다. 골리앗 앞에 선 다윗보다 더 힘 있고 놀랍고 영웅적이고 비교도 안되는 능력을 채워 주셔야 한다고 기대할 수 있습니다.

그런데 예수님이 우리를 위하여 십자가를 지시는 중요한 시점에서 베드로에게 어떤 능력을 입혀 주시기는커녕 그가 자기를 세 번 부인할 것이라고 말씀하십니다. 사탄이 밀 까부르듯 하려고 제자들을 청구했으나 그것에 대하여 주님이 허락하지는 않지만 예수님을 세 번 부인할 것에 대해서는 그냥 내버려 두신 것입니다. 이것이 도대체 무엇인지 생각해 봐야 합니다. 사도 요한에 의하면 예수님의 행적을 다 기록하자면 그 기록한 책을 이 세상에 두기에 부족할 만큼 하신 일이 많은데, 마태는 베드로가 세 번 부인한 것에 대해서 마태복음 26장에 시시콜콜 다 집어넣었습니다.

그 때에 예수께서 제자들에게 이르시되 오늘 밤에 너희가 다 나를 버리리라 기록된 바 내가 목자를 치리니 양의 떼가 흩어지리라 하였느니라 그러나 내가 살아난 후에 너희보다 먼저 갈릴리로 가리라 베드로가 대답하여 이르되 모두 주를 버릴지라도 나는 결코 버리지 않겠나이다 예수께서 이르시되 내가 진실로 네게 이르노니 오늘 밤 닭 울기 전에 네가 세 번 나를 부인하리라 베드로가 이르되 내가 주와 함께 죽을지언정 주를 부인하지 않겠나이다 하고 모든 제자도

그와 같이 말하니라 (마 26:31-35)

베드로가 바깥 뜰에 앉았더니 한 여종이 나아와 이르되 너도 갈릴리 사람 예수와 함께 있었도다 하거늘 베드로가 모든 사람 앞에서 부인하여 이르되 나는 네가 무슨 말을 하는지 알지 못하겠노라 하며 앞문까지 나아가니 다른 여종이 그를 보고 거기 있는 사람들에게 말하되 이 사람은 나사렛 예수와 함께 있었도다 하매 베드로가 맹세하고 또 부인하여 이르되 나는 그 사람을 알지 못하노라 하더라 조금 후에 곁에 섰던 사람들이 나아와 베드로에게 이르되 너도 진실로 그 도당이라 네 말소리가 너를 표명한다 하거늘 그가 저주하며 맹세하여 이르되 나는 그 사람을 알지 못하노라 하니 곧 닭이 울더라 이에 베드로가 예수의 말씀에 닭 울기 전에 네가 세 번 나를 부인하리라 하심이 생각나서 밖에 나가서 심히 통곡하니라 (마 26:69-75)

성경이 왜 이렇게 다 썼겠습니까? 이 문제만큼 중요한 것이 없기 때문입니다. 이것이 모든 성도의 현주소입니다. 우리도 모두 진심을 가지고 수차에 걸쳐 베드로의 이런 신앙고백을 한 적이 있습니다. '주님을 위하여 제 인생을 바치겠습니다. 주를 위하여 제가 기뻐하는 것을 외면하겠습니다. 주를 위하여 어떤 희생과 어떤 부름에도 응하겠습니다.' 그런데 가장 사소한 것에서 넘어진 것 아닙니까. 여기서 우리는 깜짝 놀랍니다.

베드로가 왜 울었을까요? 장담하고 갔으나 지켜 내지 못한 나머지 숨어서 울었습니다. 요한복음 21장에 가면 이런 추측이 가능한 장면이 나옵니다. 부활하신 예수님이 갈릴리 바닷가에 찾아가서 고기를 잡고 있는 제자들을 만나십니다.

그들이 조반 먹은 후에 예수께서 시몬 베드로에게 이르시되 요한의 아들 시몬아 네가 이 사람들보다 나를 더 사랑하느냐 하시니 이르되 주님 그러하나이다 내가 주님을 사랑하는 줄 주님께서 아시나이다 이르시되 내 어린 양을 먹이라 하시고 (요 21:15)

이 대화는 무슨 뜻입니까? 베드로는 예수님을 모른다고 세 번 부인했습니다. 세 번째는 맹세하고 저주하며 부인했습니다. 예수님이 '네가 이 사람들보다 나를 더 사랑하느냐'라고 하신 질문은 실은 베드로의 장담과 관련이 있습니다. 다른 사람은 다 주님을 버릴지라도 자기는 주와 함께 죽는 자리까지 가겠다고 장담하지 않았습니까. 그것은 진심이었습니다. 그래서 그는 통곡했습니다. 그 통곡이 왜 나왔습니까? 진심을 지킬 실력이 없다는 것을 확인해서입니다. 진심은 실력이 아닙니다. 우리는 각오하고 결심하는 것을 너무 부각시킵니다. 머리 깎고 머리띠 매고 금식하고 주먹을 쥡니다. 그럴지라도 그 진심을 실천으로 옮길 능력은 없습니다.

로마서 7장에서 '오호라 나는 곤고한 사람'이라는 비명이 왜 나옵니까? 선을 원하나 늘 죄 아래 사로잡혀 오기 때문입니다. 다윗의 가치가 어디 있습니까? 다윗 스스로는 기가 막힐 수렁에서 빠져나오지 못합니다. 이래서 그가 '주는 제사를 원하지 않습니다'라는 고백을 하는 것입니다. 우리는 내놓을 것이 없습니다. 하나님이 원하시는 제사는 상한 심령 하나뿐입니다. 거기에 하나님의 은혜와 구원의 손길이 있습니다. 베드로가 지금 그것을 이야기하는 것입니다.

예수님이 베드로에게 묻습니다. '요한의 아들 시몬아 네가 이 사람들보다 나를 더 사랑하느냐 하시니 이르되 주님 그러하나이다 내가 주님을 사랑하는 줄 주님께서 아시나이다.' 그가 뭘 알게 된 것입니까? 죄인이라는 것이 무엇인지, 자기가 어떤 존재인지 안 것입니다. 그러자 비로소 예수님이 '내 어린 양을 먹이라'라고 하십니다. 그가 세 번이나 주님을 부인한 까닭에 세 번에 걸쳐 이런 말씀을 하십니다. 이렇게 하심으로써 그의 사도직을 회복시켜 주신 것이라고 우리는 이해합니다. 그다음 구절도 봅시다.

또 두 번째 이르시되 요한의 아들 시몬아 네가 나를 사랑하느냐 하시니 이르되 주님 그러하나이다 내가 주님을 사랑하는 줄 주님께서 아시나이다 이르시되 내 양을 치라 하시고 세 번째 이르시되 요한의 아들 시몬아 네가 나를 사랑하느냐 하시니 주께서 세 번째 네가 나를 사랑하느냐 하시므로 베드로가 근심하여 이르되 주님 모든 것을 아시오매 내가 주님을 사랑하는 줄을 주님께서 아시나이다 예수께서 이르시되 내 양을 먹이라 (요 21:16-17)

베드로는 영웅이 아닙니다. 이제 베드로가 세 번 부인한 것의 의미를 아시겠습니까? 우리가 고백할 수 있는 것은 진심입니다. 그러나 진심이 있다고 해서 우리가 그것을 이루어 내는 것은 아닙니다. 알게 하시는 분도 하나님이시요, 우리가 아는 것을 믿게 하시는 분도 하나님이시요, 믿는 것을 이루시는 분도 하나님이십니다.

이것을 놓치면, 우리가 그저 결심하고 고백하고 노력하면 된다고 하는 무속 신앙에 빠지고 맙니다. 굉장히 중요한 문제입니다. 우리는 지식도 없고 능력도 없고 무지하며 부패한 자들입니다. 이상하게도 하나님은 우리의 소원과 고백을 기쁘게 받아 우리를 힘 있는 자로, 신앙적으로 승리하는 자로 만들어 주지 않으십니다. 우리는 하나님 앞에 진심을 표하는 문제나 그것을 실천으로 옮길 수 있는 능력까지도 주께 의존해야 한다는 것을 배우게 되는 하나님의 손길 아래 있습니다. 우리의 신앙 현실이 그런 손길 아래 놓여 있다는 것을 우리가 놓치고 있습니다.

하나님은 우리의 진심을 그냥 받으시는 것이 아니라, 우리가 그 진심을 이룰 힘이 없는 것까지 꼬집고 들어오십니다. 우리의 고백과 헌신과 열심과 충성은 늘 물거품이 되어 순전히 죄인들이나 저지르는 실패의 자리에까지 떨어지곤 합니다. 이에 대하여 우리는 소스라쳐 놀랍니다. 이런 현실에서 우리는 무엇을 깨우쳐야 합니까? 처음부터 끝까지 우리에게는 하나님의 은혜가 필요하다는 사실을 배우는 것입니다.

베드로를 훈련하신 것과 동일한 내용으로 모든 성도를 훈련하십니다. 우리에게 필요한 것은 진심도 아니며, 열심을 내는 것도 아니며, 오직 주께 매달리는 것입니다. 지식과 방향과 방법과 내용과 실천과 성취, 이 모든 것을 주께 의존하는 은혜를 구해야 합니다. 다른 표현을 쓰자면 자기 의가 깨져야 합니다. 자기 의란 자기 안에 신앙적 근거와 능력이 있다고 생각하는 것입니다.

그것이 있다는 것을 무엇으로 확인할 수 있습니까? 타인의 결점과 무능을 보고 그를 경멸하는 자라면 이미 자기 의를 가지고 있는 것입니다. 누군가가 내 눈에 한심해 보이면 자기 의를 가지고 있는 것입니다. 혹시라도 '나는 했는데 너는 왜 못해'라는 생각이 듭니까? 그런 사람에게는 신앙생활을 제대로 못하는 사람들이 한심하고 경멸스럽습니다. 그것이 답답하다고 여겨지면 이런 실수도 합니다. 그에게 정답을 가르쳐 주면 할 수 있을 것이라고 기대합니다. 그것은 죄인이 어떤 존재인지 아직도 이해하지 못했다는 소치입니다.

스스로를 돌이켜 보십시오. 신앙생활에서 성취하고 이룬 것이 있습니까? 없습니다. 이렇게 실제적인 신앙에서 성경의 가르침을 따른 확인과 성취가 없기 때문에 누구를 비난하는 것으로 자기 신앙을 확인하고 확보하려고 합니다. 남이 틀린 것을 지적함으로써 나는 안 틀렸다는 것을 확인하는, 가장 부정적이고 소극적인 확인 밖에 할 줄 모릅니다.

건드리지 말아야 할 곳을 건드립니다. 하나님이 우리의 의를 꺾고 있다는 사실을 모르기 때문입니다. 베드로의 사도직은, 다 주를 버릴지라도 그만이 진심과 충성과 열정을 바침으로써 그것 위에 허락되는 것이 아니었습니다. 무슨 기준 위에서만 허락됩니까? 자기를 부인하고 주님만 근거하는 신앙 위에 허락되는 것입니다.

자기를 쳐 복종하는 싸움

우리의 신앙도 그와 마찬가지입니다. 하나님이 우리의 진심을 받아서 무슨 일을 해내는 것이 아닙니다. 내 스스로를 근거와 이유로 삼고자 하는 것을 제거하고 그리스도만을 이유와 근거로 삼아 작업하십니다. 그렇지 않고 자신의 신앙 현실 속에서 열심을 내겠다고 고백하면 할수록 오히려 실패의 절망만 더 경험할 것입니다. 그렇게 되는 이유는 자기 자신을 근거로 했다가는 매번 무너지기 때문입니다. 마태복음 5장에 가 봅시다.

심령이 가난한 자는 복이 있나니 천국이 그들의 것임이요 애통하는 자는 복이 있나니 그들이 위로를 받을 것임이요 온유한 자는 복이 있나니 그들이 땅을 기업으로 받을 것임이요 의에 주리고 목마른 자는 복이 있나니 그들이 배부를 것임이요 긍휼히 여기는 자는 복이 있나니 그들이 긍휼히 여김을 받을 것임이요 마음이 청결한 자는 복이 있나니 그들이 하나님을 볼 것임이요 화평하게 하는 자는 복이 있나니 그들이 하나님의 아들이라 일컬음을 받을 것임이요 의를 위하여 박해를 받은 자는 복이 있나니 천국이 그들의 것임이라

(마 5:3-10)

우리가 잘 아는 팔복입니다. 이 팔복은 이렇게 하면 복을 받는다는 조건이거나 방법에 대하여 이야기하지 않습니다. 복 받은 자의 증상을 논하고 있습니다. 복 받은 자의 증상이 나타나면 이미 복을 받은 사람이며, 복 받은 자의 증상이 곧 복을 받은 사람이라는 것입니다.

심령이 가난하다는 것이 무엇입니까? '아이고, 하나님. 나는 왜 이 모양 이 꼴입니까?' 이렇게 고백하는 상태가 심령이 가난하다는 것입니다. 자신의 영적인 필요에 대해서 자기 안에 아무것도 가진 것이 없고 만들어 낼만 한 것이 없다고 인정하고 아는 것이 심령이 가난하다는 것입니다. 겸손하고 겸양하고 온유하고 이런 것을 이야기하는 것이 아닙니다. 자신이 파산했음을 아는 것, 내 영적 필요와 내 영적 소원에 대하여 내가 가진 것으로 채울 수 없음을 아는 자의 비통함을 말하고 있습니다.

신앙의 정당한 과정을 거치면 성도들이 겪는 신앙상의 현실이 어떤 것으로 감각되는 줄 아십니까? 심령이 가난하다는 것이 절망

으로 감각된다는 것입니다. 기고만장하지 않습니다. 물론 처음에는 부모를 잃고 헤매다가 다시 만난 기쁨이 없지 않습니다. 그러나 구원을 얻고 나서 곧 알게 되는 것은 자신이 아버지께 의존되어 있고 이 아버지를 떠나서는 아무것도 아님을 알게 됩니다. 그것이 요한복음 15장의 포도나무 비유입니다.

나는 참포도나무요 내 아버지는 농부라 무릇 내게 붙어 있어 열매를 맺지 아니하는 가지는 아버지께서 그것을 제거해 버리시고 무릇 열매를 맺는 가지는 더 열매를 맺게 하려 하여 그것을 깨끗하게 하시느니라 너희는 내가 일러준 말로 이미 깨끗하여졌으니 내 안에 거하라 나도 너희 안에 거하리라 가지가 포도나무에 붙어 있지 아니하면 스스로 열매를 맺을 수 없음 같이 너희도 내 안에 있지 아니하면 그러하리라 나는 포도나무요 너희는 가지라 그가 내 안에, 내가 그 안에 거하면 사람이 열매를 많이 맺나니 나를 떠나서는 너희가 아무 것도 할 수 없음이라 사람이 내 안에 거하지 아니하면 가지처럼 밖에 버려져 마르나니 사람들이 그것을 모아다가 불에 던져 사르느니라 (요 15:1-6)

심령이 가난하다는 것은, 아버지와 분리된 상태에서는 줄기로부터 분리된 가지가 마르고 썩어 간다는 사실을 아는 것입니다. 마르고 썩을 수밖에 없다는 것을 아는 것입니다. 마름과 썩음을 감각하는 것입니다. 이것이 심령이 가난하다는 것입니다. 줄기에 붙어 있을 때라야 비로소 그 감각을 알게 됩니다. 한 번도 줄기에 붙어 본 적이 없고 마르고 썩은 상태에 있다면 애통하고 비통해할 이유가 있겠습니까?

팔복에는 이런 것도 들어 있습니다. '의에 주리고 목마른 자는 복이 있다.' 의에 주리고 목마르다는 것은 지금 배부르지 않다는 뜻입니다. 갈급하다는 것입니다. 신앙생활은 뜻밖에 찾아온 승리와 결실이기보다는 이런 갈증과 절망과 고민과 몸부림이라 할 수 있습니다. 그것들이 더 많습니다.

왜 그렇습니까? 우리의 신앙을 완성해 나가는 데 있어서 최고의 걸림돌은 '자기 의'를 빼는 일이라서 그렇습니다. 믿음이라는 이름으로 내가 나설 수 있고, 은혜를 구한다는 말에도 내가 나설 수 있습니다. 겸손이라는 말도 얼마든지 자랑으로 쓸 수 있습니다. 사랑이라는 이름으로도 얼마든지 사람을 잡을 수 있습니다.

죄인이 어떤 존재인지, 예수 그리스도께서 왜 십자가를 지셔야 했는지, 구원 얻은 하나님의 백성이 왜 다른지에 대하여 가르치고 설명해 주셨는데도 현실적으로 이를 놓치는 일이 얼마든지 일어납니다. 이것을 놓치지 마십시오. 우리가 어디로 가야 할지, 무엇을 해야 할지, 어떻게 해야 할지에 대하여 하나님이 은혜를 베풀어 주실 것입니다. 우리에게 힘을 주시고 알게 하시고 믿게 하시고 소원으로 주신 것을 이루게 하실 은혜를 베풀어 주십니다. 그러니 늘 나를 장악하시고 붙드시고 놓지 말아 달라고 하루 종일 울부짖어야 합니다.

잠깐 넋을 놓으면 우리는 자기에게로 돌아와 있고, 자기 의와 자기 기준과 자기 자랑 속에 살게 됩니다. 그럴 때 우리는 예외 없이 실패합니다. 신앙은 결국 이 싸움입니다. 이 울부짖음, 이 안타까움, 죄인 된 속성에 대하여 다윗이 뭐라고 표현했습니까? 눈물로 침상을 띄웠다고 했습니다. 너무 울어서 침실이 풀장이 되었다는 것 아닙니까?

이런 고백이 다윗에게만 일어나고 이런 아픔이 베드로에게만 일어나야 할 것이 아니라 우리 모든 성도에게도 당연히 일어나야 하고 우리가 겪어야 할 일입니다. 믿음으로 극복하고 예수 그리스도 안에서 정답을 가져야 합니다. 우리 모두가 이 문제에 대하여 성경의 가르침을 받고 올바른 믿음으로 해결책을 가짐으로써 결실하기 위하여 더 많이 노력해야 합니다. 더 많이 무릎 꿇어야 합니다. 더 많이 은혜를 구해야 합니다. 예수님이 이 일을 위해 죽으셨습니다.

하나님의 백성이라는 이름으로 사는 모든 신자 된 마땅한 반응과 마땅한 충성과 마땅한 승리를 위하여 자기를 쳐 복종하는 싸움을 평생 동안 해야 합니다. 신앙의 완성을 향하여 나가는 사람에게 그것은 예외 없이 보편적이고 유일한 과정입니다. 우리는 남을 정죄하고 남을 가르치려 하기보다는 자기를 돌아보며 올바른 믿음과 은혜 위에 서는 일에 끊임없이 매진해야 합니다. 잠자는 순간에도 잊지 말고 이 싸움을 하십시오. 그리하여 하나님의 사람의 경건과 하나님과의 동행과 신령한 삶의 복들을 누리십시오.

요점과 확인

1 진심이 실력은 아니다. 베드로는 주와 함께 죽는 자리까지 가겠다고 장담했다. 그것은 진심이었지만 그는 세 번이나 주를 부인했다. 그가 진심을 가졌다 해도 그 진심을 실천에 옮길 능력은 그에게 없었다.

2 베드로의 사도직은 처음부터 그의 충성과 진심과 열정 위에 허락된 것이 아니었다. 자기를 부인하고 주님만을 근거로 삼는 신앙 위에서만 허락된 것이었다. 부활하신 주님이 찾아오셔서 그에게 네 양을 먹이라고 하신 말씀으로 그의 사도직은 회복되었다.

3 신앙의 승리를 하려면 평생토록 자기를 쳐 복종하는 싸움을 해야 한다. 이것은 어떤 사람도 예외가 없는 보편적이고 유일한 과정이다.

4 우리가 신앙 현실 속에서 열심을 내면 낼수록 오히려 실패하는 절망만 경험하게 된다. 그 이유가 무엇이라고 생각하는가?

11

바울,
하나님만 의지하게 하다

형제들아 우리가 아시아에서 당한 환난을 너희가 모르기를 원하
지 아니하노니 힘에 겹도록 심한 고난을 당하여 살 소망까지 끊어
지고 우리는 우리 자신이 사형 선고를 받은 줄 알았으니 이는 우
리로 자기를 의지하지 말고 오직 죽은 자를 다시 살리시는 하나님
만 의지하게 하심이라 (고후 1:8-9)

베드로에 대하여 설교하면서 하나님이 베드로를 어떻게 하나님의 종으로 준비시키셨는가를 확인했습니다. 우리가 기대하는 영웅적이고 위인적인 준비가 아닌, 어떻게 자기 의를 꺾어 하나님의 은혜에 매어 달리게 하셨는가를 확인했습니다. 이것은 베드로가 주님을 세 번 부인한 사건에서 가장 극적으로 나타납니다. 그리고 바울에게 오면 그의 전 생애에 걸쳐서 하나님이 이런 간섭을 하시고 이렇게 준비하신 것을 보게 됩니다.

형제들아 우리가 아시아에서 당한 환난을 너희가 모르기를 원하지 아니하노니 힘에 겹도록 심한 고난을 당하여 살 소망까지 끊어지고 (고후 1:8)

이것은 고린도후서 11장에 좀 더 자세히 나열한 내용을 간략히 말한 것입니다.

그들이 그리스도의 일꾼이냐 정신 없는 말을 하거니와 나는 더욱 그러하도다 내가 수고를 넘치도록 하고 옥에 갇히기도 더 많이 하고 매도 수없이 맞고 여러 번 죽을 뻔하였으니 유대인들에게 사십에서 하나 감한 매를 다섯 번 맞았으며 세 번 태장으로 맞고 한 번 돌로 맞고 세 번 파선하고 일 주야를 깊은 바다에서 지냈으며 여러 번 여행하면서 강의 위험과 강도의 위험과 동족의 위험과 이방인의 위험과 시내의 위험과 광야의 위험과 바다의 위험과 거짓 형제 중의 위험을 당하고 또 수고하며 애쓰고 여러 번 자지 못하고 주리며 목마르고 여러 번 굶고 춥고 헐벗었노라 (고후 11:23-27)

이 고생들은 아시다시피 바울이 이방인의 사도로 소아시아 지방에서 전도여행을 하는 중에 교회를 세우면서 당한 일들입니다. 그가 왜 이 이야기를 씁니까? 고린도교회에서 사도 바울의 사도직에 대하여 강력하게 의문을 제기했기 때문입니다. 그렇게 한 이유 중하나는 바울이 하나님의 일꾼으로서 영웅적이고 형통하지 않다는 것이요, 또 하나는 그가 하나님의 말씀을 전하는 것이 시원찮고 유능해 보이지 않아서 하나님이 이런 사람을 사용하시겠냐는 것입니다. 이런 두 가지 이유에서 그의 사도직에 대해 의문을 제기한 것 같습니다.

그런데 바울이 하는 이야기는 이렇습니다. 내가 그리스도의 복음의 일꾼이 되어 고난을 받으면서도 증언하고 있다. 하지만 고린도교회는 그가 당하는 고난을 볼 때, 그는 무능하고 하나님의 종일 리가 없다고 여깁니다. 이에 대하여 바울은 자기 욕심을 바라는 것이라면 내가 왜 이 고생을 하겠느냐고 대응합니다. 자신이 사심을 갖고 하는 것이 아니라 하나님의 거룩한 부르심을 받아 부득불 하고 있다고 합니다. 그러니 자신이 사도가 맞다는 차원에서, 고생한 이야기를 그와 같이 나열합니다.

바울은 자기의 욕심이나 목표 때문도 아니고 자기의 형통이나 업적을 위하여 하는 것도 아니라 하나님이 시키는 일을 하고 있다고 합니다. 스스로 하는 일이라면 누가 이 고생을 하면서 하겠느냐, 그렇지 않다는 것입니다. 본문 식으로 이야기하면 하나님의 종혹은 하나님의 모든 백성에게는 이것이 자기를 의뢰하지 않고 하나님만 의뢰하게 하는 그분의 또 다른 간섭이라는 것입니다.

사도 바울은 구약에 모세가 있다면 신약에 바울이 있다고 이야기할 만큼 아주 뛰어난 하나님의 종입니다. 그러면 우리가 생각할 때에 하나님이 당신의 종을 세우신다면 남다른 것으로 무장시켜 주시지 않겠느냐는 것이 보편적인 생각입니다. 기왕이면 인물도 괜찮고 성품도 좋고 유능하고 기도하면 응답 팍팍 받고 딱 한 번 쳐다보면 상대가 간담이 녹을 정도가 되어야 하지 않겠습니까? 그런데 바울은 초대교회 지도자였던 스데반을 죽이는 것으로 무대에 등장합니다.

베드로는 주님 앞에 어떻게 종으로 확인됩니까? 세 번 부인하는 경지까지 가게 해 놓고야 하나님이 자기의 종으로 쓰십니다. 그런데 바울은 그 시작부터 사뭇 우리의 기대와는 매우 다릅니다. 그가 스데반을 죽이는 것으로부터 시작합니다. 누가 이런 바울을 하나님의 종이라고 생각하겠습니까? 만약 스데반이 죽을 뻔했는데 바울이 그를 구했다면 이야기가 맞아 떨어집니다.

초등학교 교과서에 소개된 대로 어떤 소년이 새벽길을 가다가 둑에 구멍이 난 것을 보고 구멍을 막고 있다가 나라를 구하고 죽은 네덜란드 소년 같으면 그는 영웅입니다. 그러나 바울은 괜히 새벽에 가다가 둑을 무너뜨려서 나라를 바닷물로 채우고 시작한 셈이란 말입니다. 그는 이렇게 시작부터 우리 기대와는 다른 모습이었는데 평생에 걸쳐서 전혀 다른 모습으로 나타납니다.

고린도후서 11장 식으로 이야기하면 사십에 하나 감한 매를 다섯 번이나 맞습니다. 사십에 하나 감한 매라면 서른아홉 대입니다. 사형을 시킬 것이라면 몰라도 사형 다음으로 중한 형벌입니다. 그 이상 때리면 죽을 수 있기 때문입니다. 그뿐 아닙니다. 태장으로 세 번 맞았고 돌로 한 번 맞을 때는 죽은 줄 알고 그를 내다 버리기까지 했습니다. 타고 가던 배도 세 번이나 파선을 당해 일주야를 깊은 바다에서 지냅니다. 강물에 빠졌고, 여행에서 여러 번 강도의 위험과 동족의 위험과 이방인의 위험과 광야의 위험과 바다의 위험과 거짓 형제의 위험을 당했습니다. 그는 수고하며 애쓰며 여러 번 자지도 못합니다. 주리며 목마르며 여러 번 굶고 춥고 헐벗었다고 합니다.

우리는 성경을 현실감 나게 읽지 못합니다. 우리와 동일한 혈육을 가지고 이 세상을 살아간 한 인생의 고단함을 잘 읽어 내지 못합니다. 바울이 인생을 충성되고 성공적으로 마친 까닭에 우리는 그의 이야기에서 고달픔을 읽어 내지 못합니다. 그러나 한번 읽어 보십시오. 기가 막힙니다. 이 기가 막힌 일들에 대하여 바울이 무엇이라고 증언합니까? 고린도후서 1장을 봅시다.

형제들아 우리가 아시아에서 당한 환난을 너희가 모르기를 원하지 아니하노니 힘에 겹도록 심한 고난을 당하여 살 소망까지 끊어지고 우리는 우리 자신이 사형 선고를 받은 줄 알았으니 이는 우리로 자기를 의지하지 말고 오직 죽은 자를 다시 살리시는 하나님만 의지하게 하심이라 (고후 1:8-9)

우리가 생각할 때는 기본적으로 하나님 앞에 우리가 바치는 신앙의 고백과 충성과 헌신과 열심에 대해 하나님이 우리를 당신의 종으로 삼는데 형통하게 써 주시기를 기대합니다. 그러니 주를 위해서 살기도 바쁜데 현실이 발목을 잡는 꼴을 그냥 넘기겠습니까?

내가 지금 할 일이 이렇게 많은데 돈 벌어 오라, 설거지하라고 요구받는다고 합니다. '내가 할 일이 얼마나 많은데….' 우리는 유능해야 되고, 능력이 많아야 되고, 형통해야 된다고 요구를 받습니다. 그렇지 않습니다. 이런 것들은 하나님의 백성이 제일 먼저 해결을 받아야 할 신앙상의 장애물이라고 생각합니다. 그것은 도리어 자기 의가 될 수 있는 것들입니다. '나는 했다, 넌 안 했지?' '나는 믿었다. 나는 기도했다. 나는 너와 다르다.' 이런 것들을 자신에게서 빼내야 합니다. 은혜를 더하소서, 불쌍히 여기소서, 이것이 신앙입니다. 이것이 신앙이라고 성경은 증언합니다.

우리는 신앙을 서로 부추기고 경쟁하고 확인하고 서로 자존심 씨움을 하다가 다 망쳤습니다. 왜 우리 기독교를 복음이라고 합니까? 거기에는 용서와 오래 참음과 은혜를 구하고 긍휼을 구한 자가 얻는 위로와 안부가 들어 있기 때문입니다. 그런데 성도들의 신앙적 판단과 기대 속에는 하나님 앞에서 칭찬을 받을 만한가 아니면 벌 받을 만한가 하는 율법적 판단이 자기뿐 아니라 남에게도 적용됩니다. 아무래도 좋다는 이야기를 하는 것이 아닙니다.

자기 파산을 훈련시키심

우리가 말하는 위대한 일꾼들에게는, 하나님이 그들의 전 평생에 걸쳐 자기 파산과 자기 포기를 훈련시키셨습니다. 고린도후서 12장에 가 봅시다.

여러 계시를 받은 것이 지극히 크므로 너무 자만하지 않게 하시려고 내 육체에 가시 곧 사탄의 사자를 주셨으니 이는 나를 쳐서 너무 자만하지 않게 하려 하심이라 이것이 내게서 떠나가게 하기 위하여 내가 세 번 주께 간구하였더니 나에게 이르시기를 내 은혜가 네게 족하도다 이는 내 능력이 약한 데서 온전하여짐이라 하신지라 그러므로 도리어 크게 기뻐함으로 나의 여러 약한 것들에 대하여 자랑하리니 이는 그리스도의 능력이 내게 머물게 하려 함이라 그러므로 내가 그리스도를 위하여 약한 것들과 능욕과 궁핍과 박해와 곤고를 기뻐하노니 이는 내가 약한 그 때에 강함이라 (고후 12:7-10)

우리는 강자입니까? 성공한 자들입니까? 우리는 약자입니다. 그것을 우리는 압니다. 우리는 실패자입니다. 약자다, 실패자다 할 때는 무엇을 기준으로 그렇게 말합니까? 율법을 기준으로 한 것입니다. 우리가 원하는 것 중에 자신이 근거가 되고, 시작이 되어 만들 수 있는 것이 있습니까? 신앙적인 것에는 없습니다. 심령이 가난한 자가 복이 있다, 의에 주리고 목마른 자가 복이 있다고 할 때 그것은 복 받은 것의 증상이라고 했습니다. 그렇게 하면 복을 받는다는 조건이 아니라 복을 받은 자는 심령이 가난하고 의에 주리고 목마른 자입니다.

심령이 가난하다는 것은 자기 파산선고를 하는 것입니다. 의에 주리고 목마르다는 것은 지금 내가 가진 것이 없음을 확인하는 것입니다. 은혜를 구하며 하나님에게 매달리는 것을 말합니다. 그것이 복입니다. 왜 그렇습니까? 우리의 필요가 하나님에게만 있기 때문입니다. 하나님만 만들어 주실 수 있습니다. 이것이 기독교 복음이요, 기독교의 약속이요, 우리의 신앙입니다.

앞 장에서 한 이야기이지만 누군가를 한심하다고 생각한다면 그는 율법으로 벌써 돌아선 자입니다. '아니, 그것도 못해?' 이렇게 말했다면 그는 벌써 율법을 기준으로 삼고 서 있는 것입니다. 하나님이 오셔서 등뼈를 꺾어 놓으실 것입니다. 저주를 하는 것이 아닙니다. 정당한 힘을 얻게 하시려고, 포도나무의 줄기에 붙들어 매시려고 그렇게 하실 것입니다. 다른 데 가 붙어 있는 우리를 자랑하지 못하게 하시는 것입니다.

바울을 생각해 보십시오. 그가 맡은 일이 너무 중요하니까 복음이 방해받지 않게 해 달라고 기도합니다. 자기 육체에 가시 곧 사탄의 사자를 주셨는데 사실 이 병이 무엇인지는 잘 모릅니다. 다수 학자들은 그것이 간질병이었던 것 같다고 추측합니다. 오죽하면 바울이 사탄의 사자라고 했겠습니까? 이 가시를 제거해 달라고 요구했는데 그것도 복음이 방해받지 않기 위해서 요구한 것입니다.

사도 바울이 기껏 복음을 설명해 놓고 고꾸라지면 누가 복음을 믿겠습니까? 바울이 복음을 위해서 가시를 제거해 달라고 기도한 것입니다. 그렇게 기도했을 때 예수님이 뭐라고 말씀하셨습니까? '내 은혜가 네게 족하도다 이는 내 능력이 약한 그때에 강해진다'라고 하셨습니다. 속된 말이지만 미치고 환장할 일이 아니겠습니까.

왜 그렇게 미치고 환장을 하냐면 아직도 인간의 죄성이 무엇인지 사실 잘 모르기 때문입니다. 그것의 첫째가는 본질은 하나님 없이도 할 수 있다는 것입니다. 그러나 사람은 그럴 수 있는 존재가 아닙니다. 우리는 우리의 병을 고치지 못할뿐더러 다 알지도 못합니다. 죽을병이 들었다는 것은 무엇입니까? 구약에서 가장 치명적인 병은 나병이었습니다. 지금은 한센병이라고 부릅니다. 이 병의 특징은 병든 자가 그 증상에 대한 감각이 없다는 것입니다. 아프지가 않습니다. 살이 썩어 문드러지지만 본인이 아픈 줄을 모릅니다.

주님은 사도 바울에게 '내 능력이 약한 데에서 온전하여 진다'라고 말씀합니다. 그래서 바울이 무엇을 확인합니까? '그러므로 도리어 크게 기뻐함으로 나의 여러 약한 것들에 대하여 자랑하리니 이는 그리스도의 능력이 내게 머물게 하려 함이라'(고후 12:9). 그가 이것을 확인합니다. 예수 그리스도께서 일하십니다. "그러므로 내가 그리스도를 위하여 약한 것들과 능욕과 궁핍과 박해와 곤고를 기뻐하노니 이는 내가 약한 그 때에 강함이라"(고후 12:10).

갈라디아서 2장 20절에 있는, 예수 안에 있는 믿음입니다. 우리는 이 싸움을 해 오고 있습니다. 우리가 구원을 얻을 때에 십자가로 인하여 죄 용서를 받고 무조건적인 은혜로 구원을 얻었습니다. 동일한 메시아 사역이 교회로 이어진다고 했습니다. 그가 교회의 머리가 되시고 그 몸으로 부르신 그리스도와 우리를 묶어 완성하실 것입니다. 예수 그리스도 안에 있는 하나님의 약속과 일하심과 승리하심이 그분의 약속과 계획과 의지와 능력으로 우리를 완성하실 것입니다. 우리로 승리하게 하실 것입니다. 이것이 우리가 믿는 믿음입니다. 그 믿는다는 것을 조건으로 삼아 안다든가, 믿는다고 이야기하는 것이 아닙니다. 하나님이 그런 분이라고 우리에게 나타내셔서 우리가 알게 된 것입니다.

내가 하나님을 알고 믿는 것이 조건이 되어 하나님이 그 보상으로 은혜를 베푸시는 것이 아닙니다. 은혜 베푸신 것을 알게 하여 그분의 손길이 이미 일하고 계시고 또 완성하실 것을 나에게 알리셔서 내가 믿고 있는 것입니다. 이렇게 믿음은 결과입니다. 우리의 믿음은 도약하기 위한 조건이나 공로나 책임이 아닙니다. 하나님이 어떻게 하시겠다는 약속에 근거하여 이미 일어난 일과 지금 하시는 일과 그래서 끝내 이루실 일을 알고서 순종하는 것을 말합니다. 순종하면 이루어지고 불순종하면 이루어지지 않는다는 조건이 아닙니다. 불순종하면 얻어맞고서 그 자리에 갈 것이고, 순종하면 칭찬받고 그 자리로 갈 것입니다. 이 이야기를 하는 것입니다.

하나님의 손길을 오해하지 말라

우리 모두가 경험하는 신앙의 실패가 있습니다. 나는 왜 이 모양이 꼴인가, 하나님이 내 기도를 받지 아니하시는가, 이런 의문이 듭니다. 그러나 그것은 내 믿음이 약한 것도 아니요, 잘못된 것도 아니라 하나님이 간섭하고 계심을 잊은 소치입니다.

하나님이 무엇을 하고 계십니까? 날 고치려고 하시는데 우리는 다른 곳을 보고 있습니다. 뛰어나갈 준비를 하고 있습니다. 하나님이 지금 날 만들고 계시는데 참으로 우습게도 하나님을 위하여 뭘 하겠다고 나섭니다. 하나님은 우리 자체가 그분의 목표입니다. 이 시대와 이 나라는 이차적인 문제입니다. 일차적인 문제는 나 자신이 하나님의 자녀로서 완성되는 것입니다. 그것을 위하여 우리의 인생과 우리가 살고 있는 시대와 모든 이웃이 있습니다.

우리는 자꾸 하나님이 우리에게 하시려는 일을 이루시기도 전에 뛰쳐나가려고 합니다. 그래서 밤낮 좌절하고 절망하고 하나님에게 왜 이러시냐고 항의합니다. 내가 믿음이 나쁜 것에 책임도 있지만 하나님이 내 기도를 듣지 않는 탓이에요, 하나님이 일하고 계시다는 실감이 안 들어요, 내가 이 나라를 위하여, 이 시대를 위하여 일어나 내 한 몸 불사를 마음이 있는데 왜 불러 주시지 않습니까. 이렇게 탓을 합니다.

왜 하나님이 그렇게 하시겠습니까? 천하보다 우리 하나가 더 중요하기 때문입니다. 하나님이 우리와 씨름하고 계십니다. 어느 한 순간, 어느 한 경우에도 하나님이 우리를 외면하시거나 간섭하지 않으셨던 순간은 없습니다. 성경 어디를 봐도 확실하게 증언하는 바는 하나님의 사랑이요, 약속이요, 돌보심과 열심입니다. 디모데전서 1장에 보면 사도 바울은 자기 자신을 이렇게 잘 이해하고 있습니다.

나를 능하게 하신 그리스도 예수 우리 주께 내가 감사함은 나를 충성되이 여겨 내게 직분을 맡기심이니 내가 전에는 비방자요 박해자요 폭행자였으나 도리어 긍휼을 입은 것은 내가 믿지 아니할 때에 알지 못하고 행하였음이라 우리 주의 은혜가 그리스도 예수 안에 있는 믿음과 사랑과 함께 넘치도록 풍성하였도다 미쁘다 모든 사람이 받을 만한 이 말이여 그리스도 예수께서 죄인을 구원하시려고 세상에 임하셨다 하였도다 죄인 중에 내가 괴수니라 그러나 내가 긍휼을 입은 까닭은 예수 그리스도께서 내게 먼저 일체 오래 참으심을 보이사 후에 주를 믿어 영생 얻는 자들에게 본이 되게 하려 하심이라 **(딤전 1:12-16)**

바울은 자신을 무엇으로 이해했습니까? 나 같은 자도 구원을 받았는데 너희가 왜 못 받겠느냐 하는 본, 곧 샘플로 이해하고 있습니다. 은혜의 구원에 있어서 샘플은 잘한 사람이 아니라 못한 사람입니다. 우리가 구약을 읽을 때는 모세를 높이고 다니엘을 높이고, 신약을 읽을 때는 베드로를 높이고 바울을 높입니다. 그러나 성경은 우리가 모세만 못하지 않고 베드로만 못하지 않다고 말씀합니다. 모세나 바울이 위대하여 쓰임을 받은 것이 아니라 제일 못했기 때문에 하나님이 그들을 쓰셨습니다. 그리하여 '너희는 이 사람들보다 나으니까 걱정하지 말라'는 증인으로 우리 앞에 세우신 것입니다. 이것이 성경의 증언입니다. 이것이 복음입니다.

우리가 신앙생활을 할 때 하나님의 손길을 보지 못하는 까닭에 자신의 처지와 형편을 오해합니다. 그러나 하나님이 베드로에게 하셨듯이, 바울에게 하셨듯이 우리 모두에게도 그렇게 하실 것입니다. 저들을 사랑하셔서 하나님의 진정한 복으로 이끄시려고 자기를 근거로 삼는 자기 의를 꺾으셨던 것입니다. 우리 모두에게도 그렇게 하고 계십니다. 그것이 우리의 복이 되기 때문입니다. 하나님은 이 일을 모세에게, 아브라함에게, 다윗에게, 베드로에게, 바울에게 하셨던 것처럼 우리에게도 하고 계십니다.

우리는 모세와 바울을 부러워할 것이 하나도 없습니다. 우리는 그들보다 더 나은 사람, 아니 비교할 수 없는 하나님의 최고의 사랑과 인도하심과 간섭을 받고 있습니다. 이 사실을 기억해야 합니다. 그래서 우리를 어디로 끌고 가십니까?

영원하신 왕 곧 썩지 아니하고 보이지 아니하고 홀로 하나이신 하나님께 존귀와 영광이 영원무궁하도록 있을지어다 아멘 (딤전 1:17)

바울의 이야기는 이렇습니다. '난 정말 못난 놈이었다. 하나님만 영광을 받으실 뿐이다. 하나님이 나를 구원하셨고 너희를 위하여 나를 본으로 삼으셨다. 나를 부러워하지 마라.' 오늘 모든 성도들에게 하는 이야기입니다. 그런데 내가 잘못하면 왜 그것도 못하냐고 비난을 받지만, 거꾸로 잘 하고 있으면 '제가 뭘 했겠어요, 하나님의 은혜죠'라고 겸손을 떨며 잘난 척합니다. 하나님은 이런 식으로 영광을 받으시는 것이 아니라는 이야기입니다.

잘 생각해 보십시오. 하나님이 어떻게 일하고 계시는지 말입니다. 누구를 위하여 그 아들을 보내셨는가, 그 아들을 주신 분이 그 아들과 함께 왜 모든 것을 은사로 주지 않겠는가를 말입니다. 우리는 이를 앞 장에서 살펴봤습니다. 그것을 놓치지 마십시오. 하나님은 우리를 향한 당신의 간섭의 손길, 사랑과 열심을 한 순간도

약화하신 적이 없습니다. 우리가 놓치고 있는 부분입니다. 무엇 때문에 놓치고 있습니까? 예수 그리스도 안에 있는 믿음으로 사는 우리의 신앙생활이 형통과 승리와 보이는 증거들로 채워질 것이라고 잘못 기대했기 때문입니다. 이로 인해 성경이 우리에게 약속하고 예수 그리스도 안에서 이루는 하나님의 손길들을 놓치는 법입니다.

우리가 모른다고 해서 하나님이 손 놓고 아무것도 안 하시는 것이 아닙니다. 이제껏 변함없이 해 오셨습니다. 자신의 신앙에 대한 선택과 절망과 낙심들을 다시 생각해 보십시오. 그렇게 된 것은 우리를 꺾기 위해 그리하신 것입니다. 그래서 이제 우리가 입 다물고 조용해진 것입니다. 하나님이 제대로 하신 것입니다. 우리가 그것을 절망으로 느낀 것은 틀린 것입니다.

하나님이 우리의 의가 되셨습니다. 우리 모두 은혜를 입은 자들입니다. 우리의 힘과 우리의 필요는 예수 그리스도 안에만 있습니다. 우리는 절대로 내가 너와 다른 것 같다는 식으로 어느 사람도 어느 일도 판단하지 않아야 합니다. 하나님이 예수 그리스도 안에서 사람들을 대하시듯이 우리도 그렇게 다른 사람들 앞에 서야 합니다. 자신 없으면 입 다무십시오. 하나님이 어떻게 하나 그냥 지켜만 보십시오. 바울 사도가 고린도 교인들에 대하여 어떻게 말하고 있습니까?

형제들아 너희를 부르심을 보라 육체를 따라 지혜로운 자가 많지 아니하며 능한 자가 많지 아니하며 문벌 좋은 자가 많지 아니하도다 그러나 하나님께서 세상의 미련한 것들을 택하사 지혜 있는 자들을 부끄럽게 하려 하시고 세상의 약한 것들을 택하사 강한 것들을 부끄럽게 하려 하시며 하나님께서 세상의 천한 것들과 멸시 받는 것들과 없는 것들을 택하사 있는 것들을 폐하려 하시나니 이는 아무 육체도 하나님 앞에서 자랑하지 못하게 하려 하심이라 (고전 1:26-29)

자랑하지 못하게 하신다는 말을 오해하지 마십시오. 하나님이 자존심이 강하셔서 잘난 척하는 꼴을 못 보신다는 말이 아닙니다. 우리가 만든 것으로 만족하실 수 없다는 뜻입니다. 인간이 자기의 필요와 욕심을 따라 만들어 내는 것 정도로는 만족하실 수 없답니다. 하나님이 우리에 대하여 목표하신 것은 인간의 한계 안에 갇혀 있는 그런 정도의 것이 아닙니다. 신적 내용과 경지와 그 수준으로 채워서 하나님이 영광을 받으시겠다는 것입니다.

　우리는 내가 가진 것으로 내가 만들었을 때에 자랑이 나옵니다. 자기가 스스로 만들면 남을 공격합니다. '나는 했다' 하는 이 싸움을 하지 마십시오. 왜냐하면 신자란 자기가 만드는 것으로 스스로를 확보하는 것이 아니라 하나님이 주시는 것으로 채우는 자이기 때문입니다. 우리가 만들 수 있는 수준은 하나님이 만드신 수준이 못 됩니다. 아들을 주어 구원한 경지가 아닙니다. 하나님이 그것을 못 참으십니다. 이것이 우리가 바라는 것이요, 우리가 자랑할 수 없는 이유입니다.

너희는 하나님으로부터 나서 그리스도 예수 안에 있고 예수는 하나님으로부터 나와서 우리에게 지혜와 의로움과 거룩함과 구원함이 되셨으니 (고전 1:30)

예수 그리스도는 우리의 지혜시요, 의로움이시요, 거룩함이시요, 구속이십니다. 이제 신자는 예수 그리스도의 영광이 자신의 자랑입니다. 우리는 예수 그리스도의 영광을 만들어 내지 못합니다. 그럴 실력이 없습니다. 신적 경지에 갈 실력이 어디 있겠습니까? 성도들에게는 예수님이 그의 보상이요, 영광이요, 은혜요, 구원입니다. 그래서 어디로 갑니까?

기록된 바 자랑하는 자는 주 안에서 자랑하라 함과 같게 하려 함이라 (고전 1:31)

왜 주 안에서 자랑하라고 합니까? 우리가 만들어 내는 것이 아니기 때문입니다. 주 안에 약속된 하나님의 선물들과 복 주심을 자랑하라는 것입니다. 그래서 분명한 결론에 도달합니다.

우리의 신앙고백과 열심과 헌신에 대하여 하나님이 응답하셨다는 사실입니다. 우리가 느낀 절망과 낙심들은 우리의 의와 근거들을 뽑아내는 것으로 작용해야 옳습니다. 하나님이 우리의 복을 위하여, 약속하신 구원의 완성을 위하여 그렇게 이제까지 일해 오셨습니다. 우리가 헛고생한 것이 없습니다. 이제 우리는 예수 그리스도 안에 있는 믿음으로 말미암아 신적 약속과 신적 충만함과 신적 경지의 내용들로 채워져야 합니다. 그것은 우리 안에 있지 않고 예수 그리스도 안에 있습니다. 이것을 '예수 안에서 믿음 가운데서 산다'라고 이야기하는 것입니다.

1 바울은 하나님의 일꾼으로서 형통한 모습을 보이기보다는 연속되는 고난의 삶을 살았다. 이러한 사역 현실이 그가 하나님의 종일 수 없다는 근거가 되지는 않는다. 고린도교회의 이런 의문은 하나님이 그를 형통하게 써 주시기를 바라는 기대와 맞닿아 있었다고 생각할 수 있다.

2 하나님은 바울 사도 평생에 걸쳐 그에게 자기 파산과 자기 포기를 훈련시키셨다. 이렇게 하신 것은 자기 힘을 의지하지 않고 다만 하나님만 의지하게 하여 그를 완성하게 하는 데 그분의 목적이 있었다.

3 우리의 구원의 완성은 우리 힘으로 만들어 낼 만한 수준의 것이 아니다. 인간이 자기 필요와 자기 욕심에 따라 만들어 내는 구원이라면 이미 그것은 하나님의 작품이 아니다.

4 우리는 현실을 살아가면서 신앙의 실패들을 경험한다. 우리가 이것을 그저 자책으로 일관하거나 믿음이 약한 증상이라고만 생각한다면 무엇을 놓치고 있는 것인가?

12

성화의 승리

찬송하리로다 하나님 곧 우리 주 예수 그리스도의 아버지께서 그리스도 안에서 하늘에 속한 모든 신령한 복을 우리에게 주시되 곧 창세 전에 그리스도 안에서 우리를 택하사 우리로 사랑 안에서 그 앞에 거룩하고 흠이 없게 하시려고 그 기쁘신 뜻대로 우리를 예정하사 예수 그리스도로 말미암아 자기의 아들들이 되게 하셨으니 이는 그가 사랑하시는 자 안에서 우리에게 거저 주시는 바 그의 은혜의 영광을 찬송하게 하려는 것이라 (엡 1:3-6)

본문은, 우리의 구원이 어떻게 하나님의 주도 아래 있는가를 설명하는 부분입니다. 하나님이 창세전에 우리를 예정하시고 또 우리를 기뻐하사 예수 그리스도 안에서 그분의 아들들로 정하시고 구원하시고 결국 하나님의 은혜의 영광을 찬미하는 결과에까지 이를 것이라고 합니다. 바울은 구원을 이렇게 설명하고 있습니다.

이런 설명은 장로교 교리에서 주종을 이루는 하나님의 주권에 관한 인정이요, 하나님의 무한하신 은혜를 강조하는 성경의 내용을 증언하고 있습니다. 그렇다고 해서 우리가 우리의 책임을 외면하거나 경시해서는 안 됩니다.

여기서 중요한 문제는 신자가 구원을 얻었고 믿음의 헌신은 가지고 있으나 현실적으로는 실패하는 문제입니다. 신앙을 행위적으로 이해하는 사람들은 신앙생활을 잘하거나 성공하기도 합니다. 믿음의 용사들이 있고 또 그런 큰 역사를 이루는 사람들을 보게 됩니다. 이런 예들은 '하면 된다'라는 것을 증명해 주는 것이 아닙니다. 하나님이 복의 근원이 되시고, 하나님에게 헌신하며, 진심을 바치는 것을 하나님이 기뻐하신다는 사실을 확인하게 해 주는 것입니다.

그러나 대부분의 신자가 경험하다시피 그러한 증언들은 하나님이 우리에게 어떤 분이시며 신자에게 있어서 어느 만큼의 필요와 믿음의 대상인가를 증명하는 역할만 하는 것뿐이지, 신앙 내용 전체를 증언하지는 않습니다.

우리가 지금까지 살펴본 바와 같이 신앙의 전체 내용에서는 자기 의를 꺾고 하나님만 의존하는 그런 자리로 들어가는 것이 가장 중요합니다. 그런 까닭에 신자 쪽에서 보면 하나님이 신자들을 인도하시는 것이 그들의 삶을 좌절과 실패로 이어지게 하는 것 같습니다.

우리는 신앙의 실패에 대하여 '의지의 문제'라는 식으로 접근하면 안 됩니다. 누구는 결심하고 약속한 것을 이루어 냈고, 누구는 소원이 있었지만 이루어 내지 못한 것이라고 한다면 그것은 세상적인 평가입니다. 세상에서는 그것을 한 개인의 의지의 차이라 보고서 의지의 승리와 의지의 박약에서 나온 것이라고 일축합니다. 그래서 성공을 칭송하고 실패를 비난하는 것이지만 신앙은 그런 문제에 속한 것이 아닙니다. 왜냐하면 성경에는 의지의 승리에 기댄 믿음의 영웅들이 없기 때문입니다.

한국 교회가 그동안 성경에 등장하는 사람들을 영웅시한 것은 사실입니다. 이것은 성경이 의도한 것과는 달리 세상에서 갖는 인과율, 곧 원인과 결과의 법칙에 근거한 것에 지나지 않습니다. 한 사람의 위대함은 그 사람에게 이유가 있을 것이라고 하는 세상적 사고방식을 억지로 갖다 붙인 것이라고 할 수 있습니다.

대표적인 예로 모세를 봅시다. 모세가 자기 동족을 괴롭히는 애굽 관원을 때려 죽였을 때는 하나님의 부름을 받지 못합니다. 오히려 도망가 미디안 광야에서 40년을 더 보내고 80세가 되어 자기 인생이 이제는 희망이 없고 자신의 힘과 가능성에 대하여 절망할 때, 하나님이 찾아오십니다. 그가 하나님의 부르심을 계속 거절하는 장면을 출애굽기에서 볼 수 있습니다. 그가 기어코 어디까지 물러서느냐 하면, '주여 보낼 만 한 자를 보내소서'라는 고백에까지 이르게 됩니다.

구약성경의 제일 위대한 인물을 모세라고 했을 때, 그가 비전을 품고서 주님 앞에 헌신하여 쓰임을 받았다는 식으로 말하는 성경의 설명은 없습니다. 모세는 뒷걸음쳤고 하나님이 자기의 열심을 받아 주지 않으시는 데 대해서 놀라 있는 상태, 즉 낙심해 있는 상태에서 부름을 받습니다.

요셉의 경우도 그렇습니다. 우리는 요셉을 꿈과 비전의 사나이로, 위대한 인물로 자주 언급하지만 성경은 전혀 그렇게 그리지 않습니다. 요셉은 자기 인생에 대해서 너무나 놀랍니다. 그는 전혀 기대하지 않았던 인생으로 묶여 갑니다. 형들에게 죽임을 당할 뻔하다 간신히 살아서 노예가 되어 종살이하다 감옥에 갑니다. 그곳에서 요셉은 술 맡은 관원장과 떡 굽는 관원장의 꿈을 해몽해 주고 술 맡은 관원장에게 나가면 억울하게 잡혀 들어와 있는 자기를 풀어 달라는 소원 외에는 없었습니다.

그런데 우리는 요셉이나 모세를 영웅시해서 신앙 문제를 다룰 때, 자기 안에 있는 어떤 거룩한 결심과 그 결심을 추진하는 끈질긴 의지 같은 것들을 신앙의 중요한 근거로 삼고 판단하는 것에 익숙해져 있습니다. 현실적 신앙의 실패에 대해서 우리는 언제나 이 성경 구절을 가져다 붙입니다. '마음은 원이로되 육신이 약하도다.' 마음에는 거룩한 원함이 있었는데 육신이 말을 안 들었다고 합니다. 그런데 육신과 마음은 한통속으로 거룩한 것을 생산해 내거나 산출해 낼 수가 없습니다.

기독교 신앙은 성취를 근거로 하여 신앙을 평가하거나 윤리나 도덕성만 가지고 신앙을 평가하지도 않습니다. 기독교 신앙을 평가하는 가장 중요하고 유일한 기준은 하나님에 대한 의존도입니다. 요한복음 15장의 포도나무의 비유를 통해서 여러 번 인용하고 강조했듯이 누가 더 많이 하나님에게 은혜를 구하며, 오직 그분만 의지할 수밖에 없다고 하는 것이 신앙의 유일한 기준이요, 또 그것으로 신앙을 평가해야 옳습니다.

그런 의미에서 우리가 하나님 앞에 바치는 신앙적인 진심이나 열심 같은 것들은 조건이 아니라 그것 자체가 내용이라고 앞 장에서 언급했습니다.

어떤 환경과 조건에도 불문하고 오직 하나님에게 내 전심을 바치는 것 자체가 내용이지, 그것을 조건으로 삼아 자기가 소원하는 현실적 보상을 받아 내는 방법을 동원하면 안 되는 것입니다.

성경은 우리에게 무엇을 강조하고 있습니까? 사울이 이스라엘의
첫 왕이 되었다가 폐위를 당해 왕권을 빼앗기는 사무엘상 15장에
나오는 사건에서 성경은 일찍이 신앙의 가장 중요한 본질을 선언
합니다.

사울이 사무엘에게 이르되 나는 실로 여호와의 목소리를 청종하여
여호와께서 보내신 길로 가서 아말렉 왕 아각을 끌어 왔고 아말렉
사람들을 진멸하였으나 다만 백성이 그 마땅히 멸할 것 중에서 가
장 좋은 것으로 길갈에서 당신의 하나님 여호와께 제사하려고 양과
소를 끌어 왔나이다 하는지라 사무엘이 이르되 여호와께서 번제와
다른 제사를 그의 목소리를 청종하는 것을 좋아하심 같이 좋아하시
겠나이까 순종이 제사보다 낫고 듣는 것이 숫양의 기름보다 나으니
이는 거역하는 것은 점치는 죄와 같고 완고한 것은 사신 우상에게
절하는 죄와 같음이라 왕이 여호와의 말씀을 버렸으므로 여호와께
서도 왕을 버려 왕이 되지 못하게 하셨나이다 하니 (삼상 15:20-23)

사울은 별 것 아닌 것 같은 사건에서 순종하지 않았다고 해서 폐
위됩니다. 왜 순종해야 됩니까? 왜 제사보다 순종이 낫습니까? 여
기서 제사란 우리가 만든 최선을 하나님 앞에 바치는 것을 말합니
다. 그것은 기독교 신앙이 아닙니다. 기독교 신앙은 가지가 포도나

무에 붙어 있는 것을 말합니다. 우리는 하나님에게 받을 것만 있지 우리가 하나님에게 드릴 것은 없습니다. 우리가 드러내는 하나님의 영광은 내 헌신과 열심과 능력이 빚어낸 결과가 아닙니다. 그것은 하나님에게 붙어 있음으로 하나님에게서 흘러나오는 모든 신성에 속한 것으로 충만해져 하나님의 어떠하심이 우리에게 드러나는 것입니다. 그리하여 하나님에게 영광을 돌리는 것입니다.

이 부분에서 자기 의는 중요한 걸림돌이 됩니다. 우리는 자꾸 자기만이 만들어 낼 수 있는 것으로 자신을 다른 사람과 구별하고 또 평가하려고 합니다. 그러나 성경은 그렇게 가르치지 않습니다. 자기 의는 우리가 다른 사람보다 더 열심히, 더 진지하게, 더 뛰어나게 주님을 섬겨 무엇을 만들어 냈느냐에 있지 않습니다. 우리가 더 큰 신앙과 더 깊은 경지에 가 있을수록 자신을 하나님에게 붙들어 매어 하나님만 주실 수 있는 것으로 우리가 충만해지는 것이 중요합니다. 신앙은 그에 관한 싸움입니다.

순종은 무엇을 위한 조건일 수 없습니다. 우리가 바치는 어떤 열심이 조건이 되어서는 안 됩니다. 그 열심과 순종이 우리를 하나님에게 붙들어 매어 하나님으로부터 허락되는 신성의 충만한 것을 채우게 해야 합니다. 그래서 그것 자체가 내용이 되어야 합니다. 그것이 기독교 신앙의 본질입니다.

이 문제는 시편 51편에 있는 대로 다윗이 밧세바 사건을 통해 하나님이 구하시는 제사는 상한 심령이라고 한 사실에서 다시 반복하여 나타납니다. 하나님은 제사를 원하지 않으신다고 못 박고 있습니다. 이렇게 하나님은 제사를 원하지 않으시고 그분이 구하시는 제사는 상한 심령이라는 것입니다. 우리가 하나님에게 바칠 것이 있고 또 무엇인가 만들어 드리는 것이 기독교 신앙이 아닙니다. 하나님의 것으로 채워지는 것이 기독교 신앙입니다.

그러나 자기 의라는 것은 하나님의 영광을 드러내는 것이 아니라 내 것으로 남다른 종교적 열심과 종교적 우월함을 증명하고자 하는 것입니다. 하나님의 인도를 받는 신앙 현실 속에서 하나님의 백성에게 일어나는 일들은 보편적으로 좌절과 실패가 더 많습니다. 왜 그렇습니까? 우리는 끊임없이 자신이 주님 앞에 무엇을 드리는 것을 조건으로 삼아 자기가 원하는 보상을 받아 내려 할 뿐이지, 하나님에게 순종하여 하나님에게 묶인 자가 되어야 한다는 생각이 낯설기 때문입니다.

우리는 주님이 기뻐하시는 것을 행함으로 하나님의 진노를 가리고 그다음에 나를 확인하여 내가 하나님에게 드린 것만큼 내가 원하는 소원을 받아 내는 식의 상거래를 하기 일쑤입니다. 그것을 깨려면 우리에게는 하나님이 받으실 만한 것을 생산해 낼 능력이 없다는 것을 확인해야 합니다. 우리가 마음에 절망을 느끼는 것이 정상이고, 비참해지는 것이 정상입니다.

자기 의를 벗어나기란 대단히 힘들고 고약합니다. 내 삶의 모든 생각과 말과 행동에서 벗어난다는 것은 굉장히 어렵습니다. 이것을 스스로 확인해야 합니다. 이것을 확인하고 자신에 대해 절망해야 우리가 하나님 앞에서 잠시 잠깐이라도 나를 혼자 두지 말라고 고백할 것입니다.

지난 장에서도 말했듯이 주님이 매시간 우리를 필요로 하는 것이 아니라 우리에게는 매 순간 주님이 필요합니다. 우리는 죄의 본성으로, 자기를 근거한 자랑과 비교와 시샘과 그런 결심들만 할 뿐입니다.

이 장의 서두에도 잠시 언급했지만 이렇게 열심을 내고 의지를 발동해서 하나님의 일을 하는 사람이 있습니다. 일반적으로 평하듯이 믿음의 위인들, 믿음의 역군들이 있습니다. 그런 사람들을 하나님이 세우신 것도 사실이고 하나님을 향한 그들의 진심을 하나님은 받기도 하십니다. 그러나 그것이 공로가 되고 방법이 되는 것은 하나님이 허락하지 않으십니다. 그것을 혼동하지 마십시오.

우리의 신앙 현실에서 예를 들면 기복 신앙이라든가 신비적 체험이라든가 혹은 어떤 신앙 행동들이 신앙 훈련에 유익이 있어서 쓰일 수는 있습니다. 그렇다고 그것들이 신앙 내용에서 중심에 서는 것은 아닙니다. 또한 신앙 훈련에서 중심에 둘 만한 것도 아닙니다. 우리는 그런 일들에 대하여 그것이 전부라는 생각을 늘 경계해야 합니다.

그러나 그렇게 해서 좋은 신앙을 가진 사람에 대하여 시비를 걸 생각은 전혀 없습니다. 지금 우리가 계속 살피고 고민하는 것은 그것이 대다수의 사람들에게는 정답이 되지 않는다는 사실입니다. 신비적인 체험을 하거나 기복 신앙이거나 혹은 사명에 불타서 헌신하는 열심 있는 성도들은 말하자면 좋은 군인과 같다고 할 수 있습니다.

군인에게 주어진 특징은, 생각을 하지 말라는 것입니다. 국가가 생각을 해야지 군인이 생각을 하면 안 됩니다. 군인이 철학자가 되면 그 나라는 망합니다. 그러나 군인이 아니라고 해서 애국자가 아니라든지 사나이가 아니라든지 한다면 말이 되지 않습니다. 그런 말은 무식한 발언입니다. 총을 들고 있으면 강하고, 오선지를 들고 있으면 약하다고 이야기하지 않습니다.

하나님의 정상적인 인도하심

우리는 은혜가 방임을 낳는다고 말하지 않습니다. 이 은혜를 말할 때 방임을 걱정하는 것 속에는 율법적 사고가 끼어 있습니다. 율법적 사고란 내가 원인이 되어서 나라는 결과를 만들어 낼 수 있다는 말입니다. 그러나 은혜를 강조할 때는 내가 원인이 되지 않고, 나라는 결과를 만들어 내는 다른 원인이 있어서 내게 책임이 없다고 말하는 것입니다.

성경이 말하는 은혜란 우리가 하나님의 자녀로서 더 이상 법에 적용을 받지 않고 사랑과 믿음의 법칙에 적용을 받는다는 것을 뜻합니다. 즉 하나님의 자녀가 되었으므로 법에 적용을 받는 사람들과는 비교도 안 되게 더 심한 훈련과 더 혹독한 인도를 받게 됩니다. 우리는 이에 대하여 징계를 다루는 히브리서 12장으로 앞에서 이미 확인한 바 있습니다. 여기서는 요셉을 들어 다시 한 번 확인하고자 합니다. 시편 105편을 보겠습니다.

그가 또 그 땅에 기근이 들게 하사 그들이 의지하고 있는 양식을 다 끊으셨도다 그가 한 사람을 앞서 보내셨음이여 요셉이 종으로 팔렸도다 그의 발은 차꼬를 차고 그의 몸은 쇠사슬에 매였으니 곧 여호와의 말씀이 응할 때까지라 그의 말씀이 그를 단련하였도다 (시 105:16–19)

18절에 있는 '그의 발은 차꼬를 차고 그의 몸은 쇠사슬에 매였으니'라는 표현에서 '그의 몸'이라는 말의 원래 의미는 '혼'이라고 여러 번 설명했습니다. 직역하면 '그의 혼이 쇠사슬에 꿰었다'라는 말입니다. 우리말로 혼비백산했다는 뜻입니다.

제가 크면서 늘 들었던 요셉에 관한 설교는 대부분 이런 것이었습니다. 요셉은 믿음으로 꿈도 꾸고 종으로 팔려 가서 정직히 살고 감옥에 갇혔으나 말씀을 의지하여 믿음으로 승리한 자라는 이야기였습니다. 그러나 시편에서 보는 바와 같이 그는 넋이 나간 자입니다. 자기 인생 현실이 도무지 무엇인지 이해가 되지 않는 것입니다. 자기가 알고 있는, 자기가 기대했던 하나님의 자녀로서의 현실은 하나도 없습니다. 갈수록 더 험난한 대로, 더 끝없는 나락으로 떨어진 것입니다. 기대할 것이 없었습니다. 도대체 어떻게 되어 가는지조차 모릅니다.

이것은 요셉이 믿음을 갖고 있었다는 뜻이 아니라 하나님이 그의 인생의 주도권을 분명히 쥐고 계셨다는 뜻입니다. 하나님이 원하시는 내용과 결과를 만들어 내기 위하여 그를 여기까지 붙잡아 묶어 놓으셨다는 이야기입니다. 여기에는 비전과 믿음이라는 것이 없습니다. 이렇게 이야기하므로 기독교 신앙을 흔들어 놓겠다는 것이 아닙니다. 신자에게는 당연히 고민이 있다고 말하고 싶을 따름입니다. 모세도 그랬습니다. 시편 90편에 보면 모세의 기도가 나옵니다.

주께서 우리의 죄악을 주의 앞에 놓으시며 우리의 은밀한 죄를 주의 얼굴 빛 가운데에 두셨사오니 우리의 모든 날이 주의 분노 중에 지나가며 우리의 평생이 순식간에 다하였나이다 우리의 연수가 칠십이요 강건하면 팔십이라도 그 연수의 자랑은 수고와 슬픔뿐이요 신속히 가니 우리가 날아가나이다 (시 90:8-10)

'주께서 우리의 죄악을 주의 앞에 놓으신다'라는 표현은 무슨 뜻입니까? 우리가 만드는 것은 죄밖에 없다는 뜻입니다. 그 의기양양했던 모세가 여기까지 온 것입니다. 의기양양한 때가 언제였습니까? 바로의 아들로 애굽의 왕자로서 살 때입니다. 자기 민족이 고난 당하는 것을 보고 혈기 왕성해서 쳐 죽일 때를 기준으로 보십시오. 그는 도망쳐야 했고 하나님을 기다리다 지쳐서 꿈을 접은 지 40년이 지나서야 하나님이 그분의 백성을 맡겨 출애굽의 기적을 이루신 것입니다. 이때에 모세가 '내게 능력 주시는 자 안에서

226

내가 모든 것을 할 수 있느니라'라고 말하면 안 됩니다. 그것은 예수님이 하실 이야기입니다.

믿음의 대상은 하나님입니다. 믿는 자가 믿음을 씨앗으로 삼아서 전능이라는 열매를 결실하는 것이 아닙니다. 모세가 그것을 압니다. 모든 인간은 죄밖에 지을 줄 모르고 하나님 앞에 진노밖에 살 것이 없음을 압니다. 그러면 어찌해야 합니까? 하나님만이 은혜와 사랑과 능력을 베푸시는 유일한 분이라고 이야기해야 합니다.

우리가 다시 태어난다 해도 잘못한 것 중에 안 할 수 있는 것이 있겠습니까? 질투는 나의 힘, 범죄는 나의 힘입니다. 우리는 이것밖에 할 줄 모릅니다. 우리는 오히려 그 사이사이에 한 번씩 행한 기특한 일에 놀랍니다. 이것이 정상입니다. 하나님이 우리를 간섭하시지 않았다면 무엇 하나 제대로 했겠습니까? 잘할 수 있었던 것이 별로 없었을 것입니다. 이것이 성경이 가르치는 바입니다.

예수님이 잡혀서 죽겠다고 하시니까 베드로가 주님을 버리지 않겠다고 했다가 예수님에게 뭐라고 야단맞았습니까? 예수님은 베드로에게 '사탄아, 물러가라'라고 하셨습니다. '하나님의 일을 생각지 않고 사람의 일을 생각하는구나. 나를 따르려거든 자기를 부인하고 자기 십자가를 지고 좇으라'라고 하셨습니다.

자기를 부인해야 하고 나의 존재가 없어져야 합니다. 내가 무엇을 만들 수 있습니까? 없는 데서 만드신 분은 하나님밖에 없습니다. 우리는 본성 때문에 '인간은 할 수 있다'고 생각합니다. 그래서 어떻게 되었습니까? 하나님 두기를 싫어했습니다. 하나님 두기를

227

싫어해서 인류 역사 속에서 인간이 얼마나 철저하게 나쁜 존재인가를 확인했습니다. 옛날에는 무식해서 그랬다면 지금은 유식해서 그렇게 합니다. 옛날에는 배고파서 도적질했는데 요즘은 배불러서 그렇게 합니다. 배불러서 한 도둑질은 배고파서 한 도둑질보다 더 나쁩니다. 핑계를 댈 수 없기에 훨씬 뻔뻔하게 나옵니다.

우리가 고민하고 실패해서 절절매는 것이 하나님의 정상적인 인도하심이요, 우리 안에서 불순물을 제거하는 하나님의 은혜와 사랑의 개입입니다. 우리가 하나님 앞에 헌신하고, 모든 진심을 바쳤더니 하나님이 우리를 받아 주신 것이라고 이해하기보다는 하나님이 그것을 받아서 수술하고 계셨다는 것 아닙니까? 우리는 이것이 뭔지 몰라서 늘 고민하고 좌절하고 체념해 버린 것입니다.

'심령이 가난한 자는 복이 있다'는 말은 복 받은 증상에 대한 것이라고 말한 적이 있습니다. 심령이 가난한 것은 조건이 아니라 복 받은 증거입니다. '내 안에 아무것도 없다'라고 확인되고 감각되거든 복 받는 중인 것을 아십시오. 이것은 예수님의 선언입니다. 우리는 이것을 놓쳤습니다. 그러니 우리는 어디로 가야 합니까? 오직 하나님의 은혜만 바라십시오. 제대로 가고 있는데 누군가 놀리거든 가만히 계십시오.

하나님이 완성하시고 채우시되, 신성의 모든 충만함으로 충만하게 하시는 하나님의 자녀의 구원이 이루어지는 자리로 가십시오. 그래서 신자에게 허락된 복을 누리시고, 그 믿음을 놓지 마시고, 그 과정을 겪고 있음을 확인하기 바랍니다.

요점과 확인

1 신앙은 내 의지의 문제가 아니다. 신앙은 자기 의를 꺾고 하나님만 의존하는 자리로 들어가는 것이다. 왜냐하면 신자 쪽에서 보면 하나님이 신자들을 인도하시는 것이 좌절과 실패로 이어지는 현실이기 때문이다.

2 신앙은 하나님의 것으로 채워지는 것이다. 그러나 우리는 자신이 주님 앞에 무엇을 드리는 것을 조건으로 삼아 자기가 원하는 보상을 받아 내는 것을 신앙으로 생각하기 일쑤다.

3 은혜 아래 있다는 것은 하나님의 심한 훈련과 혹독한 인도를 받음을 의미한다. 우리가 고민하고 실패해서 절절매는 것이 하나님의 정상적인 인도하심이요, 우리 안의 불순물을 제거해 주시려는 사랑의 개입임을 확인하게 해 주는 것이기 때문이다.

4 우리는 현실 신앙에서 실패할 때 '마음에는 원이로되 육신이 약하도다'라는 말씀을 가져다 붙인다. 이것이 왜 잘못된 인식인지를 이야기해 보자.

2부 | 성화를 어떻게 이룰 것인가

13

성
령
충
만
(1)

술 취하지 말라 이는 방탕한 것이니 오직 성령으로 충만함을 받으

라 (엡 5:18)

예수님을 믿고 하나님의 자녀가 된 신자들이 품는 소원은 죄를 이기고 거룩한 삶을 사는 것이요, 신앙적인 헌신이 하나님 앞에 바쳐져서 하나님이 우리의 일생을 통하여 영광 받으시는 인생을 사는 것입니다. 이것이 모든 신자가 갖는 공통된 소원입니다.

그러나 현실적으로 우리는 죄에 대한 승리는 많이 경험하지 못하고 오히려 실패를 더 많이 맛봅니다. 하나님이 우리의 헌신을 받아 하나님의 영광을 드러내며 기뻐하시는 일에 써 주시지도 않습니다. 반복되는 일상 속에 발이 묶여 허우적거리는 대로 놔두시는 현실을 실제로 경험합니다.

이때 우리는 왜 이런 일이 일어나는가, 우리의 기도에 왜 하나님이 응답하지 않으시는가 의문을 품게 됩니다. 그래서 우리는 일반적으로 더 많은 진심과 더 많은 헌신을 하나님에게 보이려고 금식기도를 하고, 철야기도를 하고, 서원을 합니다. 이렇게 해서 우리의 헌신이 받아들여져 우리가 소원하고 기대했던 신앙의 승리가 일어나기를 원합니다. 그러나 이렇게 반복해서 힘쓰고 노력하지만 실패하는 까닭에 마침내는 체념하는 현실도 비일비재합니다.

물론 우리 주변에, 헌신이 받아들여지고 승리하는 신앙생활로 좋은 의미의 자랑을 하는 분들이 있습니다. 기독교 신앙의 승리를 외치는 이들이 많습니다. 하지만 그렇게 나서서 이야기하는 분들은 거의 그들뿐이고, 그렇게 하지 못하는 모든 사람은 제가 설명하는 식의 신앙 현실을 걸고 있다고 해도 무방할 것 같습니다.

우리는 줄곧 죄에 대한 승리가 무엇인지 생각해 보았습니다. 죄라는 것은 윤리성과 도덕성의 문제가 아니라 하나님을 배제함으로써 시작되는 것이요, 하나님 없이 자신이 근거가 되는 힘과 결과를 갖고자 하는 것입니다. 그렇기 때문에 죄에 대하여 승리하게 하시려고 하나님은 우리에게 자기 의를 꺾는 훈련을 시키십니다. 우리가 이미 확인한 대로 모세, 다윗, 베드로가 그런 인물이었고, 성경에 등장한 모든 사람이 예외 없이 평생 하나님을 의존하는 법을 훈련받았습니다. 그것이 죄에 대한 승리의 근거였던 것입니다.

그래서 이제 내가 사는 것은 나를 사랑하사 자기 몸을 버리신 예수 그리스도를 믿는 믿음 안에서 산다는 것입니다. 이 고백은 그 믿음의 내용으로 진심과 소원을 가지고 붙잡으면 된다는 것이 아니라, 내가 예수 그리스도 안에 있는지 아닌지의 싸움이라고 확인했습니다.

'베드로가 주는 그리스도시요, 살아 계신 하나님의 아들입니다'라고 고백함으로써 예수님에게 칭찬을 받았습니다. 그러나 예수님의 죽으심의 예언에 대하여 '주여 그리 마옵소서. 이 일이 결코 주에게 미치지 아니하리이다'라고 했다가 '사탄아 내 뒤로 물러가라. 너는 나를 넘어지게 하는 자로다. 네가 하나님의 일을 생각지 아니하고 도리어 사람의 일을 생각하는도다'라는 책망을 듣습니다. 그리고 '아무든지 나를 따라오려거든 자기를 부인하고 자기 십자가를 지고 나를 좇아야 한다'고 말씀합니다. 여기서 자기를 부인하고 자기 십자가를 지라는 것은 비장미나 장렬함을 말하지 않습니다. 빌립보서 2장을 보겠습니다.

너희 안에 이 마음을 품으라 곧 그리스도 예수의 마음이니 그는 근본 하나님의 본체시나 하나님과 동등됨을 취할 것으로 여기지 아니하시고 오히려 자기를 비워 종의 형체를 가지사 사람들과 같이 되셨고 사람의 모양으로 나타나사 자기를 낮추시고 죽기까지 복종하셨으니 곧 십자가에 죽으심이라 (빌 2:5-8)

우리에게 요구하시는 것은 죽음입니다. 자기에 대하여 죽는 것입니다. 우리는 없고 예수 안에 우리가 있을 뿐입니다. 이것을 통해서 성경의 모든 내용이 풀리고 현실적으로 하나님이 약속하신 대로 우리의 기도에 응답하고 계신다는 사실을 확인할 수 있습니다.

신앙의 승리와 죄에 대한 승리와 경건한 삶을 바라는 우리 기도에 하나님은 응답하사 우리 안에서 우리 자신이 근거가 된 것을 꺾고 계십니다. 이렇게 할 말이 없는 인생으로 우리를 만들고 계시지만 우리는 그것을 절망으로 느낍니다. 그러나 이런 사실을 주님은 무엇이라고 말씀하셨습니까? '심령이 가난한 자는 복이 있다'고 하셨습니다. 심령이 가난하다는 것은 복 받은 증상이요, 증거라고 했습니다.

233

세상이 기대하는 종교는 어떤 것입니까? 세상이 주지 못하는 어떤 능력과 가능성을 주는 것이라고 생각합니다. 그러나 기독교 신앙은 영적인 것이고, 주 안에 있는 것입니다. 우리 자신이 남다른 것이 아니라고 배우는 것입니다. 그래서 이 문제와 연관해서 또 한 가지를 살펴보고자 합니다. 이제까지 사실 죄에 대한 승리와 신앙의 승리가 자기 의를 꺾는 것과 관계가 있다고 이야기해 왔는데 이와 더불어 하나 더 생각해 볼 것이 있다는 것입니다. 그것은 하나님이 우리의 헌신을 받지 않으심에 대한 질문입니다. 그 답으로는 먼저 성령 충만이라고 말씀드릴 수 있습니다.

베드로가 예수님을 모른다고 세 번이나 부인했습니다. 그런데 사도행전에 나오는 베드로를 보면 그 이전과는 완전히 다른 모습으로 나타납니다. 이는 그가 성령 충만함으로써 그렇게 되었다고 다들 외칩니다. 그래서 우리는 이 성령 충만을 생각할 때 신앙 현실에서 느끼는 절망과 실패를 만회하게 할 뿐 아니라 승리를 얻게 해 주는 성도에게 허락된 신적 개입이요, 방법이라고 기대할 수 있습니다.

그러나 성령 충만을 통해 하나님은 우리를 인도하시고 주장하시며 신적 충만의 경지로 이끄시겠지만 성령께서 우리를 조종하신다는 것은 아닙니다. 성경 전체 사상이 그렇습니다. 창세기에서부터 인간이 죄를 짓고 인류 역사에 하나님이 개입하시는 것을 보면 하나님은 한 번도 우리를 기계적으로 조종하려 들지 않았습니다. 이와 같이 성령의 개입, 성령의 임재, 성령 충만도 우리를 기계적으로 조종하는 것과는 상관이 없습니다. 성령의 일하심은 어디서부터 출발한다고 가르칩니까? 성령께서 우리를 진리 가운데로 인도하신다는 것입니다. 요한복음 16장입니다.

내가 아직도 너희에게 이를 것이 많으나 지금은 너희가 감당하지 못하리라 그러나 진리의 성령이 오시면 그가 너희를 모든 진리 가운데로 인도하시리니 그가 스스로 말하지 않고 오직 들은 것을 말하며 장래 일을 너희에게 알리시리라 그가 내 영광을 나타내리니 내 것을 가지고 너희에게 알리시겠음이라 (요 16:12-14)

성령은 진리의 영이십니다. 이 진리의 영은 설명하고 납득시키기 위하여 오실 것이라고 하십니다. 예수 그리스도 안에 있는 모든 진리들, 예수 그리스도 안에 있는 하나님의 충만하신 것들을 설명하고 그곳으로 인도하여 우리를 결국 충만하게 하실 것입니다.

우리는 "술 취하지 말라 이는 방탕한 것이니 오직 성령으로 충만함을 받으라"라고 하는 말씀을 받을 때 우리가 반응하고 이해하는 바는 '그래 맞아, 이래야 해'라는 것입니다. 하지만 이 반응에는 문제가 하나 있습니다. 이를 풀기 위해서 성경 몇 곳을 보겠습니다.

너희 안에 이 마음을 품으라 곧 그리스도 예수의 마음이니 그는 근본 하나님의 본체시나 하나님과 동등됨을 취할 것으로 여기지 아니하시고 오히려 자기를 비워 종의 형체를 가지사 사람들과 같이 되셨고 사람의 모양으로 나타나사 자기를 낮추시고 죽기까지 복종하셨으니 곧 십자가에 죽으심이라 (빌 2:5-8)

예수님의 이 마음, 즉 순종하는 마음과 복종하는 마음을 품으라는 것입니다. 갈라디아서 5장도 보겠습니다.

내가 이르노니 너희는 성령을 따라 행하라 그리하면 육체의 욕심을 이루지 아니하리라 (갈 5:16)

이 구절들에 나타난 욕구들이 우리에게 다 납득이 될 뿐 아니라 당연한 것입니다. 예수 그리스도의 마음을 품고 성령을 좇아 행하고 육체의 욕심을 이루지 말고, 또 술 취하지 말고 성령 충만을 받으라고 하면 우리는 다 납득합니다. 그것을 당연히 여기고 소원하며 그 뜻을 충분히 이해하고 동의하고 소원합니다.

그런데 그것이 왜 내게서 안 이루어집니까? 우리는 신앙이라는 이름으로 이런 것들을 소원하면 단숨에 이루어질 것이라는 편견을 갖고 있습니다. 하지만 그런 요구 속에 시간이라는 필수적인 요소가 들어 있다는 것을 놓칩니다. 우리는 시간을 빼놓습니다. 왜냐하면 종교는 초월에 관한 것이라고 생각하기 때문입니다. 우리에게는 신자인가 아닌가만 중요하지, 신자가 완성되는 시간적 과정과 단계가 있다는 것을 생각하지 못합니다. 신자라면 완벽하거나 아니면 꽝이라는 구별만 있다고 생각하지 신자가 된 이후에 신자가 완성을 향해 나아간다는 개념을 놓칩니다.

그래서 이런 말씀을 보면 신자가 '난 이제 알았어'라고 하는 순간 그냥 어떤 경지로 들어간다고 생각합니다. 그러나 아는 것을 자기 것으로 만드는 데에는 오랜 시간이 걸립니다. 우리는 종교 문제에서도 맞느냐 틀리느냐 혹은 넘어가든가 완전 꽝이든가 하는 이분법밖에 모릅니다. 아무런 과정도 훈련도 없이 밤낮 유일한 소원 하나를 믿음이라는 이름으로 붙들고서 왜 안 주느냐고 매일 시비를 걸고 체념을 합니다. 또 다음 날 욱해 가지고는 하룻밤 새고 기도하니 하룻밤어치밖에 안 늡니다. 밤을 새고 기도하는 식의 널뛰기를 합니다. 에베소서 5장에 보면 시간이 얼마나 중요한 요소인가를 설명하고 있습니다.

그런즉 너희가 어떻게 행할지를 자세히 주의하여 지혜 없는 자 같이 하지 말고 오직 지혜 있는 자 같이 하여 세월을 아끼라 때가 악하니라 그러므로 어리석은 자가 되지 말고 오직 주의 뜻이 무엇인가 이해하라 술 취하지 말라 이는 방탕한 것이니 오직 성령으로 충만함을 받으라 (엡 5:15-18)

여기에서 시간 개념을 분명하게 지적하고 있습니다. 좀 더 넓은 문맥에서 보겠습니다.

너희가 전에는 어둠이더니 이제는 주 안에서 빛이라 빛의 자녀들처럼 행하라 빛의 열매는 모든 착함과 의로움과 진실함에 있느니라 주를 기쁘시게 할 것이 무엇인가 시험하여 보라 너희는 열매 없는 어둠의 일에 참여하지 말고 도리어 책망하라 그들이 은밀히 행하는 것들은 말하기도 부끄러운 것들이라 그러나 책망을 받는 모든 것은 빛으로 말미암아 드러나나니 드러나는 것마다 빛이니라 그러므로 이르시기를 잠자는 자여 깨어서 죽은 자들 가운데서 일어나라 그리스도께서 너에게 비추이시리라 하셨느니라 그런즉 너희가 어떻게 행할지를 자세히 주의하여 지혜 없는 자 같이 하지 말고 오직 지혜 있는 자 같이 하여 세월을 아끼라 때가 악하니라 그러므로 어리석은 자가 되지 말고 오직 주의 뜻이 무엇인가 이해하라 술 취하지 말라 이는 방탕한 것이니 오직 성령으로 충만함을 받으라 (엡 5:8-18)

하나님의 자녀는 하나님의 뜻을 분별하고 그 뜻대로 연습하여 성령 충만의 경지에 가기 위한 과정과 단계와 훈련과 연습이 필요하다는 것을 이야기하고 있습니다. 우리는 성령 충만에 대해 내가 진심만 갖다 바치면 받게 되는 보상쯤으로 여깁니다. 그래서 신적 경지에 들어가면 신적 충만이 허락된다고 생각합니다.

물론 성령께서 어느 한 영혼에게 깊이 개입하여 본인이 연습하지 않은 것을 확인받게 하는 일도 있습니다. 이런 것은 우리에게 신적 충만이 채워지는 과정 가운데서 그렇게 하시는 것이 아니라 하나님이 신적 인도와 주장, 분발, 확신을 주실 때 그렇게 하십니다.

그것들은 모두 우리를 분발하게 하고 잠자는 자리에서 깨어나게 하고 우리에게 확신을 주고 우리를 인내하게 하고 계속 충성하게 하려고 주어집니다. 그렇지만 신적 충만이 채워지는 내용은 그렇게 단번에 주시는 법이 없습니다. 오랜 시간을 들여 연습하고 훈련해야 합니다. 이것이 서신서의 공통된 이해입니다.

그러므로 그리스도 안에 무슨 권면이나 사랑의 무슨 위로나 성령의 무슨 교제나 긍휼이나 자비가 있거든 마음을 같이하여 같은 사랑을 가지고 뜻을 합하며 한마음을 품어 아무 일에든지 다툼이나 허영으로 하지 말고 오직 겸손한 마음으로 각각 자기보다 남을 낫게 여기고 각각 자기 일을 돌볼뿐더러 또한 각각 다른 사람들의 일을 돌보아 나의 기쁨을 충만하게 하라 너희 안에 이 마음을 품으라 곧 그리스도 예수의 마음이니 (빌 2:1-5)

어떻게 하라는 것입니까? 좋은 일을 할 때 조심하라는 것입니다. 만약 성령 충만을 받아 다 해결될 것이었다면 왜 이런 이야기를 할 필요가 있었겠습니까. 무엇은 하지 말고 무엇은 하라고 한 것은 우리를 연습시키려는 목적이 있었던 것입니다. 성령 충만으로 모든 것이 다 해결된다면 무엇은 하고 무엇은 하지 말라고 나열할 필요가 없습니다. 성령 충만할 때 하나님의 뜻과 그 기뻐하심만 남고 나머지는 다 사라질 테니 말입니다.

이 이야기를 왜 하는지 아시겠습니까? 성령 충만하신 분들을 기분 나쁘게 하려는 것이 아닙니다. 아직 받지 못하신 분들, 그런 경험이 없는 99퍼센트의 사람들을 위해서 하는 이야기입니다. 그리고 성령 충만을 받은 1퍼센트의 사람들에게 성령 충만의 의미가 무엇인지 확인시켜 드리려고 하는 이야기입니다. 성령 충만은 성화의 과정에서 그 과정을 대신하게 하려고 주시는 것이 아닙니다. 그것은 노력하지 않은 것을 해답으로, 연습해야 할 것을 안 해도 된다는 뜻으로 주어지는 것이 아닙니다.

아무 일에든지 다툼이나 허영으로 하지 말고 오직 겸손한 마음으로 각각 자기보다 남을 낫게 여기고 각각 자기 일을 돌볼뿐더러 또한 각각 다른 사람들의 일을 돌보아 나의 기쁨을 충만하게 하라 너희 안에 이 마음을 품으라 곧 그리스도 예수의 마음이니 (빌 2:3-5)

성령 충만은 이렇게 연습하고 분별하고 깨어 있고 시간이 걸려서 가는 자리라는 이야기입니다. 술 취하지 말라는 말이 무슨 뜻입니까? 성령 충만을 설명하기 위하여 술 취하지 말라는 말을 도입합니다. 성령 충만을 설명하려고 술 취하지 말라고 강조합니다. 이는 방탕한 것입니다. 방탕하다는 것은 성경에서 낭비하고 허비한다는 말입니다. 시간을 허비하는 것을 보여 주는 대표적인 이야기는 탕자의 비유입니다. 둘째가 자기 재산 달라고 해서 가지고 나가 허랑방탕했습니다.

그가 무엇을 낭비했습니까? 시간을 낭비한 것입니다. 자식은 아버지 밑에서 보고 배우고 양육받고 돌보심 속에 있어야 합니다. 그런데 혼자 나가서 자기 마음대로 살았습니다. 그동안 그는 술 취한 시간을 보냈던 것입니다. 술 취하면 어떻게 됩니까? 정상적인 생각과 분별을 놓칩니다. 우리는 때로 술 먹으면 솔직해진다, 담대해진다고 하는데 그것은 정신이 빠진 것입니다. 평소 같으면 해서는 안 되는 이야기를 하고, 해서는 안 되는 짓을 하는 것을 미화해 솔직해진다고 말하는 것입니다.

우리가 무엇을 분별해야 합니까? 성령 충만은 우리에게 어디로 가라고 합니까? 시간을 놓치지 말라고 합니다. 시간과 기회들을 어떻게 쓰라는 것입니까? 훈련하는 데 쓰라는 것입니다. 깨어 근신하여 연습하고 훈련해야 합니다. 시간을 낭비하지 마십시오. 성령 충만으로는 연습하고 훈련해서 가는 것입니다. 가장 중요한 것은 훈련과 연습인데 이것은 단번에 되는 법이 없습니다. 훈련과 연습을 할 때 우리를 크게 좌절시키는 것은 이런 훈련과 연습을 못할 것 같다고 느끼는 것입니다.

실패가 훨씬 많으니까 연습을 하면 할수록 '나는 아닌가 보다'라는 생각이 들 수 있습니다. 그러나 내가 이르지 못할 자리를 욕심내어 연습하고 있는 것은 아닙니다. 하나님이 이미 정해 놓으신 그 승리를 향해 예수 그리스도 안에서 갖게 된 부활 생명을 가지고 생명과 성령의 법 안에서 하나님이 마련해 놓으신 신자의 인생을 걸고 있기 때문입니다. 선생이 학생들을 가르칠 때 배울 수 없는 것을 꺼내 놓고서 그들을 좌절시키겠습니까. 하나님이 당신의 자녀들을 그런 식으로 좌절시키겠습니까. 문제를 내어 푸는 놈은 살려 주고 못 푸는 놈은 심판하는 식으로 우리를 좌절시키겠느냐는 말입니다. 하나님이 그런 현실을 준비해 두셨겠습니까? 결코 아닙니다. 이것이 우리의 믿음이요, 성경이 가르치는 교훈에 대한 우리의 이해입니다.

우리의 헌신에서 기본적으로 잘못된 이해는 이런 것입니다. 예수를 믿고 하나님의 자녀가 되었으니 이제 하나님을 위해 쓸모 있는 인생을 살겠다는 것입니다. 이것은 자녀들을 학교에 보냈더니 전부 금식기도하면서 '부모님이 고생해서 학비를 주셨는데 우리가 앉아서 밥이나 먹고 공부나 하고 있어서 되겠는가? 우리도 공사판에 나가서 돈을 모아 부모님께 드리자'라고 하는 것이나 다름없습니다.

세상이 타락하여 멸망을 자초한 인류에게 하나님은 개입하셔서 그들을 당신의 자녀로 부르고 계십니다. 당신의 자녀를 구원하여 신앙으로 충만하게 하사 영광을 받으시겠다는 것입니다. 기독교 신앙에서 세상을 향하여 해야 할 일은 이차적인 문제입니다. 성경에서 말하는 구원은 하나님이 각 영혼들을 찾아와 죄 가운데서 구원하여 자기 자녀로 삼으시고 자녀다운 신적 충만함과 영광과 승리로 이끄시는 것을 말합니다. 그리고 그것이 다 완성되면 새 하늘과 새 땅, 곧 영원한 나라를 기업으로 주시겠다고 하십니다. 그러므로 우리의 일차적 사명은 이 세상을 변화시키는 것이 아닙니다.

우리의 다름을 통해 부수적으로 미치는 영향으로 세상 앞에 우리가 빛이고 소금이 되는 것입니다. 그런데 마치 하나님이 이 세상을 위하여 할 일이 있으신데 우리를 군사로 불러내신 것처럼 생각해서 신앙적 열심을 냅니다. 이것은 자녀를 학교에 보냈더니 교과서를 팔아 부모한테 돈을 가지고 와서 바치는 꼴과 같습니다. 말이 됩니까?

하나님의 모든 시선은 어디로 집중되어 있습니까? 우리 하나하나에 집중하고 계십니다. 세상이 어떻게 흘러가고 있느냐 하는 환경적 조건은 하나님이 우리 하나하나를 위하여 준비한 최선의 것이요, 최적의 것일 뿐입니다. 문명이 발달되어 경제가 안정된 곳이면 좋은 환경이고, 내전이 일어난 곳이면 나쁜 환경이 아닙니다.

이스라엘 역사를 보십시오. 이스라엘 역사에서 바벨론 포로가 되었던 것이 중요한 역할을 합니다. 그들이 젖과 꿀이 흐르는 가나안 땅에서 한 짓은 사사기 속 내용과 같습니다. 그것보다 바벨론 포로가 훨씬 낫습니다. 우리가 하는 기도는 다 무엇입니까? 대통령이 정신 차려서 경제를 활성화해 돈 많이 벌게 하면, 놀러 가자는 것 아닙니까? 어느 누가 신앙적이고 영적인 관심으로 이 나라를 위해 기도합니까? 대통령이 예수 잘 믿으면 우리에게 무슨 도움과 무슨 손해가 있습니까? 싸움은 우리 각자의 것입니다.

우리 각 사람은 하나님의 자녀로서 은혜로 허락받은 구원과 신자 된 인생을 채워 나가야 합니다. 사실 하나님이 하실 일은 다 하셨습니다. 하나님을 위해서 할 일이 우리에게 남아 있는 것이 아니라 우리 자신을 위해서 할 일이 남아 있습니다. 하나님의 일도 우리를 위해서만 있습니다. 예수 그리스도께서 우리 모두를 불러 그의 몸으로 삼으신 교회만 봐도 알 수 있습니다. 나라를 세우지 않고 교회를 세우셨습니다. 우리에게 해답이 무엇입니까? 그리스도가 머리가 되셔서 우리에게 매일 하시는 명령이 무엇입니까? 신자답게 살아라, 너희 안에 이 마음을 품어라, 성령을 쫓아 살아라, 매일 이 싸움입니다.

그런데 우리는 이 싸움은 하지 않고 뭘 하고 있습니까? 족집게 과외를 하고 있습니다. 하나님이 매일매일 우리를 성령 충만으로 인도하고 계십니다. 하나님이 예수 그리스도 안에서 약속하신 구원의 영광과 완성의 찬송을 우리에게 받아 내시겠다는 것입니다. 하나님은 한 번도 우리를 잊으시거나 홀대하시거나 외면하시거나 놓으신 적이 없습니다. 그렇지만 우리는 그것을 느끼지 못하고 있습니다.

우리는 늘 하나님이 우리의 기도에 응답하지 않고, 내 인생을 지켜 주시는 것 같지도 않아 보입니다. 왜 그렇게 느낍니까? 신자라는 이름으로, 신앙이라는 이름으로 자랑하고 싶기 때문입니다. 내가 가진 진심과 하나님을 향한 헌신에 대해서 하나님이 보상해 주신 것을 가지고 난 너와 다르다고 자랑하고 싶기 때문입니다.

잘난 척하고 싶어 하기 때문입니다.

기독교는 그런 것이 아닙니다. 교회의 사명은 그런 것이 아닙니다. 우리가 신자답게 크는 일에 책임과 목적이 있습니다. 자기 자신이 어떤가를 증명하십시오. 어느 곳이 자신의 신앙에서 가장 걸림돌인가를 찾아보십시오. 어디가 올무인가, 문턱인가, 함정인가를 보십시오. 하나님이 뜻하시고 요구하시고 약속하신 것과 멀어져 있습니까. 그것은 죄입니다. 하나님을 동원해서라도 결국 주인공이 되고자 하는 우리 아닙니까? 그것은 예수 안에 있겠다고 하는 것이 아닙니다. 하나님은 우리 전 생애에 걸쳐서 이 싸움을 걸어오십니다. 이것이 신앙의 본령에 속한 것입니다.

하나님 안에 모든 정답이 있습니다. 우리는 하나님을 동원해서 내 것을 확인하고 싶어 합니다. 이 설교를 읽고서 내 생각과 조금 다르다고 느꼈다면, 나도 희망이 있다는 생각이 든다면 제대로 읽은 것입니다. 하나님은 위인을 만들려고 하지 않으십니다. 하나님이 원하시는 제사는 상한 심령입니다. 다윗의 고백입니다. 교회에서 이 부분이 없어지기 시작했습니다. 큰 소리를 치기 시작했습니다. '하면 된다!'가 나오기 시작했습니다.

물론 '예수 안에서는 내가 뭐든지 한다'라고 할 수 있습니다. 그것은 바울이 빌립보서 4장 13절에서 말한 고백입니다. 그런데 바울에게 능력을 주시는 분은 그가 감옥에 갇힐 때 막아 주지도 않았고, 그의 가시도 빼 주지 않았으며, 그가 세 번 태장으로 맞고 사십에 하나 감한 매를 다섯 번이나 맞을 때도 면하게 해 주지 않으셨습니다.

하나님이 주시는 능력이나 우리에게 채우시려는 성령의 충만이나 우리로 도달하게 하려는 구원의 완성의 자리는 우리의 생각과 사뭇 다릅니다. 이 다름 때문에 우리는 신앙과 우리의 야망이 뒤범벅이 되어 불평하지 않아야 할 것에 대해서 불평하고, 소원해서는 안 되는 것들에 대해서 소원하고, 신앙이라는 이름을 들어 못할 짓들도 하고 있습니다. 이리하여 스스로 절망하고 체념하고 불평하고 비난하고 방관하는 자가 되고 말았습니다.

이런 것들을 꾸짖자고 하는 것이 저의 일차 목적이 아니라 예수 그리스도를 주라고 시인하며, 하나님을 아버지라 부르는 하나님의 백성이라면 그가 누구이든지 간에 비극과 절망이 없다는 것을 말하고 싶습니다.

하나님은 우리 모두에게 여전히 하나님이십니다. 하나님이 예수 그리스도 안에서 약속하신 모든 복은 모든 신자에게 여전히 유효한 약속이요, 또 취소될 수도 없습니다. 우리가 이 사실을 분명히 알면 무엇이 신앙의 참된 내용인지도 아는 것이요, 현재의 신앙적인 자기 판단도 달라질 것입니다. 이 믿음이 여러분을 위로하고 격려하고 나아가게 하고 인내하게 하고 훈련하게 하고 연습하게 하여 세월을 아껴 성령 충만의 자리에 이르게 할 것입니다. 다시 한 번 그리스도 안에 있는 믿음 가운데 우리를 굳건히 세워 주시기를 기원합니다.

요점과 확인

1 하나님은 우리에게 자기 의를 꺾는 훈련을 시켜 신앙의 승리를 안겨 주신다. 이는 신앙의 근거를 자기 안에 두려는 인간의 죄성을 포기하게 하고 하나님만 의존하는 존재로 세우시기 위함이다.

2 성령 충만은 과정 없이 단번에 주시는 신적 개입이다. 이러한 성령 충만은 인격에 채워지는 신적 충만이 아닌 단번에 주시는 신적 인도와 분발과 확신이다.

3 성령 충만은 깨닫는 것이고 연습하는 것이고 훈련하는 것이다. 따라서 성령 충만은 시간과 과정이 필요한 것이다. 우리는 일반적으로 이 사실을 많이 놓치고 있다.

4 성령 충만을 족집게 과외로 비유한 것은 어떤 성령 충만을 말하는 것이라고 생각하는가?

14

성
령
충
만
(2)

술 취하지 말라 이는 방탕한 것이니 오직 성령으로 충만함을 받으라 시와 찬송과 신령한 노래들로 서로 화답하며 너희의 마음으로 주께 노래하며 찬송하며 범사에 우리 주 예수 그리스도의 이름으로 항상 아버지 하나님께 감사하며 그리스도를 경외함으로 피차 복종하라 (엡 5:18-21)

우리는 구원을 얻은 신자들이 가지는 소원인 거룩한 신앙의 승리와 함께 성령 충만을 요구하는 신자들의 헌신에 대하여 살펴보고 있습니다. 하나님은 신자들이 갖고자 하는 성령 충만을 구하는 기도에 왜 흔쾌히 대답하지 않으시는가, 어떤 사람들은 기쁨과 능력을 간증하는데 왜 그런 일은 모두에게 일어나지 않는가 하는 것입니다.

성령 충만 자체만 소원하는 것이 아니라, 우리의 인생과 존재를 하나님 나라와 복음을 위하여 드리겠다는 마음으로 성령 충만을 구하는데도 그 기도들이 대체로 응답되지 않는 것 같다고 했습니다. 그러면서 우리가 확인한 바는 성령 충만이 하늘로부터 임하는 신적 각성, 분발, 확신으로는 분명히 증거되고 있지만, 신앙의 완성이나 우리가 소원하는 신앙적인 헌신에 대한 해답으로서 성령 충만을 단번에 즉시로 주신 적은 없다고 했습니다.

성경이 말하는 성령 충만은 깨닫는 것이고, 연습하는 것이고, 훈련하는 것이어서 시간과 과정이 필요한 것이라고 이야기했습니다. 하나님이 성령 충만을 향한 우리의 기도에 외면하시고 응답하지 않는 것이 아니라 답하고 계십니다. 그렇기 때문에 우리가 기대하는 성령 충만과 성경이 약속하는 성령 충만 사이에는 차이가 있음을 확인할 수 있어야 합니다.

지난 장에서 성령 충만과 술 취함의 대조에 대하여 살펴보았습니다. 에베소서 5장 18절에 등장하는 성령 충만을 받으라는 말씀은 깨어 있을 것과 근신할 것과 분별할 것과 지혜로울 것과 세월을 아낄 것 등 이런 요구들과 긴밀하게 서로 묶여 있다고 했습니다. 따라서 이것들을 연습하고 훈련하려면 시간이 걸린다고 했습니다.

그런데 성령 충만을 받으라 해 놓고서 뒤이어 부부 관계, 부모와 자식 관계, 상전과 종의 관계에 대한 내용이 쭉 이어집니다. 말하자면 성령 충만을 위한 연습과 훈련이 부부 관계에서, 부모와 자식의 관계에서, 상전과 종의 관계에서 일어난다고 가르치고 있는 셈입니다. 이 일들은 누구나 예외 없이 경험하는 것이고, 하나님이 우리의 성령 충만을 위하여 준비하신 것이고, 우리를 키우시는 방법입니다. 우리는 이것을 놓치지 않아야 합니다.

부부란 사랑과 신뢰를 바탕으로 이루어지는 관계입니다. 그러나 우리가 결혼해 살면서 경험하다시피 부부생활은 사랑과 신뢰보다는 불신과 불평으로 더 많은 세월을 보내게 됩니다. 이 생활은 사랑과 신뢰에 바탕을 둔 것이어야 하지만 그것이 하루아침에 되는 것도 아니고 기도한다고 해서 되는 것도 아닙니다. 이렇게 우리는 서로 사랑하고 신뢰할 수 있는 실력이 자신에게 없음을 확인합니다.

우리가 쏟아 내는 모든 불평은 사실 상대방에게 할 불평이 아닙니다. 왜냐하면 우리가 서로 원하고 사랑해서 한 결혼이기 때문입니다. 혹 돈에 팔려서 하는 수 없이 한 결혼이라면 그 불평은 용서를 받을 수 있겠지만, 자기가 좋아서 해 놓고 이제 와서 오리발을 내미는 것은 안 됩니다. 우리는 다 사랑했고, 원했고, 소원했음에도 불구하고 사랑하는 상대방 하나를 포용할 실력이 없음을 확인할 수 있어야 합니다. 이것이 성령 충만을 연습하는 방법입니다.

우리는 결혼할 때 진심이나 열정을 가지고 하지만, 사랑이란 그것보다 더 많은 실력을 요하는 것입니다. 우리가 여기에서 일관되게 확인하는 것은 진심만으로는 부족하다는 것입니다. 나는 이런 마음을 가졌고 의도가 이랬다, 하는 것만으로는 안 됩니다. 진심이란 자기 의도의 순수성을 말하는 것이 아니라, 서로 간에 합의한 것에 대하여 정직하고 성의 있는 자세를 갖추는 것입니다. 나는 순수한 마음을 가졌으나 상대방이 배신을 때렸다는 식으로 말하지 않아야 합니다. 상대방을 붙잡아 합의를 본 것 즉 하나된 것에 성의를 다하여 힘쓸 때 그것을 진심이라고 하고 신앙이라고 합니다.

부모와 자녀 관계는 권위와 질서라는 개념 위에 서는 관계입니다. 우리는 우리가 가진 힘으로는 어떤 일도 이룰 수 없다는 것을 자식을 기르면서 배우게 됩니다. 우리의 권위는 힘이 아닌 실력으로 드러나야 합니다. 한 영혼과 인격을 항복시키는 데는 부모라는 권위로 되지 않습니다. 부모가 자녀에게 사랑과 희생을 가지고 찾아간다고 해도, 자녀가 항복하지 않는 나쁜 놈이라는 것을 배우게 되기도 합니다. 부모가 자녀를 사랑한다는 것을 자녀들도 다 압니다. 그래도 자녀들은 부모에게 순종하지 않습니다. 자기가 하고 싶은 대로 합니다. 부모가 자녀를 사랑해서 말린다는 것도 알지만, 그 말에 자녀가 순종할 실력은 없는 것입니다. 자녀는 그것을 부모가 되어서야 압니다. 이런 모든 일이 우리에게 무엇을 가르칩니까? 성령 충만해야 한다는 것을 가르칩니다. 우리가 가진 것 가운데는 쓸 만한 것이 없습니다.

상전과 종의 관계는 환경과 조건의 문제라고 이야기할 수 있습니다. 이 환경과 조건이란 우리가 몸담고 사는 환경을 뜻합니다. 이 세상의 질서나 정서나 권세나 가치, 이런 것들은 다 객관성을 가지고 있지만 그 자체로는 힘이 없습니다. 왜냐하면 우리는 항상 진리를 원하지 않는 이기적인 존재들이기 때문입니다. 차를 타고 다니면 아무 때나 건너는 사람이 꼴 보기 싫고, 걸어가다 보면 아무 때나 달려드는 차가 꼴 보기 싫습니다. 우리가 다 해 보아서 아는 사실입니다.

우리가 세상을 살면서 진보와 보수, 보수와 개혁 간의 갈등을 따져 보면 그 갈등이 개인적인 원한이나 개인적인 이해관계 이상의 것이 아님을 알 수 있습니다. 아무도 순수한 이념이나 이상을 위해서 싸우지 않습니다. 우리는 진리를 원하지도 않고 공정함을 원하지도 않으며 정의를 추구하지도 않습니다. 그런 것들은 자기가 유리할 때만 쓰고 그 말을 써서 불리할 때는 '다 그런 거야'라는 식으로 외면하고 맙니다. '너도 살아 봐, 애 낳아서 길러 봐!'

이렇게 말을 하지, 정의니 공정함이니 국가의 장래니 이런 소리는 안 합니다. 본인에게 유리할 때만 그런 말을 합니다.

우리가 그렇게 말할 수 있을 때는 거기에 이해관계가 없을 때뿐입니다. 우리가 공정하거나 관대할 때는 그것이 나와 상관없는 문제일 때뿐입니다. 그때는 우리가 공정하기 짝이 없고 정확하기 짝이 없습니다. 그것 역시 나와 아무런 이해관계가 없기 때문입니다.

우리는 이 세 가지 경우 곧 부부, 부모와 자녀, 사회 질서 속에 놓여 있습니다. 이 모든 것에서 하나님이 우리에게 가르치시는 바가 있습니다. 인간은 죄성에 의하여 반응한다는 것입니다. 행복해야 하고 감사해야 하고 모두의 유익을 위하여 있어야 할 어떤 관계나 조직이나 질서가 우리의 죄성을 초월하여 제대로 작동하는 것은 아무것도 없습니다. 이런 사실 앞에서 우리는 당연히 절망을 느껴야 합니다.

그런데 그것을 절절히 느끼지도 못하면서 '부부는 이렇게 하면 아무 문제도 없어, 세상은 이렇게 하면 다 돼'라는 답을 꺼내 놓습니다. 서로가 책임을 적당히 나누면 아무 문제가 없다는 식의 답을 제시합니다. 이렇게 모두 답은 알고 있지만 정작 그 답대로 하기 싫어한다는 것입니다.

우리가 납득시키는 데 제일 힘든 사람은 이론적인 근거 없이 오직 감정을 내세워 반대하는 사람입니다. 부부 관계나 부모와 자녀 관계를 보십시오. 우리가 이 세상을 살면서 누구한테 불평을 하고 있는지 보십시오.

저는 군대를 사병으로 갔다 왔습니다. 그래서 지휘관들이 왜 이렇게 바보인가라는 생각으로 꽉 차 있었습니다. 그런데 장교로 갔다 온 친구는 우리나라 사병들은 왜 이렇게 엉터리냐고 이야기합니다. 우리는 모든 짐을 상대방에게 떠넘기고 있습니다. 자기가 짐 질 줄을 모릅니다. 마태복음 11장에 보면, 예수님이 기가 막힌 말씀을 하신 적이 있습니다.

그 때에 예수께서 대답하여 이르시되 천지의 주재이신 아버지여 이것을 지혜롭고 슬기 있는 자들에게는 숨기시고 어린 아이들에게는 나타내심을 감사하나이다 옳소이다 이렇게 된 것이 아버지의 뜻이니이다 내 아버지께서 모든 것을 내게 주셨으니 아버지 외에는 아들을 아는 자가 없고 아들과 또 아들의 소원대로 계시를 받는 자 외에는 아버지를 아는 자가 없느니라 수고하고 무거운 짐 진 자들아 다 내게로 오라 내가 너희를 쉬게 하리라 나는 마음이 온유하고 겸손하니 나의 멍에를 메고 내게 배우라 그리하면 너희 마음이 쉼을 얻으리니 이는 내 멍에는 쉽고 내 짐은 가벼움이라 하시니라 (마 11:25-30)

예수님이 '무거운 짐 진 자들아 다 내게로 오라'고 하셨습니다. 수고하고 무거운 짐 진 자들은 모든 성도입니다. 물론 불신자들을 향하여 '죄 짐을 지고 수고하는 자들아 이리로 오라'고 하는 말씀이 여기에 포함될 수 있습니다. 그러나 27절에 있는 바와 같이 "내 아버지께서 모든 것을 내게 주셨으니 아버지 외에는 아들을 아는 자가 없고 아들과 또 아들의 소원대로 계시를 받는 자 외에는 아버지를 아는 자가 없느니라"라는 말씀이 나옵니다. '아버지를 아는 자'만이 예수 그리스도를 압니다.

예수님은 십자가를 지러 오셨습니다. 그것이 유일한 해결책입니다. 예수님은 정부를 뒤엎지 않고, 세상을 뒤엎지 않습니다. 예수님은 죄를 고치러 오셨습니다. 죄인 된 우리를 구원하여 하나님의 사람이 되도록 하십니다. 우리가 사는 이 세상의 환경과 조건을 개선하여 천국을 만드신 것이 아니라, 우리의 마음을 먼저 천국으로 만드십니다. 그래서 뭐라고 하십니까? "수고하고 무거운 짐 진 자들아 다 내게로 오라 내가 너희를 쉬게 하리라"라고 말씀하신 것입니다.

나는 마음이 온유하고 겸손하니 나의 멍에를 메고 내게 배우라 그리하면 너희 마음이 쉼을 얻으리니 이는 내 멍에는 쉽고 내 짐은 가벼움이라 하시니라 (마 11:29-30)

짐을 지는 법을 가르치십니다. 짐을 덜어 주겠다는 것이 아니라 마음의 쉼을 얻게 해 주겠다는 것입니다. 성령 충만은 이 마음을 아는 것입니다. 성경이 우리에게 말씀한 성령 충만에 대한 대답은 이것입니다.

우리는 부부 관계에서, 부모와 자녀 관계에서, 상전과 종의 관계에서, 사람이 사는 인생의 모든 정황 속에서 우리의 짐을 지고 가야 합니다. 상대방에게 모든 책임을 떠넘기고, 쉽게 결론을 내고 싶은 죄의 발작에서 벗어나 예수 그리스도 안에만 해답이 있다는 것을 믿고 순종하는 마음으로 져야 할 짐을 지고 가야 합니다. 자신의 못난 것도 지는 것이고, 상대방의 못난 것도 지는 것입니다.

부부가 어떻게 하면 행복하게 살 수 있다고 생각하십니까? 먼저 서로 자신의 부족을 인정해야 합니다. 인정하면 다시는 싸움이 없겠다고 생각하지는 마십시오. 인정할지라도 못 참는 날이 있습니다. 짐을 지는 것보다 더 큰 문제가 생기면 넘어가는 수밖에 없습니다. 저는 많이 싸워 봐서 아는데 부부 중 한쪽이 '으악' 하거든 한쪽이 맞대꾸를 하지 말아야 합니다. 이것이 성령 충만입니다. 같이 부닥치면 대책이 없습니다. 아시겠습니까? 아침에 일어나서 '여보, 어젯밤 얘긴데' 이렇게 나오면 그것은 다시 싸우자고 하는 나쁜 버릇입니다. 그것을 넘기는 것이 대단히 지혜로운 것입니다.

우리는 서로 모자란 점을 인정해야 합니다. 부부의 관계에서, 부모와 자녀 관계에서, 사회관계 속에서 그렇게 해야 합니다. 우리는 각자 자기의 짐을 진 채 상대에게 폭발하는 것만 금하면 됩니다. 이것이 성령 충만입니다. 왜 그렇습니까? 언제 행복한 부부가 되며, 언제 행복한 부모와 자녀가 되며, 언제 행복한 세상이 되는지 우리는 모르기 때문입니다.

그러나 이런 모든 요구는 본문에서 밝히듯이 다음과 같은 중요한 명령 위에 놓여 있습니다.

술 취하지 말라 이는 방탕한 것이니 오직 성령으로 충만함을 받으라 시와 찬송과 신령한 노래들로 서로 화답하며 너희의 마음으로 주께 노래하며 찬송하며 범사에 우리 주 예수 그리스도의 이름으로 항상 아버지 하나님께 감사하며 그리스도를 경외함으로 피차 복종하라 (엡 5:18-21)

성령 충만의 훈련과 연습은 복종의 원리를 앞세우고 있습니다. 그런데 그 뒤에 나오는 부부 관계나, 부모와 자녀 관계나, 상전과 종의 관계를 보면 순종의 책임을 진 자가 먼저 등장한다는 것입니다. 즉 아내들아 남편에게 복종하라, 자녀들아 부모에게 순종하라, 종들아 상전에게 복종하라는 식입니다. 이것은 그들이 자기 책임을 더 먼저 해야 된다든지, 그들이 약자라든지, 그들이 더 큰 짐을 졌다든지 하는 개념이 아닙니다.

이 복종은 하나님의 안배 아래 있는 것입니다. 부부가 서로 만난 것, 부모와 자녀가 서로 만난 것, 우리가 어느 시대, 어느 환경 속에 태어난 것 모두가 하나님의 안배로 그렇게 된 것입니다. 우리 모두의 유익과 성령의 충만을 위하여 베푸신 하나님의 지혜로

우신 인도와 간섭의 현장입니다. 그래서 피차 복종하라는 것입니다. 너를 위하여, 너의 완성을 위하여 이 사람을 네게 주었다는 것입니다. 네게 허락한 구원의 가장 영광된 충만을 위하여 이 시대, 이 조건, 이 자리에 하나님이 당신을 세웠다고 성경이 말씀하고 있습니다.

나라를 불평하고, 가문을 불평하고, 씨를 불평하는 일이 제일 많습니다. 박 씨라면 이가 갈린다, 뭐 이런 말은 할 수 있습니다. 그 말을 할 수는 있겠지만 제 정신으로 돌아왔을 때는 하면 안 됩니다. 그것은 신앙이 없는 발언이기 때문입니다. 우리는 절대 손해 보도록 되어 있지 않습니다. 하나님이 우리를 위하여 그 아들을 보내실 만큼 우리를 사랑하시며 우리를 위하여 전력을 기울이고 계시기 때문입니다. 우리의 기도에 응답을 안 하신다고 생각하는 것은 우리가 성령 충만에 대하여 잘못된 기대를 갖고 있기 때문입니다.

하루아침에 모든 환경과 조건이 개선되고, 우리 마음에 오직 선한 생각만 나오고, 말도 안 되는 것은 나오지 않을 것이라고 생각합니다. 그렇지 않습니다. 신앙의 발전은 자신의 정체, 자신의 실체에 대하여 얼마나 많이 아는지와 상관이 있습니다. 그래서 자신이 죄인으로서 죄가 얼마나 무섭게 자기 안에 자리 잡고 있는지를 아는 데서부터 출발합니다. 그래서 믿음을 더 많이 동원하고, 은혜를 구하고, 하나님의 보호하심과 인도하심 속에 있게 해 달라고 비로소 기도하게 됩니다.

여기서 우리가 주의할 것은 누구에게도 예외 없이 일상이 주어진다는 사실입니다. 부부 관계나 부모와 자식 관계나 세상 속에서 만나는 모든 일은 모든 사람이 만나는 일상생활입니다. 누구도 여기에서 벗어나지 못합니다. 우리는 우리의 신앙이 세상과 인연을 끊은 고립된 상태 가운데서 이루어질 것이라고 생각합니다. 죄는 우리 속에 있지, 다른 도시와 다른 개념 속에 들어 있지 않습니다. 우리 속에 있습니다. 그런 까닭에 우리가 도망을 친다고 거룩해지지는 않습니다. 우리 안에 있는 죄를 극복해야 거룩하게 됩니다. 우리는 매일 그 싸움과 대면하는 것입니다. 매일 눈만 뜨면 만나는 것이 부부요, 자식이요, 부모요, 세상 아닙니까. 여기를 떠나서 어디로 가겠습니까?

하나님이 우리의 인생에 허락한 모든 삶은 그분의 자녀들의 유익과 완성을 위하여 배려해 놓으신 것이요, 하나님은 그 가운데서 일하고 계십니다. 이것을 확인한다면 하나님이 우리의 기도에 매일 응답하신다는 것을 알게 됩니다. 문제는 우리가 그 속에서 깨치고 발전하고 노력하고 실수하면서 커 가고 있다는 사실을 모른다는 것입니다.

하나님은 과연 그 아들을 보내셔서 나를 위하여 그를 십자가에 못 박으시고 그와 함께 다시 살리셔서 그리스도와 연합시키셨습니다. 어느 한 순간, 어느 형편, 어느 장소, 어느 경우에도 하나님이 나를 놓지 않으시며 내 기도에 응답하시며 내가 구하지 않은 것까지 살피십니다. 하나님의 지혜와 능력과 사랑과 열심으로 우리를 지키고 보호하셔서 우리에게 허락하신 구원을 이루십니다. 이렇게 우리가 구하는 것보다 더 후히 주시고, 더 놀랍게 우리의 운명을 쥐고 계신다는 사실을 확인할 수 있습니다.

이것이 성경이 약속하는 성령 충만이요, 우리에게 허락된 구원입니다. 성도들의 완성을 위하여 하나님이 지금도 그분의 모든 자녀를 위하여 일하시는 열심과 성실하심에 대하여 우리의 영안이 뜨여 하나님의 충만하심과 무한하신 사랑을 믿는 믿음 위에 서서 담대함을 얻어, 자신에 대한 실패와 절망으로 무너지지 않는 신앙의 참다운 경지에 이르기를 원합니다.

요점과 확인

1 성령 충만은 우리의 인간관계 속에서 일어난다. 부부 관계, 부모와 자식의 관계, 사회적 질서의 관계가 그런 관계에 속한다. 우리가 죄성을 벗어나지 못하는 한 이런 관계는 제대로 작동할 수 없다.

2 성령 충만은 짐을 지고 가는 것이다. 그것은 자신의 못난 것을 지고 가는 것이요, 상대방의 못난 것을 지고 가는 것이다. 이때 자신의 죄성을 상대에게 폭발하지 않고 금하는 것은 아주 중요하다.

3 피차 복종하는 것으로 성령 충만을 연습하라. 부부가 서로 만난 것, 부모와 자녀가 서로 만난 것, 우리가 어느 환경 속에 태어난 것 일체가 하나님의 안배로 그렇게 된 것이기 때문이다. 그것은 성령의 충만을 위하여 베푸신 하나님의 지혜로우신 인도와 개입의 현장이다.

4 삶의 훈련이 없는 성령 충만을 생각할 수 있는가? 그렇게 생각할 수 없다면 그 이유는 무엇인가?

15

종말론적인 신앙

우리가 항상 예수의 죽음을 몸에 짊어짐은 예수의 생명이 또한 우리 몸에 나타나게 하려 함이라 우리 살아 있는 자가 항상 예수를 위하여 죽음에 넘겨짐은 예수의 생명이 또한 우리 죽을 육체에 나타나게 하려 함이라 (고후 4:10-11)

그동안 우리가 살펴본 대로 신자의 신앙 현실은 뜻밖에도 절망과 실패로 나타납니다. 우리는 정당한 신앙과 실패한 신앙을 어떻게 구별하며, 잘하고 있는지 못하고 있는지 어떻게 구별할 수 있습니까? 이 시점에서 다시 한 번 하나님이 그 자녀들에게 의도하시고 목적하신 신앙의 내용들을 성경이 가르치는 대로 되짚어 볼 필요가 있습니다. 신자의 신앙 훈련은, 본질적으로 인간의 죄악 된 본성을 확인하고 자신을 부인하는 것과 하나님만이 모든 필요와 소원이 된다는 항복의 길로 나아가는 데 있습니다.

신앙은 종말론적이다

이러한 사실은 기독교 신앙의 큰 특징 중 하나가 종말론적이라는 데서 확인됩니다. 기독교 신앙의 특징은 하나님의 주권이나 하나님 주권의 유일하심인 유일신 사상이나 또는 은혜, 믿음, 사랑 이런 여러 가지로 제시할 수 있습니다. 그중에 꼭 기억해야 할 특징은 기독교 신앙이 종말론적이라는 사실입니다.

종말론적이라는 것은 하나님이 계획과 목표를 가지고 계시다는 뜻이며, 그것이 아직 다 이루어지지 않았다는 이야기입니다. 하나님이 계획하시고 목표하신 것은 현실에서 다 실현되지 않고 약속하신 그 최후의 시간까지로 미루어져 있습니다. 그러나 그것이 어떤 방해나 혹은 하나님의 능력 부족으로 지연되는 것이 아니라 그 뜻하심과 그 일이 완성되기 위해서는 시간과 과정이 필요하다는 뜻입니다. 하나님은 약속하시고 목적하신 것을 모두 아십니다. 이 이야기는 신자들이 가지는 믿음이 실현과 완성을 위하여 과정과 여러 단계가 있는데 그에 따른 시간이 필요하다는 말입니다.

우리의 신앙생활에서 가장 두드러지게 등장하는 큰 오해가 있습니다. 그것은 종교가 초월성을 갖기 때문에 신자들은 시간과 공간을 초월하는 답으로 귀결되기를 바랍니다. 우리가 열심히 기도하고, 간절히 소원하는 그 모든 것이 시간과 과정도 없이 당장 결과로 나타날 수 있다고 믿곤 합니다. 물론 하나님이 원하시면 그렇게도 하실 수 있습니다.

그러나 하나님은 시간을 두고, 과정을 두고 그 약속하신 것을 이루어 가신다고 성경은 밝히고 있습니다. 왜냐하면 이런 시간과 과정이 필요한 것은 하나님 쪽에서 일하시는 데 시간이 필요해서가 아니라, 우리가 유한한 존재이기 때문에 하나님이 목적하시는 것이 우리에게 이루어지려면 시간이 필요하기 때문입니다. 그것은 다시 말해서 하나님이 목적하시는 신앙의 완성과 결국은 신자의 신앙 인격의 완성이기 때문에 그렇습니다. 이 말을 꼭 기억해 주십시오.

신앙의 가장 중요한 본질은 무엇이 생기거나 만들어지는 것이 아니라 우리 자신이 그렇게 되어야 하는 것입니다. 인간이라는 한 인격은 하나님이 원하시는 신앙 인격으로, 하나님이 목적하신 내용과 수준으로 완성되어야 하므로 시간이 필요합니다. 과정이 필요하고 연습이 필요한 까닭에 의당 현실에서는 시행착오가 나타날 수밖에 없습니다.

그것이 우리에게는 실패로 보입니다. 모든 종교에 대하여 가지는 기대는 제대로 된 신앙과 진심을 바치면 안 되는 것도 된다는 법인데 왜 내 신앙은 실패로 보이는가 하며 절망합니다. 여기서 하나님이 우리를 조작하거나 조정하지 않으신다는 사실이 분명히 드러납니다. 그래서 하나님은 우리에게 말씀하시고 믿음을 요구하십니다.

하나님이 말씀하신다는 것은 인격과 인격 사이에서 일어나는 발언이요, 하나님이 믿음을 요구하신다는 것은 우리가 전 인격을 동원하여 하나님을 신뢰하고, 하나님의 인도하심에 자발적으로 따라 오기를 바라신다는 말입니다. 신자가 가지는 신앙은 주문과 다른 것입니다. 주문은 주문을 외우는 사람에게 그의 인격이나 조건이나 기준 등 아무것도 요구하지 않습니다. 주문만 외우면 결과가 나타나야 하기 때문입니다. 그러나 기독교 신앙은 그렇지 않습니다. 기독교 신앙은 신자들이 가지는 신앙적 내용이 그들의 신앙인격의 어느 수준에서 결과로 나타나고 효력이 발생하는 것이지, 그 수준과 기준에 미치지 못하면 아무리 열심을 내어도 결실하지 못합니다. 이것을 우리 자신의 신앙 현실에서 확인하곤 합니다.

그래서 신앙적 승리 또는 신앙의 완성은 법을 지켰느냐 도덕성을 가졌느냐 하는 문제가 아닙니다. 죄를 지었다 안 지었다, 도덕성이 있다 없다 하는 이분법의 문제가 아닙니다. 그것은 내 마음대로 하고 싶은 것인지 아니면 하나님의 뜻대로 할 것인지와 상관이 있습니다. 자기를 확인하는 자랑인지 아니면 하나님의 사랑에 항복하는 순종인지와 상관이 있는 문제입니다. 신앙은 누가 더 하나님의 뜻에 순종하느냐 하는 것이지 그의 순종이 그의 자랑이 되어서는 안 됩니다.

고린도후서 4장 10절을 보면 '우리가 항상 예수의 죽음을 몸에 짊어짐은 예수의 생명이 또한 우리 몸에 나타나게 하려' 함이라고 합니다. 당시 바울이 이렇게 썼던 이유에는 두 가지 측면이 있습니다. 그 하나는 외적인 측면입니다.

당시 기독교는 로마 사회에서 핍박받는 현실 속에서 언제나 목숨을 걸어야 했고, 늘 죽음 앞에 직면해 있었습니다. 그래서 항상 예수의 죽음을 몸에 짊어진다는 것은 예수를 죽이는 세상의 세력 앞에, 그런 위협 앞에 노출되어 있고, 그 위협의 공격의 대상이 되어 늘 죽음 앞에 있었다는 것을 말합니다. 그럼에도 불구하고 그 죽음을 감수해야 하는 세상의 죄악 된 풍조 앞에, 하나님을 반대하는 큰 세력 앞에서 신앙을 방해받지 않고 도리어 예수가 왜 죽었는지를 증언해야 하는, 죽음을 무릅쓰고 왜 예수를 믿는가라는 생명이 드러나는 일에 쓰임을 받고 있었습니다. 바울은 자신의 처지를 그렇게 설명하고 있습니다.

예수의 죽음을 몸에 짊어지는 이 일은 우리 각자가 처하는 매일의 신앙 현실, 곧 예수 그리스도를 십자가에 못 박는 현실 속에서 일어나고 있습니다. 예수님이 아직도 우리를 위하여 죽으셔야 할 만큼 우리는 완성되지 않았습니다. 그렇다고 우리가 자폭해야 합니까? 혀 깨물고 죽어야 합니까? 그렇지 않습니다. 그리스도의 죽으심이 예수를 죽인 자들을 위하여 죽은 것이므로 내가 이것을 감수하며 그리스도의 죽으심의 승리가 내게 결실될 것을 믿어 예수의 죽음을 짊어진다는 것입니다.

자신 안에서 절망을 확인함

우리가 이런 외적 공격과 위협 앞에 아직도 노출되어 있음은 하나님이 약속하시고 이루실 결과가 아직 현실화되지 않았다는 뜻입니다. 그것은 세상이라는 환경과 조건에서만 그런 것이 아니라, 예수를 믿는 각 성도들의 현실에서도 그렇다고 합니다. 그러니까 진정한 신자들의 현실은 실패입니다. 스스로 느끼기에 실패이고 절망이어야 옳습니다. 이것은 이런 이야기와 비슷합니다. 모든 고수들은 어떤 분야이든, 어떤 종목이든 한계와 공포를 압니다. 그러나 모든 하수들은 가능성만 알 뿐입니다.

시험 보고 나서 공부 못한 학생들은 이번에는 시험 잘 봤다고 합니다. 그러나 공부 열심히 한 고수들은 망했다고 합니다. 성적이 발표되면 망한 학생은 96점이고, 잘 본 학생은 42점입니다. 96점을 맞은 학생은 100점을 맞아야 본전인데 하나 틀렸다는 것입니다. 그러니까 망했다는 것입니다. 그러나 하수는 이름밖에 쓸 줄

몰랐는데 그래도 찍은 게 몇 개 맞았다는 말입니다. 안 그렇습니까? 뭐든지 그렇습니다.

역사상 최고의 무도인이라고 할 수 있는 최영의 씨가 있습니다. 한문으로 자신의 이름을 최배달이라고 썼던 최영의 씨는 극진 가라테를 창설하고 아직까지도 최고의 무도인으로 추앙받고 있는 한국 사람입니다. 그는 평생 수많은 격투에서 한 번도 패한 적이 없는 사람입니다. 자신을 비난하고, 음해한 가라테 도장에 쳐들어가 100명의 유단자와 연속 대련을 해서 세 시간여에 걸친 격투 끝에 100명을 다 때려눕힌 참으로 초인적인 실력을 가진 사람입니다. 그의 전기는 일본 청소년들이 읽어야 할 필독서에 들어 있을 정도입니다.

제 연배나 그 이상인 분들은 고등학교 다닐 때 모자를 칼로 북북 찢어 재봉틀로 박아 쓰고 다니던 기억이 있을 것입니다. 그 유래가 이 사람 때문에 생겼습니다. 이 사람의 도복이 갈기갈기 찢어지고 낡은 데서부터 일본 청년들이 이 사람을 숭상하여 일부러 옷을 찢고 낡게 만들어 입는 데서부터 유래했습니다. 그런데 한국에서는 뭔지도 모르고 밀수되어 온 일본풍을 흉내 냈던 것입니다.

그런데 이 사람이 격투기의 달인인 킥 복서와 격투를 한다든지, 프랑스의 발차기 기술인 사바트 명인과 격투를 한다든지, 프로레슬러와 격투를 한다든지 아니면 권투 선수와 시합을 한다든지 할 때면 공포에 시달려서 잠을 못 자고 머리가 한 움큼씩 빠졌다는 것입니다. 그래서 실제로 대머리가 되었습니다.

이 사람이 얼마나 강한 사람인가 하면 25센트짜리 미국 동전을 두 손가락으로 휘고, 엄지손가락만으로 물구나무를 서는 대단한 사람입니다. 그런데 이 사람이 격투를 이기고 나서 꼭 후회하는 것이 있습니다. 너무 강하게 때려 상대방을 불구로 만들거나 치명상을 입힌 것에 대해 후회합니다. 왜 후회하는가 하면 자기가 정말 강자라면 이길 만큼만 힘을 써야 하는데 자기도 자신이 없기 때문에 필요 이상의 힘을 써서 상대에게 커다란 상처를 주었다는 것입니다. 그래서 그는 자신이 아직도 멀었다는 고백을 매 번 결투 끝에 후렴처럼 붙입니다. 그러면서 그가 스스로 한 고백은 "공포를 아는 자만이 진정한 강자다"라는 것이었습니다.

신앙이 좋다는 것이 무엇인지 아십니까? 인간이 얼마나 약하고, 죄가 얼마나 무서운가를 아는 것입니다. 그렇게 아는 자가 진정한 신자입니다. 믿음 안에서 내가 얼마나 날뛸 수 있는가를 아는 것이 강한 믿음은 아닙니다. 그것은 출발선이 없는 골라인을 그리는 것과 같습니다. 100미터 달리기를 하려면 출발선에서 골라인까지 100미터라는 거리가 필요합니다. 마라톤을 하려면 출발선에서 골라인까지 42.195킬로미터의 거리가 있어야 합니다. 그런데 그 출발선은 모르고 골라인만 가지고 이야기한다면 결승 테이프 앞에 무엇만 있겠습니까. 그가 이미 골라인 안에 서 있다면 사진 기자밖에 더 필요하겠습니까. 이런 식의 신앙이 좋다고 하는 깃은 성경이 목적하는 것이 아니며, 약속하고 있지도 않습니다. 우리는 이 사실을 분명히 이해해야 합니다.

신자에게 있어서 한계성은 인간에 대한 절망으로 이어지고 하나님 앞에 무릎 꿇게 합니다. 그래서 은혜를 구하는 자리로 들어가는 참으로 은혜로운 하나님의 개입입니다. 이것을 거치지도 않고 이해하지도 못하고 확인하지 않고서는 감히 신앙을 논할 수가 없습니다. 기독교 신앙은 언제나 십자가를 중심에 두고 근거로 삼는 것인데 십자가란 하나님의 사랑 이전에 우리가 얼마나 절망적일 수밖에 없었는가를 확인하게 합니다. 인간이 자신에 대하여 절망하지 않으면 십자가가 필요 없습니다. 자신의 절망을 모르는 자는 상대를 향해 십자가를 휘두를 사람입니다.

예수님이 십자가를 지시고 달려 죽으셨다는 사실을 놓치지 마십시오. 그래서 서두의 질문같이 실패와 절망이 신자의 신앙 현실이라면 신자 된 표지인 빛과 소금은 어떻게 이해해야 합니까? 그것은 분명히 보다 적극적이고, 성공하고, 어떤 기준 이상의 승리자에게서만 나타나는 것 아니겠는가라고 생각하게 될 것입니다. 물론 그렇게 이야기할 수 있습니다. 특히 '저들로 하여금 너희 착한 행실을 보고 너희 빛을 사람 앞에 비추어 하나님 아버지께 영광을 돌리게 하라'고 합니다. 착한 행실을 하는 데 까지 물론 가야 합니다. 그러나 신자의 신자 됨은 도덕적 승리나 윤리적 합격보다도 들보를 깨닫는 회개에 있습니다. 고린도후서 4장을 보겠습니다.

우리가 이 보배를 질그릇에 가졌으니 이는 심히 큰 능력은 하나님께 있고 우리에게 있지 아니함을 알게 하려 함이라 (고후 4:7)

신앙이 좋다는 것은 질그릇이 깨져 안에 있는 보배가 드러나는 것입니다. 우리가 신앙적으로 좋은 신앙적 실천을 할 때는 그가 가진 신앙이 그를 윤리적이나 도덕적 경지를 만들어 내되, 노력하고 애써서 능력을 발휘하여 가는 것이 아니라 깨져서 가는 것입니다. 나라는 존재가 자라났다고 이야기하기보다는 나는 없어지고 그리스도만 있는 것입니다. 윤리든 도덕이든 신앙의 경지든 그리스도만 계시고 내가 그 안에서 자리를 갖는 것입니다. 신자가 가지는 신앙의 어떤 성공적인 모습은 그가 자신을 부인하고 그리스도 안에 있음으로써만 드러납니다. 그는 자기가 갔다고 느끼지 않습니다. 자기는 죽어 예수 안에 묻혔노라고 이야기합니다.

그래서 우리는 자기 안의 들보가 무엇인지 깨닫는 절망을 확인하는 자로서 하나님의 사랑과 은혜가 얼마나 크고 왜 필요한지를 알게 됩니다. 그런 차원에서 자기를 죽여 자존심과 증오와 파멸을 종식시키고, 비로소 빛으로 이웃을 사랑하고 원수를 사랑하는 자리로 나아가게 됩니다.

우리에게는 자신의 죽음만 경험되고 자신에 대한 절망만 체험됩니다. 그렇기 때문에 신자는 자폭으로 가거나 자멸로 가지 않고 자기를 그리스도 안에 묻습니다. 이것을 옆에서 볼 때는 그가 그리스도와 함께 서 있는 것으로 보일 것입니다. 그것이 참다운 빛과 소금의 자리로 나아가는 신앙상의 큰 비밀입니다. 그래서 이렇게 말하는 것은 불가합니다. '나는 되었는데, 너는 왜 안 돼?' 그것은 방법에 관한 문제가 아니기 때문입니다. 성경에서 요구하는 바

271

와 같이 '아무든지 나를 따르려거든 자기를 부인하고 자기 십자가를 져' 예수를 따르는 훈련이 필요합니다.

우리는 조급한 결과나 신비한 체험을 요구해서는 안 됩니다. 왜냐하면 신앙상의 승리나 혹은 신앙의 완성이라는 것은 근본적으로 내가 죽고 그리스도 안에서 발견되어야 하는 싸움이기 때문입니다. 내가 죽지 않고 하나님 앞에 무엇을 받아 내는 것으로는 절대 그렇게 될 수 없습니다. 질그릇은 깨져야 합니다. 질그릇에 도금하지 마십시오. 질그릇에 네온사인을 가져다 붙이지 마십시오. 질그릇은 깨져야 합니다. 그래서 어떻게 됩니까? 절망하는 것입니다. 이 절망을 통해 하나님은 우리를 써먹는 것이 아니라, 우리 자신을 목적하고 계시다는 것을 우리로 다시 한 번 확인하게 하십니다.

하나님의 목적은 신자 된 자들 각각을 완성시키는 것이지, 신자를 유용하게 만드는 것이 아닙니다. 써먹으려고 하지 않으십니다. 우리를 써먹고자 우리에게 좋은 신앙을 가지라고 한 것이 아닙니다. 이 시간이 주님을 위해서 내가 쓸모 있기를 바라는 기간이었다면 사실 그 시간은 아까운 것입니다. 빨리빨리 완성되어야 했을 것입니다. 그러나 우리 자체가 목적이라면 그 시간은 길면 길수록 좋습니다. 더 크고 멋있는 그릇으로 빚어질 수 있기 때문입니다. 조급한 결과, 조급한 완성을 요구하는 것에는 빨리빨리 완성되어 주님을 위하여 남은 인생이 쓸모 있기를 바라는 신앙상의 이해가 끼어 있다고 말할 수 있겠습니다.

따져 봅시다. 도대체 하나님한테 우리가 왜 쓸모가 있어야 합니까? 이런 말도 안 되는 이야기가 어디 있습니까? 성경 어느 곳에, 하나님이 지금 아파 누우셔서 할 일이 산더미 같은데 못 일어나니 누구든지 정신 차린 놈 순서대로 나와 이 일, 저 일 하라고 합니까? 그러지 않습니다.

모세와 요셉의 실례

모세를 예로 들어 봅시다. 모세가 없으면 출애굽이 이루어지지 않습니까? 그렇지 않습니다. 출애굽 사건에서 가장 크게 훈련받은 사람은 모세입니다. 모세는 하나님을 믿지 않고, 하나님의 부르심에 저항하다, 그 부르심에 억지로 끌려 나와 초반 내내 그가 한 대표적인 말은 이런 내용입니다. "거 봐요, 내가 뭐랬어요?"

우리가 아는 훌륭한 모세는 열 가지 재앙이 끝나고 홍해 앞에 설 때 완성됩니다. 그때 비로소 "너희는 잠잠히 서서 오늘날 너희를 구원하신 하나님의 구원을 보라"고 합니다. 우리가 아는 그 훌륭한 모세가 됩니다. 그 앞에 있었던 출애굽이라는 거대한 역사와 모든 일은 어떤 의미에서는 모세 하나를 위해서 쓰인 것이라고 말할 수도 있겠습니다.

왜 모세를 '보라'고 합니까? 하나님이 기어코 모세를 만드셨기 때문입니다. 그런데 우리는 하나님이 나를 빨리 불붙는 산으로 불러 주기를 바라지 않습니까. 지팡이도 빨리 달라고 합니다. 그러나

지팡이는 나이가 들어야 짚는 것입니다.

요셉을 보십시오. 하나님이 당신의 나라를 세우기 위하여 요셉을 불러 애굽으로 먼저 보내 준비시키십니다. 그러나 그 일을 하게 하는 데 있어서 요셉에게 하신 일은 형제들에 의해 노예로 팔려 간 것과 감옥에서 수많은 나날들을 고뇌하게 한 것입니다. 그 억울했던 날들로 그가 무엇을 배웁니까? 인생이 얼마나 억울한가를 배웠을 것입니다. 인간이 얼마나 하잘 것 없는 존재인가를 배웁니다. 그는 형들에게 복수하는 일도 포기합니다. 나중에 그는 형들에게 섭섭한 표현조차 하나도 하지 않습니다. 그 긴 시간 동안에 요셉이 하나님을 위하여 이것 하고 저것 한 것이 아니라, 하나님이 요셉을 만들고 계셨던 것입니다.

요셉은 길고 긴 세월동안 억울한 자였습니다. 시편 105편에 나오는 표현대로 하자면 그는 혼비백산한 자였습니다. 쇠사슬이 그의 혼을 꿰뚫는 시절들을 보냈습니다. 하나님이 당신의 나라를 이루려고 그 가족들을 불러들이는 책임을 맡긴 요셉에게 무엇을 훈련하게 하셨습니까? 혼비백산하는 훈련만 시키셨습니다.

스스로 생각하기에 고백하고 믿는 내용이나 신앙상의 기대, 멋진 신앙상의 완성, 승리, 영광들을 위하여 지금 제대로 가고 있는 것 같습니까, 아니면 반대로 가는 것 같습니까. 모세도 반대로 가는 것같이 느꼈고, 요셉도 그렇게 느꼈을 것입니다. 모세는 자기가 히브리인인 줄 알고 자기 민족을 위하여 관리를 때려죽일 만큼 열심을 내어 자기 백성 편을 들었지만 하나님이 외면하시므로 미디

안 광야로 도망가 거기에서 40년을 목자로 지냅니다.

바로의 왕자로 커서 자기 백성을 향하여 불붙는 듯한 열정을 가졌지만 40년을 목자로 양을 치다가 늙어 80세가 되었습니다. 뭐가 남았겠습니까? 다 재가 되었습니다. 그때 하나님이 찾아오십니다. '모세야, 내 백성을 구원하러 가라.' 모세의 불만은 이것입니다. '여태껏 뭐 하시다가 이 나이에 부르십니까?' 그 40년은 하나님이 모세를 위인으로 쓰시고 위대한 지도자로 쓰시려는 훈련의 기간이었습니다. 그는 몰랐습니다. 그는 날마다 신앙이 크는 것이 아니라 절망하고, 절망하고, 절망하고, 절망하여 더 이상 절망할 것도 없는 나락으로까지 떨어졌을 것입니다. 요셉도 그렇습니다.

정당한 신자의 길은 모세나 요셉의 경우처럼 '이게 뭔가' 하는 것이 옳습니다. 백번 옳습니다. 그래서 기독교에서 이 믿음의 내용을 복음이라고 하는 것입니다. 가만히 있어도 좋다, 이런 이야기가 아닙니다. 책임에 관해서는 다음 장에서 이야기하겠습니다. 우리는 성경 전체에서 우리를 만드신 하나님, 우리에게 복을 약속하신 하나님, 그것을 이루시는 하나님을 봅니다. 이것이 성경이 말하는 바이지, 성경은 그 이상의 다른 이야기를 한 적이 없습니다.

자신의 신앙과 현실적 모습을 볼 때는 그리스도 안에 있는 하나님의 모든 약속에 참여한다는 것이 도무지 아닌 것 같고 또 진전이 일어나지도 않는 것 같습니다. 무슨 큰 시험과 고난을 만나지도 않고 세월만 그냥 흘려 보내는 것 같고, 마음속에서 의욕과 열정은 조금씩 사라져 갑니다. 이것이 굉장히 중요합니다. 왜 그렇습니까? 우리가 갖는 인간적인 의욕과 열정은 하나님에게 필요한 것이 아니기 때문입니다.

신앙은 처음부터 끝까지 순종에 관한 문제입니다. 하나님이 부르셔서 시키는 것에 순종하십시오. 지금은 무엇을 해야 하는 때입니까? 믿음으로 견디고 기다려야 하는 때입니다. 하나님이 우리를 무엇으로 만드는가를 보십시오. 무엇이 우리의 신앙 내용의 핵심이며, 변할 수 없고 실패할 수 없는 약속의 근거인가를 보십시오. 그것은 예수 그리스도와 그분의 십자가입니다. 우리는 거기서 절망 가운데서도 언제나 위로를 발견하게 될 것입니다.

요점과 확인

1 기독교 신앙은 종말론적인 것이다. 이것은 우리에 대한 하나님의 계획과 목표가 있고 아직은 그것이 다 이루어지지 않았다는 뜻이다. 이는 하나님이 어떤 방해를 받거나 능력이 부족해서 지연되고 있는 것이 아니다.

2 참된 신앙은 자신 안에서 절망을 확인하는 것이다. 신앙의 승리 혹은 신앙의 완성은 근본적으로 내가 죽고 그리스도 안에서 발견되는 싸움을 통해서 일어나기 때문이다.

3 하나님은 신자 하나하나를 완성시키는 데 목적이 있다. 그것은 그를 유용하게 만들어 쓰시겠다는 생각이 없다는 뜻이다. 왜냐하면 하나님은 우리 자체가 목적이기 때문이다.

4 모세와 요셉의 절망적인 삶은 우리에게 어떤 교훈을 주는가?

16

은
혜
와

책
임

네가 만일 네 입으로 예수를 주로 시인하며 또 하나님께서 그를
죽은 자 가운데서 살리신 것을 네 마음에 믿으면 구원을 받으리라
사람이 마음으로 믿어 의에 이르고 입으로 시인하여 구원에 이르
느니라 성경에 이르되 누구든지 그를 믿는 자는 부끄러움을 당하
지 아니하리라 하니 유대인이나 헬라인이나 차별이 없음이라 한
분이신 주께서 모든 사람의 주가 되사 그를 부르는 모든 사람에게
부요하시도다 누구든지 주의 이름을 부르는 자는 구원을 받으리
라 (롬 10:9-13)

은혜와 책임의 관계는 어떤 것입니까? 우리는 성화가 이미 구원에 포함되어 있는 칭의로부터 시작하는 은혜의 기반 위에 서 있는 것이라고 확인했습니다. 이런 은혜를 강조하면 우리에게 아무런 책임도 없는가 하는 문제가 생깁니다. 우리가 책임을 강조하면 그것이 은혜를 감소시키는가 하는 것입니다. 이제 이 문제를 다루려고 합니다.

본문에서 "사람이 마음으로 믿어 의에 이르고 입으로 시인하여 구원에 이르느니라"라든가 "누구든지 주의 이름을 부르는 자는 구원을 받으리라"라고 하는 말씀들은 얼핏 보면 인간에게 책임과 조건을 요구하는 것으로 보입니다. 그러나 이 내용들은 주의 이름을 부르는 것이 우리가 하나님의 은혜를 입은 결과라고 설명하고 있는 것이지, 이렇게 하면 구원을 얻는다는 뜻이 아닙니다.

하나님은 우리를 구원하실 때에 기계를 조종하듯이 구원하지 않으십니다. 하나님은 우리의 인격에 간섭하셔서 구원하시기에 그가 베푸신 은혜와 구원에 대하여 우리의 항복과 이해와 납득과 결정이 그런 식으로 표현된다는 것입니다. 그것은 은혜가 이미 우리 안에서 결실하여 나의 인격을 사로잡아 하나님이 나를 항복시킨 표로서 그렇게 표현한 것이지 구원을 얻는 조건으로 제시된 것이 아닙니다.

모든 신자는 인격적으로 구원을 얻으며, 인격적으로 인도함을 받으며, 인격적으로 하나님의 목표에 도달하게 됩니다. 하나님이 우리를 그렇게 지으셨고 인도하시고 대우하시기 때문에 우리는 자신이 믿고 고백하는 신앙에 대하여 전 인격적인 이해와 결정을 갖는 법입니다.

하나님의 은혜는 내 결정 또는 내 책임을 요구하지 않습니다. 하나님의 은혜가 나의 전 인격에서 확인되고 납득되는 것입니다. 신앙의 내용과 완성은 우리 자신의 인격과 현실에서 일어나므로 신앙고백은 우리의 의식과 결정과 노력과 실천 등 실존적으로 경험되는 것입니다. 그래서 우리는 그것을 책임으로 이해합니다. 예수님의 유명한 포도나무 비유를 잠시 보겠습니다.

나는 포도나무요 너희는 가지라 그가 내 안에, 내가 그 안에 거하면 사람이 열매를 많이 맺나니 나를 떠나서는 너희가 아무 것도 할 수 없음이라 사람이 내 안에 거하지 아니하면 가지처럼 밖에 버려져 마르나니 사람들이 그것을 모아다가 불에 던져 사르느니라 너희가 내 안에 거하고 내 말이 너희 안에 거하면 무엇이든지 원하는 대로 구하라 그리하면 이루리라 (요 15:5-7)

포도나무 비유의 초점은 하나님에게 붙어 있으라는 이야기입니다. 그러나 사실 따지고 보면 가지가 나무에게로 가서 붙는 법은 없습니다. 가지는 당연히 나무에 붙어서 나오는 법입니다. 이 내용은 하나님이 우리의 모든 필요와 복과 존재와 가치의 내용이요,

복이요, 주인이시다, 하나님을 떠난 인생은 아무 쓸모가 없음을 가르치고 있습니다. 이런 비유이지, 가지는 떨어지면 안 된다고 하는 책임과 조건과 상태의 결정을 우리에게 요구하고 있는 비유가 아닙니다. 그렇지만 우리는 그것을 책임으로 이해하기 쉽습니다.

가지가 나무를 붙드는 법은 없습니다. 나무로부터 가지가 나옵니다. 가지가 나무에 붙어 있지 않으면 말라 떨어집니다. 따라서 이는 하나님 없는 상태와 하나님 안에 있는 상태를 비교하는 것이지 결정이나 선택이나 자격이나 조건을 논하는 이야기가 아닙니다. 그럼에도 불구하고 우리는 하나님에게 붙어 있자고 이야기하고, 권하고, 이해합니다.

책임은 목표이자 내용

성경이 말하고자 하는 신앙의 가장 큰 내용은 순종에 있습니다. 이 순종은 책임으로서 우리의 조건을 묻는 것이 아니고 하나님과 연합한 자, 곧 신자의 복된 자리와 상태를 일컫는 것입니다. 책임은 구원의 조건도 아니며, 거래의 조건도 아니며, 보상의 조건도 아닙니다. 우리가 갖는 신앙적인 책임으로 구원을 얻었다든지, 자신이 행한 신앙적인 책임으로 하나님 앞에 상을 받는다든지, 보상을 받는다든지, 복을 받는다는 식으로 이해하면 안 됩니다. 신앙상의 책임이란 요한복음 15장의 포도나무 비유에서 보는 바와 같이 복된 자리에 있는 상태를 말하는 것입니다. 그 상태란 하나님이 우리를 불러 구원으로, 복된 약속으로 그 안에 있게 하고 얻게 된 모든 것을 가리키는 것이지 우리가 그것을 만들었다거나 유지하고 있음을 뜻하지 않습니다.

책임은 하나님이 원하시는 목표와 내용에 관한 것입니다. 조건에 관한 것이 아닙니다. 그것은 하나님이 우리를 이 자리로 인도하고 하나님의 것으로 채워 주려 하신다는 것을 이해하는 것입니다. 그래서 순종이라고 이야기한 것입니다. 우리가 책임을 지고 순종한다는 것은 구원을 얻는 조건이나 자격을 가진다는 것이 아닙니다. 하나님의 인도하심에 대한 이해일 뿐 아니라 하나님이 그리로 우리를 몰고 가시는 것을 누리는 것입니다. 우리는 그것을 자꾸 책임이라고 이야기하지만 은혜입니다. 책임으로 이해하면 오히려 참 쉽습니다. '붙어 있읍시다. 잘 믿읍시다. 헌신합시다.' 얼마나 쉽습니까.

책임을 지고 순종하면, 복을 얻고 승리한다는 것이 아닙니다. 복과 승리를 준비하시고 먼저 찾아와 그것들을 허락하신 하나님이 우리를 복과 순종, 복과 구원으로 인도하신다는 것입니다. 그런 까닭에 그 은혜를 이해하고 누리는 자의 상태를 가리켜 책임이라고 이해해야 합니다. 책임은 하나님이 원하시는 목표와 내용에 관한 것입니다. 그것은 우리의 자격과 노력을 넘어서는 하나님의 목적과 내용에 관한 것입니다. 그 자체가 은혜입니다.

예를 들면 어떤 계명이나 어떤 명령들에 순종하라고 요구하는 것은 신앙 내용이나 훈련과 실천이 자생적인 것이 아니기 때문에 은혜라는 것입니다. 책임을 논하는 것은 하나님이 근원이시요 내용이시요 목표요 목적이심을 우리에게 가르치시려고 그런 책임과 계명이 동원된다는 것입니다. 우리가 꺼내 놓는 어떤 가치들로 근거나 자격을 삼으려고 책임이나 명령을 동원하신 적은 없습니다.

모든 신앙적 요구들은 다 하나님으로부터 나왔고 그것은 우리의 것을 버리라고 요구합니다. 하나님에게서만 거룩한 목표와 내용이 흘러나오며 우리는 이 은혜를 책임 또는 명령으로 받들어 순종해야만 합니다. 우리는 하나님의 목적인 신자의 신앙 내용을 완성하는 방법에서 책임과 계명으로 요구받고 있습니다. 그 이유는 계명이나 명령이 방향과 눈금과 길이 되기 때문입니다.

은혜와 책임 간의 조화는 참 신비롭습니다. 우리가 은혜를 책임으로 이해한다고 해서 하등의 잘못은 없습니다. 그러나 그 책임이 하나님이 베푸신 은혜를 누리는 것, 확인하는 것으로 이해되는 것은 바람직하지만 조금 전에 이야기한 대로 그 책임으로 은혜가 유효한 것이 되고 유지된다고 생각하는 것은 잘못입니다. 자격이 되고 조건이 되면, 책임은 공로가 되기 때문입니다. 골로새서 1장을 보겠습니다.

이로써 우리도 듣던 날부터 너희를 위하여 기도하기를 그치지 아니하고 구하노니 너희로 하여금 모든 신령한 지혜와 총명에 하나님의 뜻을 아는 것으로 채우게 하시고 주께 합당하게 행하여 범사에 기쁘시게 하고 모든 선한 일에 열매를 맺게 하시며 하나님을 아는 것에 자라게 하시고 그의 영광의 힘을 따라 모든 능력으로 능하게 하시며 기쁨으로 모든 견딤과 오래 참음에 이르게 하시고 우리로 하여금 빛 가운데서 성도의 기업의 부분을 얻기에 합당하게 하신 아버지께 감사하게 하시기를 원하노라 (골 1:9-12)

바울이 골로새 교인들에게 요구하는 신앙의 내용들입니다. 이 모든 것들은 수동태로 되어 있습니다. 성경이 우리의 책임을 요구하는 것이 조건과 자격이라면 우리의 의지나 책임을 격발하거나 격려하는 말을 해야 할 것입니다.

주께 합당하게 행하여 범사에 기쁘시게 하고 모든 선한 일에 열매를 맺게 하시며 하나님을 아는 것에 자라게 하시고 그의 영광의 힘을 따라 모든 능력으로 능하게 하시며 기쁨으로 모든 견딤과 오래 참음에 이르게 하시고 우리로 하여금 빛 가운데서 성도의 기업의 부분을 얻기에 합당하게 하신 아버지께 감사하게 하시기를 원하노라 (골 1:10-12)

놀랍습니다. 모든 것이 다 하나님이 그렇게 하시어 우리에게 이루어지게 하신 것에 대하여 감사하기를 원한다고 말하고 있습니다. 어느 곳에도 자격과 조건으로서 책임을 묻는 부분은 없습니다. 이것은 우리가 가만히 있어도 된다는 말이 결단코 아닙니다. 은혜는 우리를 항복시킵니다. 우리를 완성시키고 승리하게 합니다.

그러면 책임은 무엇입니까? 책임은 이 은혜를 납득하는 것이요, 이 은혜에 항복하는 것입니다. 빌립보서 2장을 보겠습니다.

그러므로 나의 사랑하는 자들아 너희가 나 있을 때뿐 아니라 더욱 지금 나 없을 때에도 항상 복종하여 두렵고 떨림으로 너희 구원을 이루라 너희 안에서 행하시는 이는 하나님이시니 자기의 기쁘신 뜻을 위하여 너희에게 소원을 두고 행하게 하시나니 (빌 2:12-13)

책임이란 은혜에 대하여 납득하고 기쁨으로 소망하는 것을 말합니다. 하나님의 은혜의 간섭과 은혜의 약속들을 기뻐하고 감사하고 소망하는 것이 책임입니다. 그것을 유효하게 하거나 그것을 가능하게 하는 조건이라고 이야기하지 않습니다. 우리가 가지는 신앙상의 격려나 명령이나 책임 이런 것들은, 다 하나님의 하나님 되심을 이해하고 이를 납득한 성도들이 하나님의 은혜로우심과 자비하심과 복 주심으로 간섭하시는 은혜에 대한 납득이요, 항복이요, 감사와 소원입니다. 그래서 스스로를 채찍질하는 것으로 이해하는 것입니다. 그것이 책임입니다.

왜 항상 복종하여 두렵고 떨림으로 너희 구원을 이루라고 이야기합니까? 우리의 실천 여부나 반응 여부에 따라서 우리의 구원이 취소되거나 변경되는 법은 없습니다. 그것은 하나님의 의지와 신실하심과 작정하심의 영원함과 그 내용의 비할 데 없는 영광 때문입니다. 그분은 그 일을 중단하거나 취소하지 않을 것입니다. 우리에게 책임을 요구하는 것은 그 일에 순종하지 않아 겪는 고단함과 허비되는 날들에 대한 경고인 것입니다.

너희 안에서 행하시는 이는 하나님이시니 자기의 기쁘신 뜻을 위하여 너희에게 소원을 두고 행하게 하시나니 (빌 2:13)

소원을 두고 행하게 하신다는 것은 서두에도 이야기한 바와 같이 이것은 하나님이 우리에게 인격적으로 찾아오셔서 납득시키고 항복시켜 우리를 기쁘게 하심으로 우리로 소원하게 하신다는 것입니다. 우리의 모든 신앙적 책임과 격려들과 분발들은 다 소원한다는 것의 다른 표현입니다. 우리는 이런 이해 속에서 자신의 신앙을 채찍질하며 다른 이들에게 신앙상의 분발을 격려할 수 있습니다. 그러나 그것이 우열을 가리는 것으로나 조건과 자격에서 차별을 낳는 것으로 이해된다면 하나님의 은혜를 이해하지 못한 것입니다. 하나님의 전능하심과 그분의 신실하심에 대하여 오해하는 것입니다.

하나님이 작정하시고 시작하시고 간섭하시고 이루시는 모든 구원과 당신의 자녀들을 향하여 가지시는 복된 목표에 대하여 하나님이 방해받으실 일은 없습니다. 로마서 8장에 기록된 대로 우리는 그 열심을 예수 그리스도 안에서 발견하며 확인합니다. 성경은 언제나 이 사실을 되풀이해서 우리의 운명이 불변하다는 사실을 설명합니다. 하나님이 우리에게 간섭하심으로써 당신의 목표를 우리의 것으로 채우며 우리의 자랑과 소원과 기쁨이 되도록 하십니다. 이런 설명을 히브리서 12장에서는 이렇게 표현합니다.

무릇 징계가 당시에는 즐거워 보이지 않고 슬퍼 보이나 후에 그로 말미암아 연단 받은 자들은 의와 평강의 열매를 맺느니라 (히 12:11)

여기서 말하는 징계는 영어 성경에 'discipline'이라고 되어 있습니다. 훈련이라는 뜻입니다. 하나님이 우리를 훈련하십니다. 하나님이 우리에게 베푸신 은혜의 내용들과 약속하신 복들이 우리의 것으로 채워지고 충만해지고 완성되기를 원하시기 때문입니다. 이것이 완성되는 일이 우리의 소원이며 기쁨인 것은, 하나님이 우리로 하여금 당신이 허락하신 은혜에 대한 소원을 가지고 열심을 내도록 분발시키기 때문입니다. 이것을 우리는 책임으로 이해합니다.

무릇 징계가 당시에는 즐거워 보이지 않고 슬퍼 보이나 후에 그로 말미암아 연단 받은 자들은 의와 평강의 열매를 맺느니라 그러므로 피곤한 손과 연약한 무릎을 일으켜 세우고 너희 발을 위하여 곧은 길을 만들어 저는 다리로 하여금 어그러지지 않고 고침을 받게 하라 (히 12:11-13)

열심을 내라는 뜻입니다. 노력하라는 뜻입니다. 분발하라는 뜻입니다. 그래야만 이 일이 유효하거나 시작된다는 것이 아니라 하나님이 이 일을 이루시고야 말 것이기 때문에 그리하라는 것입니다. 하나님의 끊임없는 신실하신 간섭과 인도하심으로 인하여 마침내 우리가 하나님 앞에 항복하며, 그분의 인도하심과 간섭하심에 대하여 소원을 갖게 되며, 그때 기쁨으로 열심을 품고 분발하게 되고 소원하게 되는데 그것을 우리는 책임이라고 하는 것입니다.

우리는 서로 격려하기도 하지만 자신을 채찍질하기도 합니다. 여기에 책임과 계명과 격려의 정당한 자리가 있습니다. 우리는 하나님의 무한하신 은혜와 작정하심 속에서 우리의 자발적인 반응과 기쁘게 드리는 순종의 책임을 받으시는 하나님 앞에 서 있는 것입니다.

자신의 신앙에 대하여 정당하게 이해하고 정리되어 있다면 우리의 노력과 실력이 무너지더라도 하나님이 우리에게 허락한 약속들은 삭감되거나 그 은혜는 감소되지 않습니다. 그렇다고 은혜를 강조하면서 외면하거나 게으르거나 잊고 있어도 된다는 이야기는 아닙니다. 하나님이 목적을 가지고 은혜를 베푸셨기 때문에 당연히 우리는 그 은혜에 참여하여 누리려고 노력하는 것입니다. 이것이 우리의 진정한 복임을 확인하고, 그래서 소원하는 자리에 가는 것이 우리의 운명인 줄을 아는 것입니다. 여기에 우리의 책임의 정당한 위치가 있음을 확신합니다.

1 책임이란 구원을 얻는 조건이 아니다. 신앙의 고백은 하나님의 은혜가 우리의 전 인격에서 확인되고 납득되는 문제이기 때문이다.

2 책임은 하나님이 원하시는 목표이자 내용이다. 신앙의 책임은 신자가 누리는 복된 자리에 있다는 상태를 말하기 때문이다. 우리가 스스로 이 상태를 만들거나 유지할 수 있는 것이 아니다.

3 책임은 은혜의 약속을 기뻐하고 감사하고 소망하는 것이다. 우리로 소원을 두고 행하게 하신다는 것은 우리의 신앙적 책임과 격려와 분발에 대한 다른 표현일 따름이다.

4 책임이 구원을 얻는 조건이 된다면 그것은 무엇이 되고 마는가?

17

의욕과 책임

그러므로 나의 사랑하는 자들아 너희가 나 있을 때뿐 아니라 더욱 지금 나 없을 때에도 항상 복종하여 두렵고 떨림으로 너희 구원을 이루라 너희 안에서 행하시는 이는 하나님이시니 자기의 기쁘신 뜻을 위하여 너희에게 소원을 두고 행하게 하시나니 모든 일을 원 망과 시비가 없이 하라 (빌 2:12-14)

구원을 은혜로 받듯이 성화와 신앙의 완성도 은혜에 속한다는 것을 성경을 통하여 집중적으로 확인해 왔습니다. 이제 맨 마지막으로 우리가 정리해야 될 문제가 하나 남아 있습니다. 의욕과 책임이 어떤 가치와 어떤 의미를 갖는가 하는 것입니다. 은혜를 강조하면 예외 없이 우리 쪽에 책임도 없어지고 의욕도 없어진다는 식의 오해가 당연히 일어날 수 있지만 그런 것은 결코 아닙니다.

본문은 '항상 복종하여 두렵고 떨림으로 너희 구원을 이루라'라고 함으로써 우리에게 책임을 명확히 묻고 있습니다. 그리고 '너희 안에서 행하시는 이는 하나님이시니 자기의 기쁘신 뜻을 위하여 너희로 소원을 두고 행하게 하시나니'라고 해서 의욕이 필요하다는 것도 말씀합니다.

하나님이 우리에게 이루어 주시는 것들이 우리에게 일어나고 우리의 것이 되어야 합니다. 그것이 우리 존재의 내용이 되어야 하고 인격적 본질이 되어야 합니다. 성경이 은혜를 이야기할 때 하나님은 우리를 조종하거나 조작하시는 차원이 아닌 각각의 인격과 존재를 완성시키시는 분이어야 하므로 하나님이 내게 채워 주신다는 차원에서 의욕과 책임들에 대하여 좀 더 깊은 성경적 이해를 가져야 합니다. 우리는 이 은혜와 책임 간의 관계를 바르게 이해해야 합니다.

우리가 일반적으로 이야기할 때 신앙이 훌륭하다 또는 신앙적으로 성공했다는 말을 씁니다. 우리가 이 말을 쓸 때 상대를 격려하는 표현으로는 쓸 수 있습니다. 그러나 상대의 신앙과 자신의 신앙을 서로 비교하는 우열의 관점에서 쓰면 결코 안 됩니다.

신앙적인 성취의 초점을 죄로부터의 회복에 맞춰야 하지, 자기의 의지와 각성 등에 근거하여 성취한 것이라고 이야기하지는 않습니다. 자신의 능력이나 다름을 증명하는 말로서가 아니라 하나님이 내 안에 무엇을 이루셨는가 하는 것으로 이해해야 합니다. 대표적인 예를 들면 이런 것입니다. 누가복음 10장에 나오는 칠십인 보고 사건에 관한 내용입니다.

칠십 인이 기뻐하며 돌아와 이르되 주여 주의 이름이면 귀신들도 우리에게 항복하더이다 예수께서 이르시되 사탄이 하늘로부터 번개 같이 떨어지는 것을 내가 보았노라 내가 너희에게 뱀과 전갈을 밟으며 원수의 모든 능력을 제어할 권능을 주었으니 너희를 해칠 자가 결코 없으리라 그러나 귀신들이 너희에게 항복하는 것으로 기뻐하지 말고 너희 이름이 하늘에 기록된 것으로 기뻐하라 하시니라
(눅 10:17-20)

이 말씀은 우리에게 분명하게 일어난 신앙의 성취나 신앙상의 일보다는 그 일을 한 사람들이 누구인가에 초점을 맞추고 있습니다. 그 성취된 내용이 무엇인지에 초점이 맞춰지지 그들을 증명하는 데에 초점이 있지 않다는 것입니다. 성경은 위인과 영웅을 조명하

지 않습니다. 그런 사람들을 칭송하지도 않습니다.

우리가 쉽게 믿음의 영웅이라고 여기는 자들이 어떻게 하나님의 은혜로 그 자리에 이르게 되었는가를 바로 보아야 합니다. 그들이 그 자리에 이르렀다는 것은, 그들이 어떻게 하나님 앞에 항복하여 하나님이 주신 것으로 채워졌고, 하나님만이 받으실 만하고, 또 주실 수 있는 영광의 내용들을 그들의 인격과 생애에 갖게 되었는가에 초점이 맞춰져 있다는 것입니다. 죄인 된 인간을 부르시고 하나님이 약속하신 은혜와 복의 완성에 이를 수 있게 한 하나님의 인도하심과 베푸신 은혜의 영광에 초점이 맞춰져 있습니다.

우리는 모세나 엘리야나 다니엘을 위인들로 떠올릴 수 있지만 그들이 어떻게 그 경지에 갈 수 있었는지에 대한 설명은 성경에 없습니다. 하나님이 뜻을 이루시기 위하여 당신의 종들을 세워 당신의 능력이 실행되고 당신의 뜻이 이루어졌는지에만 초점이 맞춰져 있습니다. 그러니까 저들이 얼마나 쓸모 있는 존재였는가, 저들이 어떻게 남들과 다른 특별한 재능을 가졌던 사람인가에는 관심이 없습니다.

이런 사실은 모르드개가 에스더에게 이제 우리 민족이 죽게 되었는데 네가 왕비니 왕께 이야기하여 이 재난을 면하게 하라 하면서 덧붙인 말에서도 확인할 수 있습니다. '네가 안 해도 하나님은 구원을 이루실 것이라'라는 말입니다. 그러니까 영웅이 있어서, 위인이 있어서, 하나님에게 순종하는 자가 있어서 이루어진다는 것이 아니라 하나님이 그 일을 이루신다는 것입니다.

우리는 이스라엘 백성이 가졌던 선민의식과 우월감에 대하여 세례 요한이 꾸짖었던 사실을 기억해야 합니다. 그가 이스라엘 백성에게 '회개하라 천국이 가까웠느니라'라고 촉구한 것에 대하여 이스라엘 백성은 억울하다고 생각하고 있었습니다. 자기들은 선민이고 복을 받아야 되는데 왜 이런 현실이 생겼는지 모르겠다고 합니다. 이에 세례 요한이 일침을 가한 것이고 그들의 잘못된 신앙상의 현실도 고발합니다. 그러면서 이렇게 이야기합니다.

요한이 많은 바리새인들과 사두개인들이 세례 베푸는 데로 오는 것을 보고 이르되 독사의 자식들아 누가 너희를 가르쳐 임박한 진노를 피하라 하더냐 그러므로 회개에 합당한 열매를 맺고 속으로 아브라함이 우리 조상이라고 생각하지 말라 내가 너희에게 이르노니 하나님이 능히 이 돌들로도 아브라함의 자손이 되게 하시리라

(마 3:7-9)

유대인들은 자기들이 특별하고 달라서 선택을 받았다고 생각했습니다. 그러나 하나님은 이 돌들로도 아브라함의 자손이 되게 하실 수 있다고 하십니다.

다니엘이 어떻게 해서 하나님에게 쓰임을 받았는가 할 때, 우리는 다니엘이 남달라서 하나님이 사용하셨다는 식으로 교훈을 추출해 내려고 합니다. 그러나 성경은 결단코 그런 관점에서 이야기하지 않습니다. 다니엘이 이방 나라에 잡혀갔으나 왕의 명령을 무

시하고 하나님의 계명을 지켰습니다. 이것은 하나님이 역사하셔서 그가 그런 종으로 서게 되었다는 것이지 그가 잘난 존재라서 그렇게 된 것이라고 이야기하지 않습니다.

우리가 좋아하는 성경의 위인들에 대해 성경은 그들이 가진 유용성과 능력을 통해 그런 자리에 있게 되었다고 서술하지 않습니다. 그들은 하나님이 당신의 일을 하실 때 당신의 의로우심과 거룩하심을 드러내는 일 때문에 쓰임을 받은 자들입니다. 그들은 하나님의 쓰임을 받기 위하여 신앙적인 내용에서 그 경지에 이를 만큼 하나님 앞에 붙잡힌 자들이라고 이해해야만 합니다.

운명은 바뀔 수 없다

순종과 책임을 가지지 않아도 하나님이 강권적으로 일하시니 신자의 책임이란 전혀 필요 없는 것이라고 말하는 것은 물론 아닙니다. 성경은 분명히 요한복음 15장 포도나무 비유에서 이렇게 이야기합니다.

너희가 열매를 많이 맺으면 내 아버지께서 영광을 받으실 것이요 너희는 내 제자가 되리라 (요 15:8)

이 말씀은 우리의 순종과 또 하나님 앞에 신앙상의 은총을 구해야

295

한다고 말하고 있습니다. 우리 각 개인이 순종하여 하나님의 영광을 더 많이 드러내는 자가 되어야 할 것이라고 요구합니다. 그러나 이것은 본문에서 보는 바와 같이 우리의 운명을 바꾸는 것이 아닙니다. 그것은 열매에 관한 싸움이라는 것입니다. 더 많이 쓰임을 받는 것과 그렇지 못한 것, 하나님의 기적을 누리는 것과 그렇지 못한 것에 관한 이야기입니다. 하나님이 우리에 대하여 작정하신 것이 우리의 반응 여하에 따라 운명도 바뀔 수 있다는 식의 책임을 말하는 것이 아닙니다. 책임과 관련하여 그런 식의 두려움은 없어야 한다는 이야기입니다.

우리가 모세나 엘리야나 다니엘 같은 사람들을 부러워하듯이 현실 속에서도 크게 쓰임 받는 사람들 또는 신앙에서 정말 귀감이 되는 사람들에 대하여 부러워 합니다. 우리가 그런 사람이 되어야 할 것입니다. 그러나 누가복음 17장에 의하면 이런 일들도 조심하라고 되어 있습니다.

너희 중 누구에게 밭을 갈거나 양을 치거나 하는 종이 있어 밭에서 돌아오면 그더러 곧 와 앉아서 먹으라 말할 자가 있느냐 도리어 그더러 내 먹을 것을 준비하고 띠를 띠고 내가 먹고 마시는 동안에 수종들고 너는 그 후에 먹고 마시라 하지 않겠느냐 명한 대로 하였다고 종에게 감사하겠느냐 이와 같이 너희도 명령 받은 것을 다 행한 후에 이르기를 우리는 무익한 종이라 우리가 하여야 할 일을 한 것뿐이라 할지니라 (눅 17:7-10)

참 무서운 말씀입니다. 우리가 한 것이 있다면 하나님이 시키신 것이요, 하나님이 할 수 있게 능력 주셔서 행한 것이라는 이야기입니다. 요한복음 15장에 나오는 열매는 나무에 붙어 있는 가지가 결실한 것입니다. 이 가지에 열매가 맺힌 것은 가지가 나무에 붙어 있었기 때문에 된 것이지 가지가 점점 쳐들어와서 나무에 붙어서 된 것이 아닙니다. 나무뿌리에서 영양을 받은 나무가 만들어 낸 열매가 가지에 매달린 것 아닙니까. 자기가 만든 것이 아니라 거기에 달린 것입니다.

지금 이 종에 관한 이야기도 네가 유능하고 특별해서 주인이 못할 것을 그가 도왔다는 것이 아니라 주인이 시켜서 했다는 것입니다. 여기서 시켰다는 것은 권위 이전에 하나님의 지혜와 경륜이 있었다는 말입니다. 우리의 시야를 넘어서는 것을 주인이 시켰고 거기에 종이 수종을 든 것뿐입니다. 그가 주인의 손발이 된 것인데 손발이 자기가 본체라고 할 수 있겠는가 하는 이야기입니다.

우리가 책임을 논할 때 마음에 가질 수 있는 이런 자랑을 제거해야 합니다. 우리의 책임과 의욕은 하나님이 우리를 통하여 우리에게 나타내시는 은총과 영광을 누리는 소원으로서 동원되는 것이어야 합니다. 그것이 자랑이 되면 근거가 됨으로써 자기 운명을, 자기가 결정하는 자가 되고 맙니다. 그러면 예외 없이 모든 사람은 어리석게도 자기를 자랑하거나 또는 좌절하고 말 것입니다. 이런 사실을 생각해 볼 때 하나님의 은혜는 우리에게 너무나 필수적인 신앙 내용입니다.

우리는 하나님의 주권인 그분의 지혜, 그분의 계획, 그분의 신실하심을 알기에 하나님의 은혜가 결국 우리에게 약속하고 목표한 것을 이룰 것이며, 그것이 우리의 복이요, 영광임을 아는 까닭에 그것이 우리의 것이 되기를 소원하는 마음이 책임과 경계와 소원과 의욕을 낳게 될 것입니다. 이처럼 우리의 책임이나 의욕은 하나님이 우리에게 약속하셔서 우리에게 채우시려는 하나님의 모든 은총의 복들과 서로 결부되어 있습니다.

우리가 신앙적인 훈련을 하거나 신앙적인 열심을 낸다는 것은 이런 것입니다. 하나님이 우리를 향하여 가지신 뜻에 대한 이해이며, 심령이 가난한 자신의 처지를 확인한 자의 소원이며, 하나님만이 우리의 간절함에 대한 답이라는 것을 알고 그것만이 우리의 복임을 아는 신앙의 몸부림이며, 항복이며, 진정한 믿음의 행동입니다. 그래서 갈라디아서 6장에서는 책임을 권하고 은혜를 약속함으로써, 그 둘 사이의 조화를 증언하고 있습니다.

스스로 속이지 말라 하나님은 업신여김을 받지 아니하시나니 사람이 무엇으로 심든지 그대로 거두리라 (갈 6:7)

소원하고 순종해야 합니다. 그렇게 안 하면 하나님이 버리신다는 말이 아닙니다. 그렇지만 하나님이 우리에게 약속하시고 목표하신 것이 무엇인지 알면서도 가만히 있어서는 안 됩니다. 왜냐하면 그것이 결국 하나님이 허락하신 구원과 믿음의 내용이고 완성의 경지이기 때문입니다.

하나님을 기뻐하고 하나님을 순종하고 하나님을 소원하는 것이 믿음의 궁극적인 도착지입니다. 우리가 믿음으로 채우기 위하여 소원해서 자신을 채찍질하는 것 자체가 신앙입니다. 그렇게 하면 보상을 따로 받는 것이 아니라 그것이 하나님이 목표하시는 것이기 때문에 이를 게을리하면 하나님이 허락하시고 목표하신 것에 반대하는 것이 됩니다. 그러면 이 문제에 대하여 하나님에게 꾸중과 경계와 권고를 받으며 심하면 더 괴로운 시련으로 하나님의 징계를 받을 수도 있습니다.

하나님은 우리의 복

그런 차원에서 지금 한 이야기들을 정리하면 책임과 순종은 그 자체가 믿음이고 복이지, 조건이 아닙니다. 하나님이 우리에게 복입니다. 그래서 시편의 고백과 성경은 하나님을 이런 복과 묶어서 표현합니다. 예를 들면 시편 18편입니다. 시편에 두드러지게 등장하는 하나님에 대한 이런 표현을 기억해 둡시다.

나의 힘이신 여호와여 내가 주를 사랑하나이다 여호와는 나의 반석이시요 나의 요새시요 나를 건지시는 이시요 나의 하나님이시요 내가 그 안에 피할 나의 바위시요 나의 방패시요 나의 구원의 뿔이시

성경에 이런 표현은 얼마든지 있습니다. 여호와는 나의 상급이시며, 여호와는 나의 구원이시며, 여호와는 나의 구원의 뿔이시며, 나를 높이시는 분입니다. 또 하나님이 우리의 구원이시요, 상급이시요, 방패시요, 산성이시라고도 합니다.

기독교 신앙이 추구하는 궁극적인 내용은 하나님을 기뻐하고 하나님을 사랑하는 것입니다. 이것이 신앙입니다. 하나님을 사랑해서, 하나님을 기뻐해서 하나님의 명령을 따르며 하나님을 다른 무엇과도 바꾸지 않습니다. 이것이 신앙입니다. 우리는 하나님이 복을 주시는 분이라고 생각할 때에, 그 복을 물질화시키고 내 신앙 행위가 전능하신 신에게 만족을 드려서 내가 소원하는 세상적인 복을 받아 내야 한다고 얼마든지 오해할 수 있습니다. 걸핏하면 그쪽으로 넘어갈 수 있습니다. 그렇지 않습니다. 하나님 자신이 우리에게 복이시고, 상급이시고, 소원이시고, 믿음이시고, 우리의 모든 것입니다.

기독교가 말하는 신앙은 언제나 하나님에 관한 것입니다. 이런 차원에서 믿음이라는 것을 내가 남과 다른 영광을 취하는 방법으로 써먹지 않아야 합니다. 하나님이 믿음의 본질이시고 목표이시기 때문에, 우리가 하나님을 기뻐하고 사랑하는 것입니다.

현실적으로 모든 성도는 믿음을 절망하는 일에 더 많이 사용해야 합니다. 의욕이나 성공과 관련하여 믿음을 동원하지 마십시오.

의욕과 성공에 믿음을 동원하는 것은 믿음이 조건화될 수 있기 때문입니다. 우리가 믿음으로 승리하고 싶은데 믿음을 조건으로 삼고 담보로 삼아도 그렇게 되지 않을 때 절망은 찾아옵니다. 신자들의 절망은 예외 없이 이런 것들입니다. 나는 왜 칭찬받을 만한 믿음이 없을까? 내게는 왜 하나님이 나를 형통하게 하실 만한 믿음이 없을까? 왜 나는 자랑할 만한 믿음이 없을까? 이런 것들이 우리의 솔직한 절망입니다.

믿음은 자신의 것도 아니고 우리의 의지나 유능함이나 고상함에 있는 것도 아닙니다. 그것은 하나님의 하나님 되심에 있고, 하나님이 어떤 분인가에 대한 이해와 연결되는 것입니다. 그것은 내가 내 안에서 찾지 못했던 것이 하나님에게만 있고 하나님은 우리가 소원하는 어떤 복과도 비교할 수 없는 답이시며 상이시며 영광이시며 기쁨이십니다. 그러므로 우리는 그런 하나님을 알게 하시고 소원하게 하시고 우리를 향하여 모든 열심과 진심을 변함없이 베푸신 하나님 앞에 서는 것으로 모든 절망을 극복하게 됩니다. 이것이 참다운 믿음의 행사입니다.

우리나라 기독교 신자가 천만이나 된다고 운운하지만, 그중에 저 사람은 기드온, 저 사람은 다니엘이라고 할 만한 사람이 몇 명이나 되겠습니까? 참으로 희귀하다는 말입니다. 이런 믿음의 영웅들을 제시할 때마다 일반 신자들은 다 절망합니다. 그런데 우리가 하나님을 만족시킬 만한 조건으로 우리 안에 믿음을 자꾸 동원하려 하니까 점점 더 무너지고 부끄럽고 절망하는 것입니다. 그러나

2부 | 성화를 어떻게 이룰 것인가

믿음은 결코 그런 것이 아닙니다.

이제 이 모든 가르침에 대하여 결론을 내리겠습니다. 하나님은 성경의 표현대로 하자면 알파와 오메가이십니다. 하나님이 시작이고 끝이십니다. 하나님이 시작하시며, 시작하신 것을 끝내십니다. 그 은혜와 능력은 신실합니다. 하나님은 변개하지 않으십니다. 하나님은 당신의 약속을 성실히 지키시며 전능하십니다. 우리를 불쌍히 여기시며 사랑하시며 우리에게 복 주기를 기뻐하십니다.

그럼 남는 일은 무엇입니까? 믿음밖에 없습니다. 하나님의 약속과 하나님의 하나님 되심을 믿어 신자로서 살 것인가, 안 믿고 자기 맘대로 살 것인가 하는 것밖에 없습니다. 따지고 보면 신자와 불신자밖에 없습니다. 그럼에도 불구하고 하나님의 부르심과 은혜를 입고서도 자신을 근거로 삼는데 익숙한 우리의 죄인 된 본성에 붙잡혀서 끊임없이 자랑과 절망 사이를 오가는 것이 일반 성도들의 현실입니다. 그것은 우리가 뿌리 뽑지 못한 죄의 본성입니다.

믿음의 행보와 믿음의 진전과 믿음의 누림에서 가장 방해가 되는 것은 언제나 자랑입니다. 그것은 믿음이 무엇인지 모르는 처사입니다. 믿음은 하나님이 누구시고 내가 누구인지를 아는 것입니다. 이 싸움에 집중해서 그것을 확인할 수 있어야 합니다.

하나님은 내가 한 것만큼 주시는 분이라고 생각하고 있다면 우리는 절대로 믿음의 안전성과 믿음의 확신에 설 수가 없습니다. 우리의 믿음이 더 좋아지려면 어떻게 해야 합니까? 믿음 자체는 하나님을 소원하는 것이고, 하나님을 기뻐하는 것이기 때문에 우리는 은혜 위에 믿음을 쌓아 가고 훈련하는 일을 게을리 해서는 안 됩니다. 다음의 성경 말씀을 모든 가르침에 대한 결론으로 삼고자 합니다.

우리 가운데서 역사하시는 능력대로 우리가 구하거나 생각하는 모든 것에 더 넘치도록 능히 하실 이에게 교회 안에서와 그리스도 예수 안에서 영광이 대대로 영원무궁하기를 원하노라 아멘 (엡 3:20-21)

우리 안에서 일하고 계시는 분은 십자가를 세운 것으로 끝낸 것이 아닙니다. 어떻게 하고 계십니까? 하나님은 우리를 그리스도와 묶고 우리 안에서 일하고 계십니다. 그래서 사도 바울은 그 능력대로 우리가 구하는 것이나 생각하는 모든 것에 더 넘치도록 능히 하실 이에게 영광이 대대로 영원무궁하기를 원한다고 한 것입니다.

　우리 가운데서 역사하는 능력대로 능히 하실 이의 영광이, 교회 안에서 우리를 그리스도와 묶은 사실과 예수 그리스도를 우리의 머리가 되게 하신 능력과 약속 안에서 영원무궁하실 것입니다. 이것은 하나님의 하나님 되심에 대한 우리의 고백이며 모든 성도의 신앙의 든든함과 불변함과 궁극적인 승리에 대한 성경의 확언입니다. 신자 된 자신의 기쁨과 자랑과 힘을 이 말씀 위에 든든히 세우는 가르침이 되기를 간절히 바랍니다.

1 책임은 자기 증명이 아니다. 우리는 하나님이 내 안에 무엇을 이루어 주셨는가에 대해 우리의 책임이나 의욕으로 이해한다. 그것은 성취된 내용에 관한 것이지 우리를 증명하는 것이 아니다. 따라서 그것은 자랑을 제거한다.

2 책임은 우리의 운명을 바꾸는 것이 아니다. 그것은 열매에 관한 것이므로 더 많이 쓰임을 받는 것과 그렇지 못한 것에 관한 것이다. 책임이 우리의 운명을 바꾼다고 이해하는 두려움은 마땅히 사라져야 한다.

3 책임과 순종은 그 자체가 믿음이고 복이지, 조건이 아니다. 따라서 우리의 책임과 순종은 성화라고 바꾸어 말할 수 있다.

4 믿음의 안전성과 확신 가운데 서지 못하게 하는 치명적인 생각은 무엇인가?